停工复建高速公路建设
项目质量评定

刘敦文　方文富
唐　宇　王培森　著

科学出版社
北京

内 容 简 介

本书针对停工复建高速公路建设项目的特点和难点问题,围绕停工复建高速公路建设项目工程质量评定这一关键核心,系统地阐述了停工复建高速公路建设项目质量评定理论方法及评价体系,详细地介绍了停工复建高速公路的路、桥、涵、隧工程质量评价模型的构建及其等级评定,以及停工复建高速公路路基质量安全管理系统开发等具体实施过程和相关研究成果。全书依托具体工程,对停工复建高速公路建设项目质量评定理论、方法和相关技术问题进行了全面剖析,对实际工程具有一定的参考价值。

本书可供从事高速公路设计、施工、检测、养护和建设管理的科技人员使用,也可作为高等院校土木工程专业师生及科研院所科研人员的参考用书。

图书在版编目(CIP)数据

停工复建高速公路建设项目质量评定/刘敦文等著. —北京:科学出版社,2016

ISBN 978-7-03-048429-1

Ⅰ.①停… Ⅱ.①刘… Ⅲ.①高速公路-工程质量-质量管理

Ⅳ.①U415.12

中国版本图书馆 CIP 数据核字(2016)第 119714 号

责任编辑:杨向萍 张晓娟 / 责任校对:郭瑞芝
责任印制:张 伟 / 封面设计:左 讯

科 学 出 版 社 出版
北京东黄城根北街 16 号
邮政编码:100717
http://www.sciencep.com
北京教图印刷有限公司印刷
科学出版社发行 各地新华书店经销
*
2016 年 7 月第 一 版 开本:B5(720×1000)
2016 年 7 月第一次印刷 印张:15 1/2
字数:300 000
定价:88.00 元
(如有印装质量问题,我社负责调换)

前　　言

　　1988年,沪嘉高速公路的建成通车实现了我国大陆高速公路零的突破,到2015年年底,高速公路通车总里程有望达到12.3万公里,已大大超过美国跃居世界第一。

　　高速公路因占地多、投资大、工期长等特点,其发展离不开整个世界和本国的经济形势、投融资模式及政策的扶持,中间任何一个环节出现问题必然会影响高速公路项目的建设。在我国,由于建设资金断链、建设手续不完善、国家宏观调控需要、政策性限制或其他因素,存在一些工程建设中途停工、若干年后重新复工建设的现象。据不完全统计,自从我国拥有第一条高速公路以来,由于公路建设资金、土地使用、技术事故等原因,我国高速公路停工复建的工程多达数十项,仅近几年来,我国停工复建的高速公路工程项目就有十多项。由于停工时间长、停工期间既有结构未进行合理的保护、既有结构质量评价难度大、修复再建工程量大等,高速公路复建成为一项十分棘手的工程难题。

　　目前,我国关于停工复建公路建设项目质量检测评估技术方面的研究很少,针对高速公路建设项目的就更少。我国公路复工项目施工所执行的技术规范、条款、方法等还很不完善,基本上是借鉴新建工程和既有工程加固改造方面取得的研究成果和工程经验。在施工过程中,现有的技术和管理存在一定的片面性和主观性。而停工复建高速公路建设项目既不同于新建项目,又有别于改建项目和既有工程加固项目,它是新建项目经长时间停工后又重新在既有工程的基础上继续建设的项目,其本身具有一定的特殊性。复建前,其病害和缺陷与正常施工工程病害相比,无论是种类还是影响程度,都具有一定的特殊性和差异性。

　　鉴于目前缺乏针对停工复建高速公路建设项目质量评定理论与技术研究成果,如果在施工中照搬工程加固改造或维修养护方面的技术规范、标准和工程经验,那么在复工高速公路建设中很难合理地控制成本和有效地防范质量安全风险,从而造成复工高速公路施工建设过程中,要么因过度注重防范质量安全风险而使工程建设成本过高、进度过慢,要么因控制工程建设成本和工程进度而使施工质量安全风险增大。因此,如何有效地控制工程成本、进度和防范工程质量风险,对建设者和相关科研工作者均提出了新的挑战。

　　本书围绕"停工复建高速公路建设项目质量评定"一系列关键技术问题,结合萍洪高速公路工程实际,采用原有技术资料分析、现场调研、理论分析、专家咨询等相结合的方法开展研究,完成了停工复建高速公路的路、桥、涵、隧工程质量评定理论方法及其应用研究,最终形成此书,希望能供国内外同行参考。

全书共 5 章,第 1 章全面阐述本书研究内容的现状和当前存在的主要问题;第 2 章采用现场调研、理论分析和专家咨询等研究手段,深入研究停工复建高速公路桥涵既有结构的质量检测方法、质量评价指标体系、质量评价等级分类标准以及质量评价方法等;第 3 章通过查阅文献资料、现场调研、咨询业内专家和理论分析等方法,深入研究停工复建高速公路路基质量评定及边坡稳定性问题;第 4 章结合停工复建隧道工程特点及工程实际情况,分析总结隧道工程复建前质量病害和影响因素,建立长时停工复建隧道老旧支护质量评价体系,给出各指标的单因素等级划分标准,并采用云模型理论和模糊数学理论,对长时停工隧道复建前老旧支护质量进行评价;第 5 章研究停工复建高速公路项目质量管理信息系统,并以路基质量评价信息管理系统为例,实现停工复建高速公路项目质量信息动态管理,做到工程质量评、管相结合。

在本书的出版过程中,得到了中交第一公路工程局有限公司、中交第一公路工程局第二工程有限公司、中南大学"创新驱动计划"项目(编号:2015CX005)的资助,并得到江西省高速公路投资集团萍乡—洪口界高速公路建设项目办公室、江西省交通设计院、江苏省交通科学研究院、江西交通咨询公司等单位的协助,感谢以上单位及相关技术、管理人员对研究工作的大力支持。同时,还要感谢参与本书撰写的中南大学博士及硕士研究生(特别是冯宝俊硕士和吴肖坤硕士)所做的大量相关工作。

由于作者水平有限,书中难免存在不妥之处,敬请读者批评指正。

刘敦文

2015 年 12 月于长沙云麓园

目　　录

第1章 总 论

1.1 停工复建高速公路项目概述

高速公路是汽车运输发展到一定程度的必然产物,也是构筑交通现代化的重要标志。高速公路是专供汽车行驶的公路,与普通公路相比,各方面的技术标准都有很大的提高。我国的《公路工程技术标准》(JTG B01—2014)将高速公路定义为:能适应年平均昼夜小客车交通量为 25000 辆以上、专供汽车分道高速行驶、并全部控制出入的公路。一般来讲,高速公路应符合下列 4 个条件。

(1) 只供汽车高速行驶。

(2) 设有多车道、中央分隔带,将往返交通完全隔开。

(3) 设有立体交叉口。

(4) 全线封闭,出入口控制,只准汽车在规定的一些立体交叉口进出公路。

为了更好地落实国家区域发展的宏观总体战略,我国加快了道路交通基础设施的建设进程。高速公路已成为交通体系中的重要组成部分,"十一五"期间我国高速公路已达 7.41 万 km,"十二五"期间,高速公路总里程目标达到 10.8 万 km,增长了 46%。到 2015 年年末,全国高速公路总里程跃增至 13.9 万 km。

为满足国家统筹发展的需要,实现西部大开发和东西部协调发展的战略,未来我国将会建设更多的高速公路。与此同时,也会发生更多的高速公路由于种种原因而停工的现象。资金投入不足将致使其"断炊"停建,此外,还可能遇到政策、社会等各方面的因素导致工程停工。

1.1.1 停工复建高速公路项目特点

作为一种特定的人工构造物,高速公路工程施工与工业生产相比,虽然同样是把一系列的资源投入产品(工程)的生产过程,其生产上的阶段性和连续性、组织上的专门化和协作化也与之基本相符,但是,高速公路施工与一般工业生产和其他土建工程施工(如房屋建筑等)仍有所不同,主要体现在以下几个方面。

(1) 高速公路工程属于线性工程。一般一条高速公路项目的建设路段少则几千米,多则数十千米、数百千米以上,路线跨越山川、河谷。路线所经路段难以完全避开不良地质地区,如滑坡、软基、冻土、深挖等路段;在地形复杂的地段,难以避免地要修建大桥、特大桥、隧道、挡墙等结构物。这就使得高速公路项目建设看似简单,实际上却比一般土木工程项目复杂得多。由于高速公路线路所经路段地质特性的多变性,使得高速公路路基施工复杂、多变性凸现,结构物的施工也因地质条件的不确定性,经常导致设计变更、工期延长,使进度控制、质量控制、投资控制的难度大大增加。

(2)高速公路工程项目构成复杂。公路工程项目的单位工程包括路基土石方工程、路面工程、桥梁工程、隧道工程、沿线设施及交通工程等。各单位工程中的作业内容差异很大,例如,桥梁工程,桥型不同,施工技术差异很大。这也决定了高速公路工程项目施工的技术复杂性和管理的综合性。

(3)高速公路工程项目规模庞大,施工过程缓慢,工作面有限,决定了其较长的工期。高速公路的施工工期长,通常在2～5年,在工程建设中面临着更多的不确定因素,承担着更大的风险。

(4)高速公路工程项目建设投资大。据测算,2000年高速公路平均造价约3200万元/km,2004年平均造价约4200万元/km,2014年批复的四车道高速公路平均造价已达7700万元/km。工程建设需要的巨大资金是否及时到位,是保障工程能否按期完工的前提。资金投入对投资活动的成功与否关系重大,同时,在工程建设中要求有高质量的工程管理,以确保项目的工期、投资和质量目标的实现。

基于以上高速公路施工的特点,高速公路有可能会由于投入资金不足、建设用地使用权纠纷、突发性事故等造成停工。目前,我国经济建设高速发展阶段,必将有长时间停工的高速公路项目复工建设。停工复建高速公路项目特点如下。

(1)停工复建高速公路建设项目既不同于新建项目,也有别于改建项目和既有工程加固项目,它是新建项目经长时间停工后又重新在既有工程的基础上继续建设的项目。由于既有的路基、隧道、桥涵结构都是半成品,复工项目停工时间较长,停工期间未对既有结构采取合理的保护措施,使既有结构长时间处于无人监管的停工状态,停工期间的人为破坏以及暴雨、风沙、日晒、冻融等自然因素的侵蚀破坏,使既有结构病害更为严重。同时,新旧结构结合部位混凝土及预留钢筋等材料长时间外露,在环境因素的作用下引起氯离子侵蚀、混凝土碳化、碱-骨料反应、冻融循环破坏等,导致其病害发展覆盖面广、种类多,使得停工高速公路复建困难重重。

(2)项目停工导致施工工艺不满足规范要求。由于工程在施工期间突然停工,项目在退场时并没有合理的组织规划,部分构件在施工时的停工,导致构件未按照施工工艺或施工流程完成,例如,混凝土浇筑后模板没有在规定的时间内拆除、浇筑后没有得到合理的养护等不利因素,均会导致特殊病害产生。

(3)项目既有结构资料不全。由于复工项目停工时,设计、施工、检查验收等资料并未按照规定的程序进行交接和保管,长时间的停工导致复工前既有结构资料缺失,给后期复工设计和质量评价带来较大的困难,同时也会导致无法准确地判断和评价隐蔽工程的病害。

(4)项目复建施工过程中,各类结构物的病害或质量缺陷修复方案的制订也存在一系列重大技术难题。相关处治技术的可靠性评判尚无据可依,这也使得项目设计决策无法按常规工程项目建设开展。

总之,项目长时间的停工给高速公路既有结构带来了极大的危害,使得高速公路复工时面临既有结构缺乏有效保护、结构部件损毁失效、部分隐蔽工程质量无法考证、工程资料缺失等质量评价难度高、修复工程量大的技术难题,还会导致交通不便、多方财产损失、区域发展停滞等严重的社会问题。

1.1.2 停工复建高速公路项目研究背景

1. 高速公路的建设状况

高速公路起源于 20 世纪 30 年代初德国纳粹为战争修建的 Autopath。当时,希特勒为了发动战争,以闪电战袭击周边国家,修建了多车道立体交叉的 3900km 的高速公路。在德军进攻法国时,法军统帅部低估了德军的进军速度,以为德军最快三日方可抵达,不料德军一天之内就赶到前线,并绕道至马其诺防线之后,法军顷刻瓦解[1]。

第二次世界大战之后,以美国为首的发达国家,在 20 世纪 50~70 年代先后兴起了修建高速公路的热潮。据统计,到 1992 年年底,全世界高速公路通车里程达到 17.1 万 km,其中美国高速公路最多,达到 8.75 万 km,占世界高速公路总长的一半左右;加拿大位居第二,达到 16600km。2003 年年底,我国已建设高速公路 30000 多 km,跃居世界第二位,截至 2012 年,高速公路里程已达 9.62 万 km,位居世界第一。

高速公路所特有的功能,使公路运输发生了质的变化。与一般公路相比,高速公路具有以下优点。

1)车速高、通行能力大

法国、瑞士、奥地利等交通条件好,行车便利,他们长期执行最高速度 130km/h 的规定,而德国还有不限速的高速公路,在这些国家行车可以放开手脚,尽情享受汽车驰骋的快捷;我国高速公路最高限速一般为 120km/h,最高限速为 120km/h 的国家比较多,还有保加利亚、比利时、芬兰、卢森堡、西班牙、葡萄牙、南斯拉夫等;瑞典、捷克、波兰、英国等对车速限制趋于安全,选为 110km/h;日本高速公路比一般道路的速度高 62%~70%。速度是交通运输的一个重要因素,由于速度高,使得行驶时间缩短,从而带来巨大的社会效益和经济效益。

通行能力反映公路允许通过汽车数量的多少。据统计,一般双车道公路的通行能力为 5000～6000 辆/日,而一条四车道的高速公路通行能力为 25000～55000 辆/日,六车道和八车道可达 45000～100000 辆/日,可见其通行能力比一般公路高几倍甚至几十倍,基本上可以解决交通拥堵的问题。

2) 燃料消耗和运输成本大幅度降低

高速公路改善了行车条件,汽车效能可以充分发挥。同样的车辆条件,百吨千米的油耗和运输成本降低 25% 左右。车速和通行能力的提高,大大缩短了行程时间,油耗、轮耗、车耗、货耗等的减少及交通事故损失的减少,给交通运输带来了巨大的经济效益。

3) 旅客条件改善,交通事故减少

高速公路,由于没有其他运输工具的干扰,基本上按一定的速度行驶,不仅乘客感到舒适,而且交通事故也大幅度下降。据了解,高速公路与一般道路相比,交通事故美国减少 56%,英国减少 62%,日本减少 89%。我国的京石汽车专用公路的事故率下降 70%,时速提高 3 倍。

虽然我国的高速公路建设起步较晚,1988 年建成的第一条沪嘉高速公路比世界上第一条(德国建成的)高速公路落后了 56 年时间,但是我国的高速公路发展十分迅速。至 20 世纪 80 年代末期,已相继建成了沪嘉、沈大、莘松、广佛等高速公路。进入 90 年代后,京津塘、合宁、京石、济青、广深、沪宁等高速公路又相继建成通车。随着党中央、国务院做出的加快交通基础设施建设决策的实施,我国高速路建设进入了一个史无前例的大发展时期。“十一五”末,实际里程值超出规划的目标值 9108km,全国公路里程为 32.86 万 km,形成了“五纵七横”联通 12 条国道主干线、11 个省份的高速公路网络覆盖的局势。现已形成规划布局的有 7 条放射线、9 条南北纵向线、18 条东西横向线、5 条地区环线、19 条横向联络线、17 条纵向联络线组成的中国国家高速公路网络。

从 2011 年 4 月交通运输部发布的《交通运输“十二五”发展规划》中得知,到 2015 年年末,全国公路总里程将达到 450 万 km,高速公路网络基本完成,高速公路总里程跃增至 13.9 万 km。据调研数据显示,2002～2015 年的 14 年间,我国高速公路里程增长情况见表 1-1,发展情况如图 1-1 所示。

表 1-1　2002～2015 年我国高速公路里程

年份	2002	2003	2004	2005	2006	2007	2008
总里程/万 km	2.51	2.97	3.43	4.10	4.53	5.39	6.03
增加里程/万 km	—	0.46	0.46	0.67	0.43	0.86	0.64
年份	2009	2010	2011	2012	2013	2014	2015
总里程/万 km	6.51	7.41	8.49	9.62	10.64	11.87	13.9
增加里程/万 km	0.48	0.90	1.08	1.13	1.02	1.23	2.03

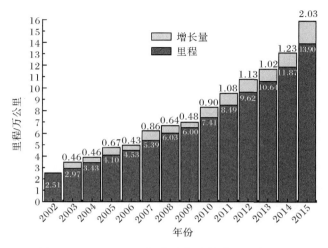

图 1-1 2002～2015 年我国高速公路里程发展图

2. 停工复建高速公路项目概况

由《2016～2020 年中国高速公路行业市场前瞻与投资战略规划分析报告》可知,我国高速公路行业的发展经历了三个阶段,分别是:高速发展期(1990～2005年)、成熟完善期(2005～2010 年)、拓展维护期(2010 年至今)。我国的高速公路分布也呈现出由东向西公路网络覆盖逐渐稀疏的地理区域差异。日益增长的交通需求和逐渐损毁的现有公路系统,迫使我国高速公路网络依然朝着密集化的方向发展,因此我国高速公路路网密度将继续增加。

我国高速公路的发展用了 20 多年的时间取得了大多数国家用 60～70 年才能取得的成就,其快速发展对国家均衡发展、市场经济的建立、提高物流速度和提高人民生活水平都有重要作用。但是,高速公路自身存在占地多、投资大、工期长等缺点,其发展离不开整个世界和国家的经济形势、我国的投融资模式及政策的扶持,中间任何一个环节出现问题必然会影响高速公路项目的建设。在我国,高速公路建设工程因资金筹措不到位,导致资金链断裂以及用地等各种原因造成停工的案例已屡见不鲜。

虽然高速公路建设成就不断刷新,技术领域的研究成果不断涌现,有效促进了行业发展,但高速公路建设投资规模巨大,资金投入不足将会致使其"断炊"停建。据不完全统计显示,自从我国拥有第一条高速公路以来,由于公路建设资金、土地使用、技术事故等原因造成高速公路停工复建的工程多达数十项,停工时间长达 6、7 年。其中,部分高速公路由于资金问题停建,部分由于技术问题造成已建好的公路损坏不能使用,部分由于土地使用权限问题造成停工。因为停工时间长、停工期间既有结构未进行合理的保护、既有结构质量评价难度大、修复再建工程量大等,导致高速公路复建成为一项棘手的工程问题。据不完全统计,近年来我国复工高速公路工程项目就有十多个,见表1-2。

表1-2　我国复建高速公路统计表

公路名称	长度/km	开工日期	停工日期	复工日期	竣工日期	停工时长/年
铜南宣高速公路	83.86	2005	2008	2013	2015	5
潮揭高速公路	29.35	2002	2004	2010	2013	6
谷竹高速公路	229.46	2009	2011	2012	2014	1
硚孝高速公路	34.51	2009	2009	2013	2016	3
萍洪高速公路	33.80	2006	2007	2013	2014	6
通化至梅河口高速公路	98.10	2012	2012	2014	2015	1
成安渝高速公路	253.00	2009	2014	2015	2016	1
周集至六安高速公路	91.45	2003	2006	2009	2012	3

从表1-2可以看出,我国在建高速公路由于资金问题、土地使用权限、技术问题等原因造成停工的情况一直伴随着高速公路修建而存在,从开始动工到竣工通车,有的经历长达6~7年的停工,有的经过修修停停,有的在多方督促下复工,中途再次停工;从里程分布来看,中长里程的高速公路发生停工复建居多。高速公路停工复建给工程参与方带来了极大的经济利益损失,也阻碍了所连接城市的发展。

1.1.3　停工复建及养护维修高速公路项目研究现状

1. 停工复建高速公路项目研究现状

停工复建高速公路建设项目既不同于新建项目,也有别于改建项目和既有工程加固项目,它是新建项目经长时间停工后又重新在既有工程的基础上继续建设的项目。其本身具有一定的特殊性,复建前,其病害与缺陷同正常施工工程病害相比,无论是种类上还是影响程度上,都具有一定的特殊性和差异性。

高速公路建设项目主要包括三大板块:公路路基、隧道以及桥梁。停工复建高速公路工程毕竟是由少数特殊的偶发意外导致的,所以目前对其研究较少,主要取得了以下成果。

2001年,海南省公路勘察设计院陈文文[2]针对海文高速公路复工项目对停工待建公路续建设计原则和程序进行了分析,提出复工设计应尽可能利用既有结构并与工程所在地的社会经济发展相适应的原则和若干续建设计对策。

随着高速公路复工项目的推进,又有安徽省交通规划设计研究院的部分学者和工程师针对安徽省某高速公路复工续建的桥梁结构进行了研究,其中梁长海[3]对复工续建高速公路桥梁桩基和支座等结构缺陷以及钢筋遗失所引发的特殊病害进行了分析和总结,并针对这些缺陷和病害分别从其产生原因、危害性、处理原则和处理方案四个方面进行了分析且取得了较好的效果。

张军和方圆[4]对复工续建高速公路桥梁结构的研究主要以分析特殊病害为主,主要针对复工项目钢筋遗失部位、新旧混凝土结合部位以及表观缺损较严重部位等特殊情况,提出了详细的病害处理措施。

陈中月和黄淼[5]将复建工程桥梁特殊病害的问题划分至材料劣化和表观缺损等方面进行研究,针对钢材锈蚀、钢筋缺失、混凝土劣化和裂缝等病害及缺陷进行了分析并提出了相应的处理措施。

2. 养护维修高速公路项目研究现状

1) 国外发展研究现状

目前,国内外针对长时停工高速公路路基、隧道和桥梁续建的相关研究主要集中在扩建及旧结构养护维修、重建等方面。停工复建高速公路项目虽不同于新建高速公路项目,但与养护维修高速公路极为相似。20 世纪 60 年代中期,美国 AASHTO 基于近 10 年的试验跟踪观测结果提出了路面服务性能指数(present serviceability index,PSI)模型,是世界上最早的路面使用性能评价模型,该模型对其后路面养护维修技术及路面管理系统的发展产生了深刻的影响。加拿大直接把 PSI 模型改为舒适性指数(riding comfort index,RCI)模型,并于 1972 年建立了 RCI 与路面平整度的关系。日本道路协会则模仿 AASHTO 的 PSI 模型的形式,在 1978 年建立了日本 PSI 模型。同时,日本在对路面使用性能评价模型不断研究下,饭岛等通过 3 年对 138 个路段进行跟踪观测取得 1808 组数据,在 1981 年提出了养护管理指数(maintenance control index,MCI)模型,该模型是针对道路管理者提出的。为了补偿 MCI 模型不能反映道路使用者对路面使用性能评价,桥本等在 1986 年提出了简易的线性 RCI 模型[6]。

自 20 世纪 70 年代末期开始,早期修建的高速公路沥青路面临近使用中期,维修、罩面工程逐年增多,为了对高速公路开展科学的养护维修管理,美国德克萨斯大学 Hundson 等运用运筹学和系统工程学理论开发了"路面养护管理系统"(pavement management system,PMS)。随后美国和加拿大的许多州和省相继建立并实施网级路面管理系统,到 20 世纪 80 年代中期,约有 35 个州和省已经建成或基本建成路面管理系统[7]。

至 20 世纪 80 年代末,不断完善的 PMS 系统已被高速公路管理部门采纳作为政府决策确定养护对策的必备程序,同时还产生了许多以 PMS 为经营主体的科技公司,协助政府或工程企业完成路面养护管理和决策工作。

由美国陆军建筑工程研究所开发的 PAVER 系统,该系统根据路面状况信息进行路况评价和预测,在该系统中首次提出用扣分法来建立路面破损评价模型,该方法能够精确地计算和折算由多种损坏所导致的路面总体损害程度[8]。

美国加利福尼亚大学的 Prozzi[9] 提出了将现场测试数据和试验数据相结合用于分析评价路面性能的方法;佛罗里达国际大学的 Nunoo[10] 在同年针对网级路面管理养护问题,提出采用复合综合评价算法,进行多年集成路面养护计划的优化。

除了管理技术之外,高速公路路面养护技术、养护材料与养护机械也逐步开发完善,形成成套的技术,如局部修补技术、罩面技术、稀浆封层技术、恢复抗滑能力技术、沥青再生技术等。因此,在发达国家,由于有完善的管理系统和成套的养护维修技术,高速公路虽然使用年限很长,但是路面使用品质始终保持在良好的状态。

2) 国内发展研究现状

我国高速公路建设起步晚,至 20 世纪 80 年代后期通车里程开始逐年增加。从全国而言,目前仍处于以基础设施建设为主的高速公路发展阶段,路面使用年限不长,因此使用品质衰减问题对大部分省、区、市还不明显。但也有部分建设高速公路起步较早的省、区、市,高速公路使用年限已接近或超过 10 年,使用品质衰减较为明显。因此,高速公路路面维修养护已提上日程。

"七五"末期,交通部公路科学研究所依据我国沥青路面实际状况,在参照国外模型的基础上,确定了沥青路面使用性能评价方法,依托河北和浙江试验路,建立了一般公路路面使用性能评价模型。在对路面使用性能进行评价时,由于路面结构不同、环境因素多样性、评价指标复杂性及影响因素的不确定性等,直接建立路面使用性能的综合指标评价模型较困难。因此,在我国现行公路技术状况评定标准中,对沥青路面使用性能进行评价时,采取先单项指标(PCI、RQI、RDI、SRI、PSSI)评价,再基于单项指标进行综合指标(pavement quality index, PQI)评价的方式。另外,国内在对路面使用性能综合评价研究还存在多种方法,较为常用的有加权几何平均值法计算路面使用性能综合评价值[11]、基于相对优劣关系综合比较准则的层次分析法(analytic hierarchy process, AHP)[12]、灰色聚类方法[13]、集对分析理论(set pair analysis, SPA)[14] 及人工神经网络综合评价方法[15] 等。

邱兆文等[16] 构建了高速公路养护维修率的指标体系,结合调研数据特点,提出养护维修率的定量预测方法及 6 个计算变量,建立了基于综合路况的公路公里养护维修费用计算模型,并提出模型中的关键参数基准值和权重系数的确定方法。实例验证结果表明,本研究方法可为养护经费的合理分配提供决策依据。

牛永亮和邱兆文[17] 分析了公路养护工程量预测模型的研究现状,提出了应用多元线性回归和多元模糊回归算法的高速公路路面小修工程量预测方法;应用分析得到 6 个计算变量和有效统计数据,建立路面养护小修(坑槽、裂缝)工程量预测模型,并进行实例测算比较。测算结果表明,所建立的预测模型具有一定的实用性。

李坚强[18]针对养护维修工程量急剧增加,如何更好地利用有限的资金保障高速公路安全、畅通的运行,依据河南省主要高速公路养护维修调查数据,建立河南省高速公路养护维修率预测模型,开发了"基于 GIS 的河南省高速公路养护维修率预测系统",为公路工程养护管理的规划、设计、预算提供了快速准确、直观可视、图文并茂的信息管理系统。软件系统的开发以 mapinfo 地理信息系统软件为应用平台,详细阐述了 GIS 的实现流程,包括数据采集、数据分析等。在软件需求说明和程序模块结构设计的基础上,利用 VB 编程语言基于 OLE 自动化技术对 mapinfo 进行二次开发,实现了 access 数据与 mapinfo 数据的连接,可方便对地图及属性数据进行更新维护和查询分析。最后通过系统对河南省 2008 年养护维修率的预测和分析,验证了 GIS 应用于河南省高速公路养护维修率预测系统中的可行性。

刘海京[19]从隧道衬砌支护结构的承载机理入手,根据病害和缺陷的几何特征和力学性质对其进行分类,利用结构-荷载的方法建立了一些典型病害的力学简化模型,通过编写计算机程序,在计算机上实现了病害和缺陷结构承载情况的变化规律。通过建立地层-结构的计算模型以弥补结构-荷载模型的不足,并通过修正计算模型、参数的选取方式来考虑材料裂化引起的承载机理的变化,研究衬砌病害和缺陷参数对结构的影响规律。通过与宏观强度理论的耦合应用,研究了几种类型裂纹的产生机理和模式,提出了相应的裂纹断裂判据,深入地分析了衬砌裂缝的影响。

近年来,我国各省、区、市相关科研单位及高校开展了大量关于路面管理系统的研究工作,并在基于不同数学理论的路面使用性能预测模型的研究上取得了一定的成果。北京市和广东省根据干线公路沥青路面积累的路况资料,依据回归分析理论建立了 PCI 和 RQI 的预估模型。江西省依据 6 年的路况观测资料,运用确定型模型建立了网级路面使用性能预测模型。同济大学孙立军和刘喜平[20]依据路面长期跟踪观测结果,同时考虑环境因素对路面使用性能的影响建立了路面使用性能 PCI 及 RQI 的衰变方程。长安大学蒋红妍和戴经梁[21]对路面性能指标——破损率,建立集对分析聚类预测模型,该模型主要考虑了交通量、温度及湿度三个影响因素。另外,较为常用的路面使用性能预测模型理论还有人工神经网络理论、灰色聚类理论、马尔可夫预测理论及物元法理论等。

在高速公路养护管理方面,孙河山[22]通过对高速公路养护管理特点的分析,指出现阶段我国高速公路养护管理存在的问题,并借鉴发达国家在公路养护管理方面的先进经验,从体制改革、法规建设、技术管理、养护机械化等方面,对我国高速公路养护管理发展提出合理对策。姚丽贤[23]在针对高速公路养护现状及存在的问题进行分析的基础上,从加强预防性养护,增加养护资金的投入,加大养护机械设备的投入,增加新材料、新工艺和新技术的使用以及建立健全的养护技术管理制度和对养护管理实行信息化管理等方面对高速公路的养护管理提出相应的建议。

在高速公路养护评价指标体系创建方面,王芳[24]从安全性、舒适性、畅通性、便捷性等高速公路养护及服务质量的 4 个特性入手,选取了 15 个指标,通过内部评价和外部评价等方式以及问卷调查等途径,建立了一套较为完善的高速公路养护及服务质量评价体系。

1.1.4 停工复建高速公路项目研究意义

经过几十年的建设,我国高速公路已经颇具规模,促进了社会、经济、政治、文化等各方面的发展,但仍不能满足日益发展的国民经济和人民物质文化发展的需要,这对高速公路的服务能力提出严峻挑战。通过研究总结,得出解决该问题的主要两个方法[25]。

(1)拓展高速路网,形成网络覆盖系统,提高通行能力。

(2)逐步实现智能运输系统,提高现有公路的使用率,充分发掘现有高速公路的潜力。

实现以上两个方法的实质涉及新建高速公路质量和安全问题。如前所述,停工复建高速公路项目是在既有结构的基础上重新建设的高速公路项目,无论复工前的既有结构还是复工所带来的维修、加固、重建,都耗费了巨大的经济、时间、人力资源,阻碍了区域的发展。停工复建高速公路项目质量的好坏直接关系到整条线路以后的通行运营,做好复工高速公路质量安全研究对我国公路交通发展和实际生产具有重要的理论意义和实际应用价值,具体体现在以下几个方面。

(1)构建一套完善的、有代表性的停工复建高速公路项目质量安全评价指标体系,对复工建设质量安全状况进行全面评估,为复工建设管理和决策提供依据。

(2)建立停工复建高速公路项目质量安全评价标准,为后续研究复工高速公路质量安全奠定基础,填补复工高速公路质量安全评价准则体系不全、缺失的现状。

(3)通过对停工复建高速公路项目既有结构进行质量评价,确定复工前既有结构的技术状况,充分利用既有结构,做到减少成本、保证质量,为复工提供经济、优化的质量方案。

(4)建立停工复建高速公路项目管理信息系统,并连接数据库,做到质量评价与安全管理结合,全面提升高速公路复工研究体系,为高速公路管理者提供一种方便、适用的服务系统。

（5）利用评价体系及管理信息系统引导管理者对停工复建高速公路项目进行规划、复建、维修养护、管理等方面做出优选决策，为高速公路复建做出更好的战略规划。

1.2 停工复建高速公路项目质量评价方法

质量评价是对评价对象的质量影响因素、质量缺陷及破坏程度进行分析，同时采用定性、定量或定性定量相结合的手段，对评价对象进行质量等级分类，从而判断评价对象质量的优劣。我国质量评价工作起步较晚，自 20 世纪 80 年代初期，质量评价和安全评价等学科和方法才引入我国，并受到许多大、中型企业和行业管理部门的高度重视，使得系统的评价方法在机械、冶金、化工、航空、航天等行业得到应用和推广。目前，质量评价方法主要分为一般评价方法和综合评价方法，一般评价方法是基于安全评价方法衍生出的质量评价法，主要出现在规范和标准中，对于高速公路项目质量评价方面，我国主要采用《公路桥涵养护规范》(JTG H11—2004)、《公路工程质量检验评定标准》(JTG F80/1—2004)、《公路桥梁技术状况评定标准》(JTG/T H21—2011)等对高速公路项目结构进行质量评价等工作。而对于停工复建高速公路质量评价方法并不多见，在复工设计、施工、交竣工验收等方面与高速复工项目有关的规范标准几乎为零。

目前，一般评价方法有很多种，每种评价方法都有其适用范围和应用条件，评价方法算法简单，易于迅速得出评价结果。但是，一般评价方法主要用于评价指标较少、评价体系层次简单的对象，而且评价结果存在较大的主观性。在此基础上，发展了综合评价方法，该方法引入多种学科，如系统工程、可拓学、模糊数学等，根据一个复杂系统同时受到多种因素影响的特点，在综合考察多个有关因素时，依据多个指标对复杂系统进行总评价。本节主要将质量评价方法分为一般评价法和综合评价法进行介绍，并对目前应用于高速公路中的方法加以阐述。

1.2.1 一般评价方法

1. 检查表法

检查表法是将一系列分析项目列出检查表进行分析，以确定系统状态的评价方法，这些项目包括设备、设施、工艺、操作、管理等各个方面。停工复建高速公路项目质量检查表是对停工复建项目安全生产管理、复工设计、物料、设备或操作过程等方面进行评价，可用于新建、复建高速公路的早期阶段评价，识别和消除多年操作的建筑项目中所发现的危险。质量安全检查表可用于公路项目建设、运行过程的各个阶段。

使用检查表进行质量评价时,一般包括如下 5 个步骤[26]。

(1)确定检查对象。

(2)收集与评价对象有关的数据和资料。

(3)选择或编制安全检查表。

(4)进行检查评价。

(5)编制分析结果文件。

2. 信息化评价法

公路建设施工质量的信息化评估,就是利用信息系统将数据考核标准提前输入系统中,系统在整个施工过程中,按照既定客观标准对施工情况进行记录,然后在系统中自动生成分析,最后将结果整合,生成整个工程的质量评价结果。信息化的质量评估,不仅客观而且高效,可以实现对工程的实时监督和反馈,一旦有某一项指标不合格,系统将会提出警示,只有对施工进行改进,才能进入下一项测评。

公路建设信息化评价系统具有强大的分析功能,快速、准确,可以自动根据国家公布的各项指标修正数据标准,对施工质量进行核查。数据库定期进行封存、管理和储存,为以后的施工提供参考和选择[27]。

3. 数字评价法

工程项目质量评价中,除引入模糊评判方法之外,运用简单的数学比率方法是使用较多的质量评价方法,《建筑工程施工质量验收标准》为这些数学比率的基础数据来源,包括质量投诉率、验收合格率等,是依照进行的验收结果,此外还有质量监管部门的备案数据。

此种评价方法数据来源充足,计算过程简单,但是,这种方法往往用于评价某个地区的整体质量状况,很少适用于单位工程质量评价。同时,考虑到我国现阶段质量管理机制,采用这种方法所得到的最终评价结果差异性不大,不能准确反映质量等级[27]。

4. 风险综合评价

公路施工质量风险评价是在风险识别和风险估计的基础上,将损失频率、损失程度以及其他因素综合起来考虑,分析风险可能对项目造成的影响,寻求风险对策。公路施工质量风险评价的整体思路是:运用资料法判断或推测公路质量工程可能会发生风险事故的风险因素,建立初步风险因素清单;然后运用事故树,搜索风险因素清单中引起风险事故的风险因素,作为检查表的基本检查项目,针对风险因素,结合实际工程情况,填写安全检查表,列出风险清单。基于公路风险事故管理系统的风险识别综合法的流程如图 1-2 所示[28]。

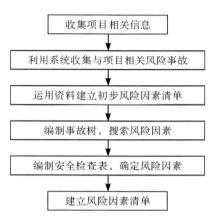

图 1-2 风险识别综合法流程图

5. 基于规范的质量评定方法

《公路桥梁技术状况评定标准》(JTG/T H21—2011)中提出了关于结构技术状况的评定方法,基于该方法,又参考了《公路桥涵养护规范》(JTG H11—2004)、《公路工程质量检验评定标准》(JTG F80/1—2004)等,可将基于规范的质量评价方法的具体步骤归纳如下。

(1) 评价对象构件的技术状况评分,按式(1-1)计算:

$$M_i = 100 - \sum_{i=1}^{k} U \tag{1-1}$$

当 $x=1$ 时

$$U_1 = DP_{i1} \tag{1-2}$$

当 $x \geqslant 2$ 时

$$U_x = \frac{DP_{ij}}{100\sqrt{x}}\left(100 - \sum_{y-1}^{x-1} U_y\right), \quad j = x \tag{1-3}$$

当 $DP_{ij} = 100$ 时

$$M_i = 0 \tag{1-4}$$

式中,M_i 为第 i 类部件 l 构件的得分,值域为 0~100 分;k 为第 i 类部件 l 构件出现扣分的指标的种类数;U、x、y 为引入的变量;i 为部件类别,如 i 表示工程承重构件、支座、桥墩等;j 为第 i 类部件 l 构件的第 j 类检测指标;DP_{i1} 为第 i 类部件 l 构件的第 j 类检测指标的扣分值,根据构件各种检测指标扣分值进行计算。

(2) 评价对象部件的技术状况评分,按式(1-5)计算:

$$I_i = \bar{I} - \frac{100 - I_{\min}}{t} \tag{1-5}$$

式中，I_i 为评价对象结构第 i 类部件的得分，值域为 0~100 分；$\bar{I}$ 为评价对象结构第 i 类部件各构件的得分平均值，值域为 0~100 分；$I_{\min}$ 为评价对象结构第 i 类部件中分值最低的构件得分值；t 为随构件的数量而变的系数。

（3）评价对象系统结构的技术状况评分，按式(1-6)计算：

$$C_1, C_2, \cdots, C_n = \sum_{i=1}^{m} (C_1, C_2, \cdots, C_n) W_i \tag{1-6}$$

式中，$C_1, C_2, \cdots, C_n$ 为评价对象各组成系统 $C_1, C_2, \cdots, C_n$ 结构技术状况评分，值域为 0~100 分；W_i 为第 i 类部件的权重，对于评价对象中未设置的部件，应根据此部件的隶属关系，将其权重值分配给各既有部件，分配原则按照各既有部件权重在全部既有部件权重中所占比例进行分配。

（4）评价对象总体的技术状况评分，按式(1-7)计算：

$$D_r = C_1 W_1 + C_2 W_2 + \cdots + C_n W_n \tag{1-7}$$

式中，D_r 为评价对象总体技术状况评分，值域为 0~100 分；$W_1, W_2, \cdots, W_n$ 为对应系统 $C_1, C_2, \cdots, C_n$ 在评价对象总体中所占的权重，按《公路桥梁技术状况评定标准》(JTG/T H21—2011)中规定取值。

1.2.2　综合评价方法

1. 模糊综合评价法

模糊综合评价法是借助模糊数学的隶属度理论，对蕴藏信息所呈现出的模糊性资料做出科学、合理、贴近实际的量化评价，即对受到多种因素制约的事物或对象做出一个总体评价。它通过精确的数学手段处理模糊的评价对象，对评价对象有唯一的评价值，且不受被评价对象所处集体的影响。模糊综合评价法首先确定被评价对象即因素集；再分别确定各个因素的权重及它们的隶属度矢量，获得模糊评判矩阵；最后将评判矩阵与因素的权矢量进行模糊运算并进行归一化，得到模糊综合评价结果[29]。

评价步骤[30,31]如下。

（1）确定评价对象的因素集。

$$U = \{u_1, u_2, u_3, \cdots, u_n\} \tag{1-8}$$

式中，U 为评价总体指标；u_i 为第 i 个评价指标。

式(1-8)的因素集为评价对象的 n 种评价因素，对于多层次结构，可将评价对象按指标体系本身的结构层次划分为若干(m)个子集，即

$$U = \bigcup_{i=1}^{m} u_i \tag{1-9}$$

因素集是反映对评判对象有影响的因素所组成的集合，一般由评价指标体系确定。

（2）确定评价对象的评语集。

$$V=\{v_1,v_2,v_3,\cdots,v_n\} \tag{1-10}$$

式中，V 为总体评价结果；v_j 为第 j 个评价结果。

式（1-10）为评价因素集中各指标的评语集，表示对评价因素的评价结果。对于多层次结构，可将评判集划分为若干（m）个子集，即

$$V=\bigcup_{i=1}^{m}v_i \tag{1-11}$$

评语集是反映评判人员对评判对象做出的评判结果的集合。

（3）确定评价因素的权重向量。

$$W=\{w_1,w_2,w_3,\cdots,w_n\} \tag{1-12}$$

式中，w_i 为第 i 个因素的权重，其中，$\sum w_i=1$。

式（1-12）为权重分配的模糊矢量，权重矢量反映了各因素的重要程度。在进行模糊综合评价时，权重不同可能会得到完全不同的结论。通常权重依靠经验给出，带有一定的主观性。

（4）进行单因素模糊评价，建立模糊关系矩阵。

从一个因素出发进行评价，由专家依据评判等级确定该因素相对于评语集 V 的隶属度，称为单因素模糊评价。

在构造了等级模糊子集后，要逐个对被评价因素进行量化，确定从单因素来看被评价对象对各等级模糊子集的隶属度，进而得到模糊关系矩阵。

$$R=\begin{bmatrix} r_{11} & r_{12} & \cdots & r_{1n} \\ r_{21} & r_{22} & \cdots & r_{2n} \\ \vdots & \vdots & & \vdots \\ r_{m1} & r_{m2} & \cdots & r_{mn} \end{bmatrix} \tag{1-13}$$

式中，r_{ij} 为某个评价因素 u_{ij} 对评价结果 v_{ij} 的隶属度。

其中，对 $r_i=\{r_{i1},r_{i2},\cdots,r_{in}\}$ 归一化处理，使得 $\sum r_{ij}=1$。

（5）多指标综合评价。

根据因素权重向量 W 与模糊关系矩阵 R 合成得到模糊评价结果矢量 B，评价公式为

$$B=W\circ R=(w_1 \quad w_2 \quad \cdots \quad w_m)\begin{bmatrix} r_{11} & r_{12} & \cdots & r_{1n} \\ r_{21} & r_{22} & \cdots & r_{2n} \\ \vdots & \vdots & & \vdots \\ r_{m1} & r_{m2} & \cdots & r_{mn} \end{bmatrix}=(b_1 \quad b_2 \quad \cdots \quad b_m)$$

$$\tag{1-14}$$

式中，b_i 为某个评价因素 u_{ij} 对评价结果 v_{ij} 的隶属度；"。"称为合成算子，选择合适的合成算子才能保证评价结果的准确性。

（6）对评价结果进行分析。

根据得出的模糊综合评价结果，按大小排序，按序选优，将其转化为综合分值，从而挑选出最优者。

2. 逼近理想点法

TOPSIS(technique for order preference by similarity to an ideal solution)称为逼近于理想解的排序方法。它的基本思想是：对归一化后的原始数据矩阵，确定出理想中的最佳方案和最差方案，通过求出各被评方案以及最佳方案和最差方案之间的距离，得出该方案与最佳方案的接近程度，并以此作为评价各被评对象优劣的依据。TOPSIS 法是有限方案多目标决策的综合评价方法之一，它对原始数据进行同趋势和归一化的处理后，消除了不同指标量纲的影响，并能充分利用原始数据的信息，所以能充分反映各方案之间的差距，客观真实地反映实际情况[32]。

评价步骤如下。

（1）设有 m 个目标（有限个目标），n 个属性，专家对其中第 i 个目标的第 j 个属性的评估值为 x_{ij}，则初始判断矩阵 V 为

$$V = \begin{bmatrix} x_{11} & \cdots & x_{1j} & \cdots & x_{1n} \\ \vdots & & \vdots & & \vdots \\ x_{i1} & \cdots & x_{ij} & \cdots & x_{in} \\ \vdots & & \vdots & & \vdots \\ x_{mi} & \cdots & x_{mj} & \cdots & x_{mn} \end{bmatrix} \tag{1-15}$$

（2）由于各个指标的量纲可能不同，需要对决策矩阵进行归一化处理：

$$V' = \begin{bmatrix} x'_{11} & \cdots & x'_{1j} & \cdots & x'_{1n} \\ \vdots & & \vdots & & \vdots \\ x'_{i1} & \cdots & x'_{ij} & \cdots & x'_{in} \\ \vdots & & \vdots & & \vdots \\ x'_{m1} & \cdots & x'_{mj} & \cdots & x'_{mn} \end{bmatrix} \tag{1-16}$$

其中，$x'_{ij} = \dfrac{x_{ij}}{\sqrt{\sum\limits_{k=1}^{n} x_{ij}^2}}, i = 1, 2, \cdots, m; j = 1, 2, \cdots, n$。 $\tag{1-17}$

（3）根据 DELPHI 法获取专家群体对属性的信息权重矩阵 B，形成加权判断矩阵：

$$Z = V'B = \begin{bmatrix} x'_{11} & \cdots & x'_{1j} & \cdots & x'_{1n} \\ \vdots & & \vdots & & \vdots \\ x'_{i1} & \cdots & x'_{ij} & \cdots & x'_{in} \\ \vdots & & \vdots & & \vdots \\ x'_{m1} & \cdots & x'_{mj} & \cdots & x'_{mn} \end{bmatrix} \begin{bmatrix} w_1 & & & & \\ & \ddots & & & \\ & & w_j & & \\ & & & \ddots & \\ & & & & w_n \end{bmatrix}$$

$$= \begin{bmatrix} f_{11} & \cdots & f_{1j} & \cdots & f_{1n} \\ \vdots & & \vdots & & \vdots \\ f_{i1} & \cdots & f_{ij} & \cdots & f_{in} \\ \vdots & & \vdots & & \vdots \\ f_{m1} & \cdots & f_{mj} & \cdots & f_{mn} \end{bmatrix} \tag{1-18}$$

（4）根据加权判断矩阵获取评估目标的正负理想解。

正理想解：

$$f_j^* = \begin{cases} \max(f_{ij}), & j \in J^* \\ \min(f_{ij}), & j \in J' \end{cases}, \quad j = 1, 2, \cdots, n \tag{1-19}$$

负理想解：

$$f_j' = \begin{cases} \min(f_{ij}), & j \in J^* \\ \max(f_{ij}), & j \in J' \end{cases}, \quad j = 1, 2, \cdots, n \tag{1-20}$$

其中，J^* 为效益型指标；J' 为成本型指标。

（5）计算各目标值与理想值之间的欧氏距离：

$$S_i^* = \sqrt{\sum_{j=1}^m (f_{ij} - f_j^*)^2}, \quad j = 1, 2, \cdots, n \tag{1-21}$$

$$S_i' = \sqrt{\sum_{j=1}^m (f_{ij} - f_j')^2}, \quad j = 1, 2, \cdots, n \tag{1-22}$$

（6）计算各个目标的相对贴近度：

$$C_i^* = \frac{S_i'}{S_i^* + S_i'}, \quad i = 1, 2, \cdots, m \tag{1-23}$$

（7）依照相对贴近度的大小对目标进行排序，形成决策依据。越接近 1 说明方案越优，越接近 0 说明方案越恶劣。

3. 灰色聚类评价法

灰色聚类是普通聚类方法的一种拓广，也是处理问题的一种创新技巧。灰色聚类评价法是从聚类分析中引进具有灰色性质的白化函数，将聚类对象所拥有的白化值按几个灰类进行归纳，提出以生成灰色白化函数为基础的一种聚类方法。一个聚类可以看成是属于同一类观测对象的集合。按聚类对象划分，灰色聚类可分为灰色关联聚类和灰色白化权函数聚类。灰色关联聚类主要用于同类因素的归并，以使复杂系统简化。灰色白化权函数聚类主要用于检查观测对象是否属于事先设定的不同类别，以便区别对待[33,34]。

评价步骤如下。

（1）给出聚类的白化数矩阵。

设有 i 个样本，且各有 j 个指标，则由 i 个样本的 j 个指标的白化数构成矩阵：

$$\begin{bmatrix} C_{11} & C_{12} & \cdots & C_{1n} \\ C_{21} & C_{22} & \cdots & C_{2n} \\ \vdots & \vdots & & \vdots \\ C_{m1} & C_{m2} & \cdots & C_{mn} \end{bmatrix} \tag{1-24}$$

式中，C_{ij} 为 i 个聚类样本第 j 个聚类指标的白化值，$i \in [1, \quad 2, \quad \cdots, \quad m]$，$j \in [1, \quad 2, \quad \cdots, \quad n]$。

（2）数据的标准化处理。

对各个指标的白化值 C_{ij} 和灰类进行无量纲化处理，以便于对各样本指标进行综合分析并使聚类结果具有对比性。

（3）样本指标白化值的标准化处理。

$$d_{ij} = \frac{C_{ij}}{C_{\partial j}}, \quad j \in [1, \quad 2, \quad \cdots, \quad m], i \in [1, \quad 2, \quad \cdots, \quad n] \tag{1-25}$$

式中，d_{ij} 为第 i 个样本第 j 个指标的标准化值，也称为白化数；C_{ij} 为第 i 个样本第 j 个指标的实测值；$C_{\partial j}$ 为第 j 个指标的参考标准，其取值一般由聚类对象所在环境目标而确定。

得出以 d_{ij} 为元素的样本矩阵如下：

$$D = d_{ij} = \begin{bmatrix} d_{11} & d_{12} & \cdots & d_{1m} \\ d_{21} & d_{22} & \cdots & d_{2m} \\ \vdots & \vdots & & \vdots \\ d_{n1} & d_{n2} & \cdots & d_{nm} \end{bmatrix} \tag{1-26}$$

（4）建立白化函数。

白化函数：$f_j(d_{ij})$ 为第 j 个聚类指标对于第 k 灰类的白化函数值，$k = 1, 2, \cdots, s$。

聚类指标评价值处在一个动态范围之内，它不是一个精确的数值，而是用区间来表示。区间内的任意一个白化数与灰数的对应程度互不相同，需要按照一定的映射关系来确定，即白化函数。一般情况下，根据阈值不同，白化函数可表示为 3 种不同的形式，其函数图像如图 1-3 所示。

x_{ij} 为第 j 个聚类指标第 k 类白化函数的阈值。根据上面 3 种形式的函数图像，可列出 3 种对应的白化函数计算公式[34]。

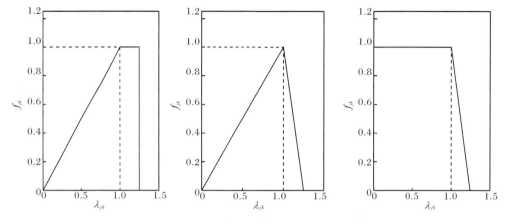

图 1-3 白化函数基本形式图

① 灰度 $\in [0, \lambda_j^1, \lambda_j^2]$

$$f_j^k = \begin{cases} 1, & d_{ij} \in [1, \lambda_j^1] \\ \dfrac{\lambda_j^2 - d_{ij}}{\lambda_j^2 - \lambda_j^1}, & d_{ij} \in [\lambda_j^1, \lambda_j^2] \end{cases} \tag{1-27}$$

② 灰度 $\in [\lambda_j^{k-1}, \lambda_j^k, \lambda_j^{k+1}]$

$$f_j^k(d_{ij}) = \begin{cases} 0, & d_{ij} \notin [\lambda_j^{k-1}, \lambda_j^{k+1}] \\ \dfrac{d_{ij} - \lambda_j^{k-1}}{\lambda_j^k - \lambda_j^{k-1}}, & d_{ij} \notin [\lambda_j^{k-1}, \lambda_j^k] \\ \dfrac{\lambda_j^2 - d_{ij}}{\lambda_j^2 - \lambda_j^1}, & d_{ij} \in [\lambda_j^1, \lambda_j^2] \end{cases} \tag{1-28}$$

③ 灰度 $\in [\lambda_j^{k-1}, \lambda_j^s, \infty]$

$$f_j^k(d_{ij}) = \begin{cases} \dfrac{d_{ij} - \lambda_j^{s-1}}{\lambda_j^s - \lambda_j^{s-1}}, & d_{ij} \notin [\lambda_j^{s-1}, \lambda_j^s] \\ 1, & d_{ij} \in [\lambda_j^1, \lambda_j^2] \end{cases} \tag{1-29}$$

灰色聚类系数：$\sigma_{ik} = \sum\limits_{j=1}^{m} f_j^k(d_{ij}) \eta_{jk}$。反映被分析聚类对象属于第 k 个等级的一个程度，该系数越大，表明越归属于第 k 类。其中，η_j 为聚类指标 j 的权重，$\sum\limits_{j=1}^{m} \eta_j = 1$。

（5）计算各灰类的权值。

记 η_{jk} 为灰类聚类权，表示第 j 种指标属于第 k 灰类的权重，当聚类指标的量纲相同时，有

$$\eta_{jk} = \frac{\lambda_{jk}}{\sum\limits_{j=1}^{m} \lambda_{jk}} \tag{1-30}$$

若聚类指标量纲不同,并且不同指标的样本值在数量上相差很大,可按照公式进行无量纲处理:

$$\gamma_{jk} = \frac{s_{jk}}{s_j} \tag{1-31}$$

(6) 求灰色聚类系数及灰色聚类矩阵。

记 σ_{ik} 为灰色聚类系数,表示第 i 个聚类对象隶属于第 k 灰类的程度,即

$$\sigma_{ik} = \sum_{j=1}^{m} f_j^k(d_{ij})\eta_{jk} \tag{1-32}$$

式中,$f_j^k(d_{ij})$ 为样本值 d_{ij} 求得的白化函数;η_{jk} 为灰色聚类权值。据此建立的灰色聚类决策矩阵为

$$\sum = (\sigma_{ik})_{nk} = \begin{bmatrix} \sigma_{11} & \cdots & \sigma_{1k} \\ \vdots & & \vdots \\ a_{n1} & \cdots & a_{nk} \end{bmatrix} \tag{1-33}$$

若 σ_{ik} 满足

$$\sigma_{ij} = \max\{\sigma_{ik}\} = \max\{\sigma_{i1}, \sigma_{i2}, \cdots, \sigma_{ik}\}$$

式中,$i=1,2,\cdots,n$;$k=1,2,\cdots,k$。则称聚类对象 i 属于 k 灰类,即在聚类行向量 $\sigma_i = \{\sigma_{i1}, \sigma_{i2}, \cdots, \sigma_{ik}\}$ 中找出最大聚类系数 σ_{ik},该最大聚类系数所对应的灰类 k 亦是该聚类对象 i 所属的类,即得出相应指标体系所处的类别状态[33~39]。

4. 云模型综合评价理论

云模型主要能够反映人类知识或事物中概念的两种不确定性:一为模糊性(边界亦此亦彼性),二为随机性(发生概率),构成定性和定量相互的映射关系,从而将二者完全集成起来。在数域空间里,云既不是一条明晰的隶属度曲线,也不是一个确定的概率密度函数,而是可伸缩、有弹性、无边沿、近视无边、远观像云的一对多的数学映射图像[40]。

云模型使得通过语言描述的定性信息有可能转化为具有一定范围和分布规律的定量数据,也有可能把定量的数值更有效地转化为定性的语言描述。云的基本概念如下。

设 U 是一个用精致数值表示的定量论域,C 是 U 上的定性概念,若定量值 $x \in U$,且 x 是定性概念 C 的一次随机实现,x 对 C 的确定度 $\mu(x) \in [0,1]$ 是有稳定倾向的随机数,即

$$u:U \rightarrow [0,1] \tag{1-34}$$

$$\forall x \in U, \quad x \to \mu(x) \tag{1-35}$$

从云的定义可以看出,某个定性概念的确定度(论域中对应的数值)是在不断发生细微的变化的,但对云的整体特征不会产生影响,而云模型正是通过云的整体形状来反映不确定的概念的相关特性,研究云滴出现较密集时确定度值所显现的规律性[40~46]。

其中,正太云模型综合了正太分布的普适性和钟形隶属函数的普适性[47],具有较强的普适性,利用 3 个数字特征(期望 Ex、熵 En、超商 He)来实现具有不确定性概念的定性和定量转换。正太云模型示意图如图 1-4 所示,三个数字特征的具体含义如下。

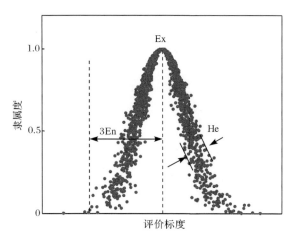

图 1-4　正太云模型示意图

期望 Ex(expected value):最能代表某一定性概念的点或理解为某一概念量化的最典型样本。通过比较距离 Ex 的远近,来反映对某一概念认知的稳定性和统一性;离 Ex 越近,认知越稳定、统一。

熵 En(entropy):通过熵来度量某一定性概念的不确定性,由概念的随机性和模糊性共同决定,反映了某概念的云滴分布的离散程度和合理取值的波动范围,某一概念的随机性和模糊性通过熵这一个数值来反映,它们之间的关联性也得以体现。熵越大,某一概念越模糊、越宏观,正太云形状跨度越大。

超熵 He(hyper entropy):即熵的熵,超熵可以度量熵的不确定度,同样反映了熵的随机性和模糊性,以及二者之间的关联性。超熵越大,云滴越离散,确定度随机性越大。

图 1-5 为期望值不同的两个云图之间的对比。图 1-5(a)为 Ex=20,En=3,He=0.3,n=2000 对应的云图;图 1-5(b)为 Ex=30,En=3,He=0.3,n=2000 对应的云图。

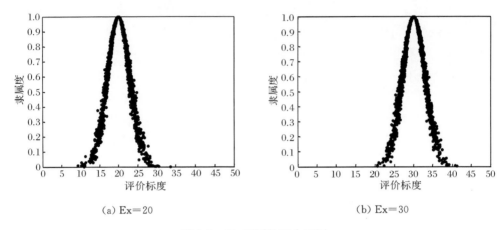

(a) Ex=20　　　　　　　　　　　(b) Ex=30

图 1-5　Ex 不同的两个云图

图 1-6（a）为熵不同的两个云图之间的对比。图 1-6(a)为 Ex＝25；En＝3；He＝0.3；n＝2000 对应的云图；图 1-6(b)为 Ex＝25；En＝6；He＝0.3；n＝2000 对应的云图。

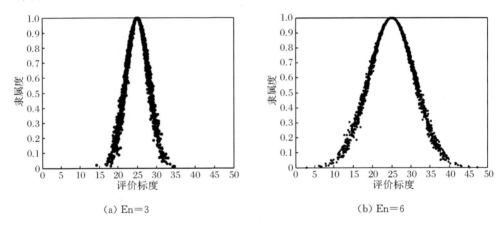

(a) En=3　　　　　　　　　　　(b) En=6

图 1-6　En 不同的两个云图

图 1-7 为超熵不同的两个云图之间的对比。图 1-7(a)为 Ex＝25，En＝3，He＝0.3，n＝2000 对应的云图；图 1-7(b)为 Ex＝25，En＝3，He＝0.6，n＝2000 对应的云图。

图 1-8 为云滴数不同的两个云图之间的对比。图 1-8(a)为 Ex＝25，En＝3，He＝0.3，n＝2000 对应的云图；图 1-8(b)为 Ex＝25，En＝3，He＝0.3，n＝500 对应的云图。

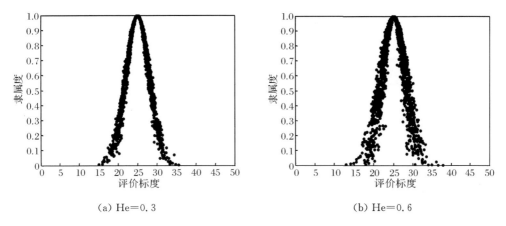

(a) He＝0.3　　　　　　　　　　　　(b) He＝0.6

图 1-7　He 不同的两个云图

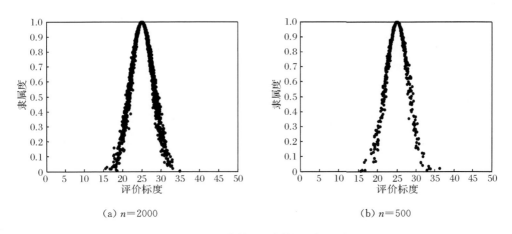

(a) n＝2000　　　　　　　　　　　　(b) n＝500

图 1-8　云滴数 n 不同的两个云图

云发生器:云发生器包括正向云发生器(forward cloud generator,FCG)和逆向云发生器(backward cloud generator,BCG),是云模型理论应用的关键算法。由云模型的数字特征 $A＝(Ex,En,He)$ 来确定定量的数值,生成云滴,实现定性到定量的映射,为正向云发生器,如图 1-9 所示。正向云发生器算法步骤如图 1-10所示。

图 1-9　正向云发生器

算法：输入,数字特征Ex、En、He,云滴数n
　　　输出,drop$(x_i,\mu_i),i=1,2,\cdots,n$

算法步骤：

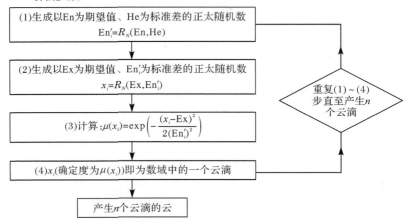

图 1-10　正向云发生器算法

逆向云发生器是实现定量数据到定性概念的转化过程,将一定数量的精确数值样本按照统计学原理转换为用数字特征(Ex、En、He)所表达的定性语言概念,实现定量到定性的映射,如图 1-11 所示,逆向云发生器算法步骤如图 1-12 所示。

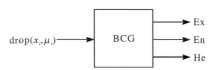

图 1-11　逆向云发生器

在应用过程中正太云模型类型包括完整的整体云模型、半降正太云和半升正太云[48]。将两朵或多朵云进行综合运算,升华为一个可以综合反映这些云的上一层指标的语言概念,即为这些云的"父云",又称"综合云",这些单云相对称为"子云",其本质是将若干同类型或相关的语言概念综合提升为一个更高层次的、更综合的语言概念[49]。"父云"是相对而言的,对若干父云进行综合运算,可以得到更高层次的"父云"。按照这一理论,某一指标体系的目标层综合云是评价值云。在运用综合云进行多层次综合评价时,关键是计算综合评价值云参数。综合评价值云的特征参数可以通过其子云的数字特征运算获得,由于各子云语言概念对其上一层次概念的影响权重不同,在进行综合升华为父云时应考虑各自权重,按照这种规律依次往上层综合,最终即可获得综合评价值云。

假设有 n 个相同类型语言概念 $A_1=(\text{Ex}_1,\text{En}_1,\text{He}_1),A_2=(\text{Ex}_2,\text{En}_2,\text{He}_2),\cdots,A_n=(\text{Ex}_n,\text{En}_n,\text{He}_n)$,其权重依次为 $v_1,v_2,\cdots,v_3$,则可由这 n 个语言概念综合

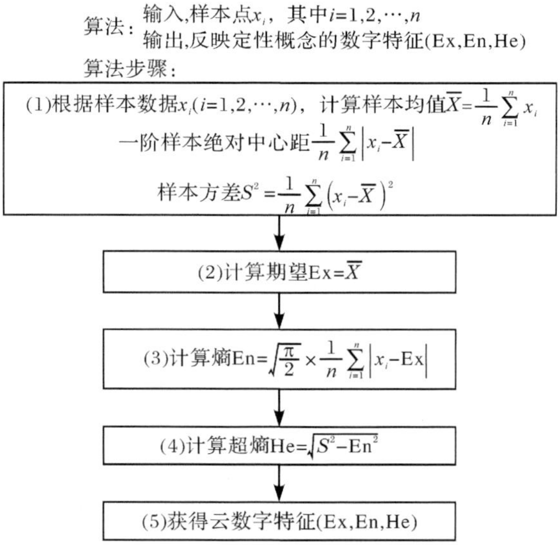

算法： 输入，样本点x_i，其中$i=1,2,\cdots,n$
输出，反映定性概念的数字特征(Ex,En,He)

算法步骤：

(1)根据样本数据$x_i(i=1,2,\cdots,n)$，计算样本均值$\overline{X}=\dfrac{1}{n}\sum\limits_{i=1}^{n}x_i$

一阶样本绝对中心距$\dfrac{1}{n}\sum\limits_{i=1}^{n}\left|x_i-\overline{X}\right|$

样本方差$S^2=\dfrac{1}{n}\sum\limits_{i=1}^{n}\left(x_i-\overline{X}\right)^2$

(2)计算期望$Ex=\overline{X}$

(3)计算熵$En=\sqrt{\dfrac{\pi}{2}}\times\dfrac{1}{n}\sum\limits_{i=1}^{n}\left|x_i-Ex\right|$

(4)计算超熵$He=\sqrt{S^2-En^2}$

(5)获得云数字特征(Ex,En,He)

图 1-12 逆向云发生器算法步骤

生成一个相同类型的综合云，该综合云语言概念具有更广泛的概念域，包括了所有子云语言域范围，综合各子云的权重，使综合语言概念更加精确，综合云的数字特征$A=(\mathrm{Ex},\mathrm{En},\mathrm{He})$可以通过式(1-36)或式(1-37)计算[50]。

$$\begin{cases}\mathrm{Ex}=\dfrac{\mathrm{Ex}_1\mathrm{En}_1v_1+\mathrm{Ex}_2\mathrm{En}_2v_2+\cdots+\mathrm{Ex}_n\mathrm{En}_nv_n}{\mathrm{En}_1v_1+\mathrm{En}_2v_2+\cdots+\mathrm{En}_nv_n}\\[2mm]\mathrm{En}=\mathrm{En}_1v_1n+\mathrm{En}_2v_2n+\cdots+\mathrm{En}_nv_nn\\[2mm]\mathrm{He}=\dfrac{\mathrm{He}_1\mathrm{En}_1v_1+\mathrm{He}_2\mathrm{En}_2v_2+\cdots+\mathrm{He}_n\mathrm{En}_nv_n}{\mathrm{En}_1v_1+\mathrm{En}_2v_2+\cdots+\mathrm{En}_nv_n}\end{cases} \tag{1-36}$$

$$\begin{cases}\mathrm{Ex}=\sum\limits_{i=1}^{n}\mathrm{En}_iv_i\\[3mm]\mathrm{En}=\sqrt{\sum\limits_{i=1}^{n}\mathrm{En}_i^2v_i}\\[3mm]\mathrm{He}=\sum\limits_{i=1}^{n}\mathrm{He}_iv_i\end{cases} \tag{1-37}$$

按照上述原理，将逐层向上求得的综合评价值云与综合评语云进行比较。按照式(1-38)可以求出综合云与各评语云的相似隶属度∂，相应∂最大的即为评价结果所属于的区间[51]。

$$\partial=\exp\left(-\dfrac{(x_i-\mathrm{Ex}_j)^2}{2(\mathrm{En}_j)^2}\right) \tag{1-38}$$

5. 物元可拓评价法

物元分析是我国学者、广东工学院蔡文副教授所创立的新学科。由物元理论与可拓理论相结合而成,是从定性与定量两方面来研究解决问题的一种工具[52]。当所给出的条件不能达到要实现的目标时,称为不相容问题。研究求解这类不相容集合是物元分析的重要组成部分。物元分析的突出特点是它创立了"物元"这一新概念,并建立了物元变换理论。把物元分析理论运用于决策理论的研究,建立了"可拓决策"方法。决策过程往往是要处理好系统内部的不相容以及系统之间的不相容问题。可拓决策方法不是单纯考虑数量关系的迭代,而是采用最大限度满足主系统、主条件,其他系统则采取系统物元变换、结构变换等方法,化不相容问题为相容问题[53],使问题得到合理解决。

可拓法评价流程如图 1-13 所示。

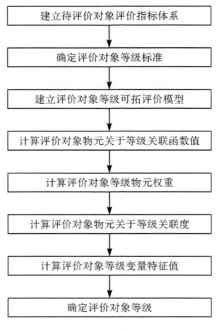

图 1-13　物元可拓评价流程图

1) 经典域

由事物的特征及其标准量值范围组成的物元矩阵称为经典域。以事物名称、事物特征和量值三个有序基本元来描述事物元,即物元 R=(事物名称,事物特征,量值)=(N,C,V)[54~56]。

经典域为

$$R_p(P,c,x_p)=\begin{bmatrix} P & c_1 & x_1 \\ & c_2 & x_2 \\ & \vdots & \vdots \\ & c_n & x_n \end{bmatrix}=\begin{bmatrix} P & c_1 & \langle a_{1p},b_{1p}\rangle \\ & c_2 & \langle a_{2p},b_{jp}\rangle \\ & \vdots & \vdots \\ & c_n & \langle a_{np},b_{np}\rangle \end{bmatrix} \qquad (1\text{-}39)$$

式中, P 为物元名称; c_k 为物元特征, $k=1,2,\cdots,n$; $v_{jk}=\langle a_{jk},b_{jk}\rangle$ 为事物名称 p_j 关于事物特征 c_k 的量值域。

2) 节域

由经典物元加上可以转化成经典物元的事物以及特征和此特征相应拓广了的量值范围组成的物元矩阵称为节域。

节域 R_p 可由式(1-40)表示:

$$R_p=(P,C_k,v_{pk})=\begin{bmatrix} P & C_1 & v_{p1} \\ & C_2 & v_{p2} \\ & \vdots & \vdots \\ & C_n & v_{pn} \end{bmatrix}=\begin{bmatrix} P & C_1 & (a_{p1},b_{p1}) \\ & C_2 & (a_{p2},b_{p2}) \\ & \vdots & \vdots \\ & C_n & (a_{pn},b_{pn}) \end{bmatrix} \qquad (1\text{-}40)$$

式中, P 为物元名称; C_k 为评价指标, $k=1,2,\cdots,n$; $v_{pk}=(a_{pk},b_{pk})$ 为物元名称 P 关于评价指标 C_k 的取值范围, $k=1,2,\cdots,n$。

3) 待评物元

对待评的物元 P, 将所收集与分析的评价指标数据用物元表示, 则待评物元 R_w 为

$$R_w=(P_w,C_k,v_{uk})=\begin{bmatrix} P_w & C_1 & v_{w1} \\ & C_2 & v_{w2} \\ & \vdots & \vdots \\ & C_n & v_{wk} \end{bmatrix} \qquad (1\text{-}41)$$

式中, P_w 为待评物元; v_{uk} 为 P_w 关于评价指标 C_k 的具体量值。

4) 基于隶属函数的指标规格化

应用物元可拓法时会遇到指标无量纲化问题,一是待评物元的特征值超出节域范围,导致关联函数失效;二是评价指标量纲的不同而引起的不可公度性问题。为了解决这两个问题,需采用线性无量纲法,即对隶属函数按如下公式变换。

(1) 效益型指标(越大越优指标)。

$$v_{uk}'=\begin{cases} 1, & v_{uk}\geqslant\max(v_{pk}) \\ \dfrac{v_{uk}-\min(v_{pk})}{\max(v_{pk})-\min(v_{pk})}, & \min(v_{pk})<v_{uk}<\max(v_{pk}) \\ 0, & v_{uk}\leqslant\min(v_{pk}) \end{cases} \qquad (1\text{-}42)$$

（2）成本型指标（越小越优指标）。

$$v_{uk}' = \begin{cases} 1, & v_{uk} \leqslant \min(v_{pk}) \\ \dfrac{\max(v_{pk}) - v_{uk}}{\max(v_{pk}) - \min(v_{pk})}, & \min(v_{pk}) < v_{uk} < \max(v_{pk}) \\ 0, & v_{uk} \geqslant \max(v_{pk}) \end{cases} \quad (1\text{-}43)$$

式中，v_{uk}' 为无量纲化后第 k 个评价指标；v_{uk} 为无量纲化之前的第 k 个评价指标；$\max(v_{pk})$ 与 $\min(v_{pk})$ 为第 k 个评价指标节域的最大值与最小值。

5）简单关联函数与初等关联函数计算

简单关联函数是反映客观事物符合特定要求的程度，进行评价时计算的核心步骤，则物元的第 k 个评价指标第 j 等级的简单关联函数 $r_{jk}(v_{wk})$ 为[54]

$$r_{jk}(v_{wk}) = \begin{cases} \dfrac{2(v_{wk} - a_{jk})}{b_{jk} - a_{jk}}, & v_{wk} \leqslant \dfrac{b_{jk} + a_{jk}}{2} \\ \dfrac{2(b_{jk} - v_{wk})}{b_{jk} - a_{jk}}, & v_{wk} > \dfrac{b_{jk} + a_{jk}}{2} \end{cases} \quad (1\text{-}44)$$

各评价指标初等关联函数值与所对应的权重值是用来确定可拓关联度的，则待评物元 v_{wk} 第 j 等级的初等关联函数为

$$K_j(v_{wk}) = \begin{cases} \dfrac{\rho(v_{wk}, v_{jk})}{\rho(v_{wk}, v_{pk}) - \rho(v_{wk}, v_{jk})}, & v_{wk} \notin v_{jk} \\ \dfrac{-\rho(v_{wk}, v_{jk})}{|v_{jk}|}, & v_{wk} \in v_{jk} \end{cases} \quad (1\text{-}45)$$

其中，

$$\rho(v_{wk}, v_{dk}) = \left| v_{wk} - \frac{1}{2}(a_{dk} + b_{dk}) \right| - \frac{1}{2}(b_{dk} - a_{dk}) \quad (1\text{-}46)$$

式中，$\rho(v_{wk}, v_{dk})$ 为点到区间的距离，称为"可拓距"。

6）确定权重

通过公式计算出各等级各评价指标的简单关联度函数值，再分别找出评价指标在各等级之间的最大值，最后利用该最大值与式（1-47）确定权重值。

$$r_k = \begin{cases} (m - j_{\max} + 1)[1 + r_{j_{\max}k}(v_{wk})], & r_{j_{\max}k}(v_{wk}) \geqslant -0.5 \\ 0.5(m - j_{\max} + 1), & r_{j_{\max}k}(v_{wk}) < -0.5 \end{cases} \quad (1\text{-}47)$$

式中，

$$r_{j_{\max}k}(v_{wk}) = \max_j \{r_{jk}(v_{wk})\} \quad (1\text{-}48)$$

权重 r_k 归一化处理，得到

$$\alpha_k = \frac{r_k}{\displaystyle\sum_{i=1}^{n} r_k}, \quad \sum \alpha_k = 1 \quad (1\text{-}49)$$

7）确定待评指标评价等级 j 的可拓关联度

待评指标评价等级 j 的可拓关联度为

$$K_j(p) = \sum_{k=1}^{n} \alpha_k K_j(v_{wk}) \tag{1-50}$$

式中，α_k 为第 k 个评价指标在整个评价指标中所占的权重值；$K_j(v_{wk})$ 为待评物元 v_{wk} 在第 j 等级下第 k 个评价指标的初等关联函数值。

8）确定安全等级

根据关联度最大关联原则，待评物元是由评价指标可拓关联度的最大值决定，则安全评价等级为

$$K_{j_0}(p) = \max_{j=1}^{m} K_j(p) \tag{1-51}$$

为了更精确地确定安全风险等级，用等级变量特征值 j^* 来度量，即

$$j^* = \frac{\sum_{j=1}^{m}(m-j+1)\bar{K}_j(p)}{\sum_{j=1}^{m}\bar{K}_j(p)} \tag{1-52}$$

其中，

$$\bar{K}_j(p) = \frac{K_j(p) - \min K_j(p)}{\max K_j(p) - \min K_j(p)} \tag{1-53}$$

6. 突变级数法

突变级数法是一种综合评价方法。对评价目标进行多层次矛盾分解，利用突变理论与模糊数学相结合，产生突变模糊隶属函数，由归一公式进行综合量化运算，最后归一为一个参数（求出总隶属函数），从而对评价目标进行排序分析。突变级数法的特点主要是没有对指标采用权重，但它考虑了各评价指标的相对重要性，减少了主观性又不失科学性、合理性，且计算简易准确，其应用范围广泛。首先建立评价总指标，再根据评价目的对评价总指标进行多层次矛盾分组，排列成倒立树状目标层次结构，由评价总指标逐渐分解到下层子指标，再由低层指标向高层指标逐层综合，把各层的控制变量代入相应的突变模型中进行归一化计算，对于同一评价对象采取"舍大取小"原则或取平均值，得到各层次的突变级数[57]。

评价步骤如下。

1）建立递阶层次结构模型

对评价总指标进行多层次分主次分解，排列成树状目标层次结构，由评价总指标到下层指标，逐渐分解到最下层子指标，分解到一般可以计量的子指标时即可停止。

2）确立评价体系各层次的突变系统类型

突变系统基本类型有 7 种，其中最常见的 4 种类型及数学模型[58,59]见表 1-3。

表 1-3　突变形势及其势函数

突变模型	控制变量	状态变量	势函数
折叠突变	1	1	$V(x)=x^3+ax$
尖点突变	2	1	$V(x)=x^4+ax^2+bx$
燕尾突变	3	1	$V(x)=x^5+ax^3+bx^2+cx$
蝴蝶突变	4	1	$V(x)=x^6+dx^4+ax^3+bx^2+cx$

3）评价指标的无量纲化处理

由于评价指标具有不同的量纲，导致指标之间缺乏公度性，运用极差变换法对评价指标进行无量纲化处理，得到初始模糊隶属函数值[60]。

对于指标越大越好型，令

$$y_{ij}=\frac{x_{ij}-x_{\min(j)}}{x_{\max(j)}-x_{\min(j)}} \tag{1-54}$$

对于指标越小越好型，令

$$y_{ij}=\frac{x_{\max(j)}-x_{ij}}{x_{\max(j)}-x_{\min(j)}} \tag{1-55}$$

式中，x_{ij} 为第 i 个评价样本的第 j 项指标原始数据；$x_{\min(j)}=\min(x_i)$，$x_{\max(j)}=\max(x_i)$；y_{ij} 为极差变换后初始模糊隶属函数值。

若控制变量值在 [0,1] 内，则不需对数据进行处理，可直接用于突变级数的计算。

4）由突变系统的分歧方程导出归一公式

突变系统的势函数为 $f(x)$，根据突变理论，将它的所有临界点集合成平衡曲面，其方程通过对 $f(x)$ 求一阶导数即 $f'(x)=0$ 而得。它的奇点集通过对 $f(x)$ 求二阶导数而得，即通过 $f''(x)=0$ 消去 x，得到突变系统的分歧点集方程。分歧点集方程表明，当诸控制变量满足此方程时，系统就会发生突变。通过分解形式的分歧点集方程导出归一公式，由归一公式将系统内诸控制变量不同的质态化为同一质态，即化为由状态变量表示的质态[61]。

尖点突变系统分解形式的分歧点集方程为

$$a=-6x^2,\quad b=8x^3 \tag{1-56}$$

其归一公式为

$$x_a=\sqrt{|a|},\quad x_b=\sqrt[3]{|b|} \tag{1-57}$$

燕尾突变系统分解形式的分歧点集方程为

$$a=-6x^2,\quad b=8x^3,\quad c=-3x^4 \tag{1-58}$$

其归一公式为

$$x_a = \sqrt{|a|}, \quad x_b = \sqrt[3]{|b|}, \quad x_c = \sqrt[4]{|c|} \tag{1-59}$$

蝴蝶突变系统分解形式的分歧点集方程为

$$a = -6x^2, \quad b = 8x^3, \quad c = -3x^4, \quad d = 4x^5 \tag{1-60}$$

其归一公式为

$$x_a = \sqrt{|a|}, \quad x_b = \sqrt[3]{|b|}, \quad x_c = \sqrt[4]{|c|}, \quad x_d = \sqrt[5]{|d|} \tag{1-61}$$

式中，x_a、x_b、x_c 和 x_d 分别表示各式中对应 a、b、c 和 d 的 x 值。

5）利用归一公式进行综合评价

实际使用中，归一公式进行综合评判有 3 种评判原则：非互补原则、互补原则、过阈值后互补原则。

利用归一公式对同一对象的各个评判指标计算出的 x 值视具体情况分别采用上述 3 种原则。假若系统的诸控制变量之间不可相互替代，即不可相互弥补不足，满足非互补原则，按"大中取小"的标准取值，这样才能满足分歧方程，才能质变；当系统各个指标之间没有前提条件，可以相互补充其不足，使 x 值达到较高的平均值时，满足互补原则，按"平均值"的标准；当系统要求一定阈值条件，各指标才可以相互补充其不足，使 x 值达到较高的平均值时，满足过阈值后互补原则，按要求的阈值后取平均值标准。

7. 未确知测度评价

未确知信息是由王光远于 1990 年提出的不同于灰色信息、随机信息和模糊信息的一种新的不确定信息。主要不在于事物本身，而是由于决策者不能完全把握事物真实状态和数量关系，造成纯主观认识上的不确定性，即"未确知性"。由于信息的不完整性，决策者无法把未确知的事物变成确知的，但是可根据问题的背景、领域知识、先验知识及决策者的需要、偏好尽可能好地近似描述未确知知识，使之转化为相对确知的知识。将复杂系统转化为简单的子系统、子子系统，直到对子系统能构造出可测空间，在可测空间上构造出满足测量准则的未确知测度，具体描述各种分类的可能性大小，然后再综合各子系统的结果，得到整个系统上的分类结果[62]。

一般步骤如下。

1）构建待测对象的分类模式系统

设某待优化对象 Φ 有 n 个，则优化对象空间 $\Phi = \{\phi_1, \phi_2, \cdots, \phi_n\}$。对于每个优化对象 $\phi_i (i=1,2,\cdots,n)$，有 m 个单项评价指标，即评价指标 $X = \{x^1, x^2, \cdots, x^m\}$。$\phi_i$ 可表示为 m 维向量，$\phi_i = \{x_i^1, x_i^2, \cdots, x_i^m\}$。其中，$x_i^j$ 表示研究对象 ϕ_i 关于评价指标 x^j 的测量值。对每个子项 $x_i^j (i=1,2,\cdots,n; j=1,2,\cdots,m)$，设有 p 个评价等

级 $\{C_1,C_2,\cdots,C_p\}$。评价空间记为 U，则 $U=\{C_1,C_2,\cdots,C_p\}$。设 $C_k=(k=1,2,\cdots,p)$ 为第 k 级评价等级，且 k 级高于 $k+1$ 级，记作 $C_k>C_{k+1}$。若 $\{C_1,C_2,\cdots,C_p\}$ 满足 $C_1>C_2>C_3>\cdots>C_p$ 或 $C_1<C_2<C_3<\cdots<C_p$，则称 $C_1,C_2,C_3,\cdots,C_p$ 为评价空间 U 的一个有序分割集[63]。

2）单指标测度

若 $\mu_{ik}^j=\mu(x\in C_k)$ 表示测量值 x_i^j 属于第 k 个评价等级 C_k 的程度，且要求满足

$$0\leqslant\mu(x_i^j\in C_k)\leqslant1 \tag{1-62}$$

$$\mu(x_i^j\in U)=1 \tag{1-63}$$

$$\mu\Big[x_i^j\in\bigcup_{I=1}^{k}C_I\Big]=\sum_{I=1}^{k}\mu(x_i^j\in C_I) \tag{1-64}$$

满足式（1-62）的 μ 被定义为"非负有界性"，当 μ 满足式（1-63）时，称其具有"归一性"，式（1-64）则定义 μ 的"可加性"。同时满足式（1-62）~式（1-64）的 μ 被定义为未确知测度（uncertainty measure）。

矩阵 $(\mu_{ik}^j)_{m\times p}$ 被定义为单指标测度评价矩阵，且满足

$$(\mu_{ik}^j)_{m\times p}=\begin{bmatrix}\mu_{i1}^1 & \cdots & \mu_{ip}^1\\ \vdots & & \vdots\\ \mu_{i1}^m & \cdots & \mu_{ip}^m\end{bmatrix} \tag{1-65}$$

3）权重及多指标加权综合测度向量的确定

目前确定权重的方法有 AHP 法、Delphi 法、模糊评价法等，都属于主观赋权法，客观性差，易受评价人员能力、经验、知识水平的影响。信息熵是在数量上对不确定性进行度量，是事物信息有效性和有序性的度量，可降低评价人员主观因素对权重值的影响，提高评价结果的准确性[64]。

令 $Y=(y_1,y_2,\cdots,y_n)$ 为不确定性因素，其中，y_i 为事物真实状态，Y 中各事件状态发生的预测概率 $P(Y)=\{P(y_1),P(y_2),\cdots,P(y_n)\}$，则该事件状态的熵函数为

$$H(y)=\sum_{i=1}^{n}P(y_i)\ln P(y_i),\quad 0\leqslant P(y_i)\leqslant1,\sum_{i=1}^{n}P_i=1 \tag{1-66}$$

根据信息熵的基本定义，令未确知测度 $\mu_{ik}=\mu(\mu_i\in C_k)$ 为 $P(y_i)$，可得

$$H(\mu_{ik})=-\sum_{k=1}^{p}\mu_{ik}\ln\mu_{ik} \tag{1-67}$$

设 w_j 表示测量指标 X_j 与其他指标相比具有的相对重要程度，且 w_j 需要同时满足：① $0\leqslant w_j\leqslant1$；② $\sum_{j=1}^{m}w_j=1$，则称 w_j 为 X_j 的权重，$w=\{w_1,w_2,\cdots,w_m\}$ 称为指标的权重向量，则有

$$v_j=1+\frac{1}{\lg p}\sum_{i=1}^{p}\mu_{ji}\lg\mu_{ji} \tag{1-68}$$

$$w_j = \frac{v_j}{\sum\limits_{i=0}^{n} v_i} \tag{1-69}$$

由于单指标测度评价矩阵是已知的,因此求得 w_j。

4) 多指标综合测度评价向量

令 $\mu_{ik} = \mu(\mu_i \in C_k)$ 为优化对象 ϕ_i 属于第 k 个评价类 C_k 的程度,则有

$$\mu_{ik} = \sum_{j=1}^{m} w_j \mu_{ik}^j, \quad i = 1,2,\cdots,n; k = 1,2,\cdots,p \tag{1-70}$$

由于 $0 \leqslant \mu_{ik} \leqslant 1$,并且

$$\sum_{k=1}^{k} \mu_{ik} = \sum_{k=1}^{k} \sum_{j=1}^{m} w_j \mu_{ik}^j = \sum_{j=1}^{m} \left(\sum_{k=1}^{k} \mu_{ik}^j\right) w_j = 1 \tag{1-71}$$

所以 μ_{ik}^j 是未确知测度。

5) 优化结果识别准则

为了得到优化对象 ϕ_i 最后的评价结果,引入置信度识别准则:设 λ 为置信度, $\lambda \geqslant 0.5$,若优化空间 $\{C_1, C_2, \cdots, C_p\}$ 有序,且 $C_1 > C_2 > \cdots > C_p$,令

$$k_0 = \min\left\{k: \sum_{i=1}^{k} \mu_{i1} \geqslant \lambda (k = 1,2,\cdots,p)\right\} \tag{1-72}$$

则认为优化对象 ϕ_i 属于第 k_0 个评价类 C_{k0}。

8. 支持向量机评价法

支持向量机(support vector machine,SVM)是由 Vapnik 领导的 AT&TBell 实验室研究小组在 1995 年提出的一种新的且非常有潜力的分类技术。它建立在统计学习理论的 VC 维理论和结构风险最小原理基础上,是一种基于统计学习理论的模式识别方法,主要应用于模式识别领域。它在风险最小化的基础上有效解决小样本、非线性等回归问题,泛化能力较强[65]。将低维空间向量通过非线性映射转为高维特征空间。同时支持向量机通过引入核函数,有效降低了输入空间维数和算法复杂度,避免了过学习、局部极小和维数灾难等问题[66]。

一般步骤如下。

1) 确定线性函数

若训练样本 $\{x_1, y_1\}, \cdots, \{x_i, y_i\}$ 为非线性样本,通过非线性映射将每一个样本点映射到高维特征空间,并在高维特征空间进行线性回归,由此取得原空间非线性回归的效果,线性回归函数表示为[67]

$$f(\boldsymbol{x}) = \boldsymbol{w} \cdot \varphi(\boldsymbol{x}) + b \tag{1-73}$$

式中, $w \in R_n$ 为权值向量; $x \in R_n$ 为输入向量; $b \in R_n$ 为偏差,回归因子 w、b 可通过最小化泛函式(1-74)和式(1-75)获得:

$$R_{reg}(f) = c\sum_{i=1}^{n}\Gamma(f(x_i)-y_i)+\frac{1}{2}\parallel w\parallel^2 \tag{1-74}$$

$$\Gamma(f(x_i)-y_i)=\frac{1}{n}\begin{cases}|f(x_i)-y_i|-\varepsilon, & |f(x_i)-y_i|>\varepsilon \\ 0, & |f(x_i)-y_i|\leqslant\varepsilon\end{cases} \tag{1-75}$$

式中，$c\sum_{i=1}^{n}\Gamma(f(x_i)-y_i)$ 为经验误差项；$\frac{1}{2}\parallel w\parallel^2$ 为正规化项；$\Gamma(\cdot)$ 为损失函数；c 为惩罚因子，用来平衡模型复杂项 $\frac{1}{2}\parallel w\parallel^2$ 和训练误差项，控制对超出误差样本的惩罚程度；ε 为不敏感损失函数参数，其取值大小影响支持向量数目。

2）修正线性函数

为对理想状况下的线性函数进行修正，引入非负松弛变量 ξ,ξ^*，则最优化问题为[68]

$$\min\frac{1}{2}\parallel w\parallel^2+c\sum(\xi+\xi^*) \tag{1-76}$$

$$\text{s. t. } \xi^*\begin{cases}y_i-w\cdot\varphi(x)-b\leqslant\varepsilon+\xi \\ w\cdot\varphi(x)+b-y_i\leqslant\varepsilon+\xi\end{cases} \tag{1-77}$$

引入 a_i 和 a_i^* 拉格朗日乘子，进一步将优化问题转化为对偶问题[65]：

$$\begin{cases}\max\sum_{i=1}^{n}y_i(a_i-a_i^*)-\varepsilon\sum_{i=1}^{n}(a_i-a_i^*) \\ -\frac{1}{2}\sum_{i=1}^{n}\sum_{j=1}^{n}(a_i-a_i^*)(a_j-a_j^*)k(x_i,x_j) \\ \text{s. t. }\sum_{i=1}^{n}(a_i-a_j^*)=0\end{cases} \tag{1-78}$$

式中，$0\leqslant a_i,a_i^*\leqslant c$。

为避免产生"维数灾难"，采用核函数代替内积，根据式（1-73）～式（1-78）得出最终回归函数：

$$f(x)=\sum_{i=1}^{n}(a_i-a_i^*)k(x_i,x_j)+b \tag{1-79}$$

式中，$k(x,x_i)$ 为核函数。

3）确定核函数

SVM 中，不同的核函数将导致不同的 SVM 算法。径向基核函数（RBF）因其灵活性、通用性较高，收敛域较宽，适用于低维、高维、小样本等情况。所以本节选用 RBF 核函数，其表达式如下[69]：

$$k(x_i,x_j)=\exp(-\gamma\parallel x_i-x_j\parallel^2) \tag{1-80}$$

式中，γ 为核参数且 $\gamma>0$，核参数的选取决定 SVM 的预测精度。

1.3 本章小结

我国高速公路发展迅速,但是由于种种原因导致停工复建高速公路项目的产生,停工复建高速公路项目与新建项目、改建项目均不相同,项目长时间的停工给高速公路既有结构带来了极大的危害,使得高速公路复工时既面临既有结构缺乏有效保护、结构损毁失效等修复性的技术难题,也面临既有结构的可用性判断难题。因此,该项目复工前既有结构的质量评定,不仅决定了项目的复工设计和施工管理,而且可为项目竣工验收提供依据。本章以我国停工复建高速公路项目为研究对象,归纳总结了我国停工复建高速公路项目的特点和发展现状,并提出了该类项目的质量评价方法,主要成果如下。

(1)通过分析新建高速公路项目、维修加固高速公路项目的特点和发展现状,分析并总结了停工复建高速公路项目的特点,以及国内外现有停工复建高速公路项目发展现状。目前,我国对于停工复建高速公路的研究主要依托某一高速公路复工项目,分析该项目的结构缺陷和特殊病害并提出相应的修复措施及修复设计方案,研究成果主要偏向于工程的实际应用。现有的研究中除对特殊病害分析并提出相关处理措施外,没有对质量评价进行专门的研究,也没有得出较合理的停工复建高速公路既有结构质量评价体系和修复设计方案。因此,停工复建高速公路建设项目,无论从复工设计方面还是质量、安全和耐久性评价方法都处于探索和发展阶段,完善和提高该方面的研究,不仅可以为前期已修复的停工复建项目提供理论依据和验证,也可以为后续发生的类似项目提供参考。

(2)针对我国停工复建高速公路项目质量评价的必要性和该项目存在的问题,本章通过现有文献以及公路标准、规范,以新建高速公路、维修加固高速公路项目质量评价方法为基础,分析并总结了几种适用于停工复建高速公路项目质量评价的一般评价方法,主要包括检查表法、信息评价法、数字评价法、风险综合评价法、基于规范的质量评定方法等。以上方法简单、便捷,既为复工前既有结构的快速评价提供了参考和选择,也为综合评价法的应用奠定了基础。

(3)鉴于停工复建高速公路项目受到多因素影响的特点,本章在一般评价方法的基础上,提出了适用于该类型项目的质量评价的综合评价法。主要提出了模糊综合评价法、逼近理想点法、灰色聚类评价法、云模型综合评价法、物元可拓评价法、突变级数法、未确知测度评价法、支持向量机评价法等方法。这些方法各具特色,可针对不同问题及其适用范围采用不同的方法进行质量评价。

参 考 文 献

[1] 郗恩崇. 高速公路概论[M]. 北京:人民交通出版社,2005.

[2] 陈文文. 停工待建公路续建设计浅谈[J]. 中南公路工程,2001,26(4):4-6.

[3] 梁长海. 复工续建高速公路桥梁特殊病害及其修复技术研究[J]. 建造技术,2014,28(5):
694-696.

[4] 张军,方圆. 复工续建高速公路项目特殊病害分析[J]. 建造技术,2014,28(5):688-690.

[5] 陈中月,黄淼. 公路复工建设项目桥涵病害修复设计[J]. 安徽建筑,2011,(5):141-144.

[6] 潘玉利. 路面管理系统原理[M]. 北京:人民交通出版社,1998.

[7] 侯贻栋. 山东省高速公路养护维修工程量预测方法研究[D]. 西安:长安大学,2012.

[8] Shahin M Y. Pavement management PAVER update[C]//Annual Meeting, TRB, National
Research Council,Washington D C,1999.

[9] Prozzi J A. Modeling Pavement Performance by Combining Field and Experimental Data[D].
Berkelay:University of California,2001.

[10] Nunoo C. Optimization of Pavement Maintenance and Rehabilitation Programming Using
Shuffled Complex Evolution Algorithm[D]. Miami:Florida International University,2001.

[11] 辛恕杰,刘元林. 高等级公路沥青路面使用性能评价研究[J]. 公路交通技术,2008,4(2):
34-37.

[12] 元松. 层次分析法在沥青路面使用性能评价中的应用[J]. 黑龙江交通科技,2011,210(8):
5-8.

[13] 李清富,胡群芳,刘文,等. 基于灰色聚类决策的沥青路面使用性能评价[J]. 郑州大学学
报,2003,24(2):44-47.

[14] 刘圣洁,李培蕾,郭健. 集对分析在路面使用性能综合评价中的应用[J]. 中外公路,2011,
31(2):62-64.

[15] 季天剑,黄晓明,陈荣生,等. 人工神经网络在路面使用性能分析中的应用[J]. 公路交通技
术,2002,19(4):19-21.

[16] 邱兆文,冯美军,李玲洁. 高速公路养护经费测算方法研究[J]. 筑路机械与施工机械化,
2010,(4):55-56.

[17] 牛永亮,邱兆文. 高速公路路面小修工程量预测模型研究[J]. 筑路机械与施工机械化,
2008,(1):54-56.

[18] 李坚强. 基于 GIS 的河南省高速公路养护维修率预测系统[D]. 西安:长安大学,2008.

[19] 刘海京. 公路隧道健康诊断计算模型研究[D]. 上海:同济大学,2007.

[20] 孙立军,刘喜平. 路面使用性能的标准衰变方程[J]. 郑州大学学报:工学版,1995,23(5):
512-518.

[21] 蒋红妍,戴经梁. 集对分析理论在路面性能预测中的应用[J]. 中外公路,2008,28(4):
84-87.

[22] 孙河山. 高速公路养护管理研究[J]. 辽宁工学院学报,2006,(3):89-91.

[23] 姚丽贤. 高速公路养护管理[J]. 养护天地,2011,(7):94-95.

[24] 王芳. 高速公路养护及服务质量评价指标体系研究[J]. 重庆交通大学学报,2009,(3):600-603.

[25] 王晔. 高速公路项目投资风险管理[D]. 北京:北京邮电大学,2007.

[26] 王小兵,陈永青. 检查表法在安全评价中的应用[J]. 中国卫生工程学,2006,(6):358-360.

[27] 罗德红. 公路施工质量的综合评价方法[J]. 建筑发展导向,2012,(17):144-145.

[28] 王诗青,朱劲松. 公路桥梁工程安全风险识别的综合法[C]//第十九届全国桥梁学术会议论文集(下册). 北京:人民交通出版社,2010.

[29] 杨则英,曲建波,黄承逵. 基于模糊综合评判和层次分析法的桥梁安全性评估[J]. 天津大学学报,2004,38(12):1063-1067.

[30] 张海彬. 非能源矿产资源安全开发分类评价研究[D]. 长沙:中南大学,2014.

[31] 叶珍. 基于AHP的模糊综合评价方法研究及应用[D]. 广州:华南理工大学,2010.

[32] 张义国. 基于逼近理想点法电网运行安全性评价[J]. 电气技术,2011,(8):25-28.

[33] 李晓伟. 高速公路服务系统评价研究[D]. 西安:长安大学,2009.

[34] 李申慧. 高速公路原有路基检测与评价方法研究[D]. 武汉:华中科技大学,2005.

[35] 黄红丽,曾光明,黄国和,等. 灰色聚类法在堆肥腐熟度评价中的应用[J]. 安全与环境学报,2005,5(6):87-89.

[36] 傅建新,黄联芬,姚彦. 基于层次分析法-灰色聚类的无线网络安全险评估方法[J]. 厦门大学学报:自然科学版,2010,49(5):622-626.

[37] 刘文清,李文权. 改进的道路交通安全灰色聚类评价方法[J]. 城市交通,2006,4(3):58-61.

[38] 郑蕊蕊,赵继印,王志男,等. 基于改进灰色聚类分析的电力变压器故障诊断[J]. 吉林大学学报:工学版,2008,38(5):1237-1241.

[39] 胡汉梅,乔月辉,周律. 改进灰色聚类熵法在电力变压器故障诊断中的应用[J]. 中国农村水利水电,2010,(10):105-107.

[40] 李德毅,杜鹢. 不确定性人工智能[M]. 北京:国防工业出版社,2005.

[41] 王国胤,李德毅. 云模型与粒计算[M]. 北京:科学出版社,2012.

[42] 李德毅,史雪梅,猛海军. 隶属云和隶属云发生器[J]. 计算机研究和发展,1995,32(6):15-20.

[43] Li D Y,Shi X M,Gupta M M. Soft inference mechanism based on cloud models[C]//Proceedings of the 1st International Workshop on Logic Programming and Soft Computing: Theory and Applications,Bonn,1996.

[44] Li D Y, Han J, Shi X M. Knowledge Representation and Discovery Based on Linguistic Models[M]. Singapore:World Scientific Press,1977.

[45] Li D Y,Han J W,Shi X M,et al. Knowledge representation and discovery based on linguistic atoms[J]. Knowledge-based Systems,1998,(10):431-440.

[46] Li D Y. Knowledge representation in KDD based on linguistic atoms[J]. Journal of Comput-

er Science and Technology,1997,12(6):481-496.

[47] 李德毅,刘常显. 论正太云模型的普适性[J]. 中国工程科学,2004,6(8):28-34.

[48] 张罕育. 我国进口原油海上运输安全系统评价及预警研究[D]. 大连:大连海事大学,2013.

[49] 范定国,贺硕,段富,等. 一种基于云模型的综合评判模型[J]. 科技情报开发与经济,2003, 13(12):157-159.

[50] 张仕斌,许春香,安宇俊. 基于云模型的风险评估方法研究[J]. 电子科技大学学报,2013, 42(1):92-97.

[51] Liu M,Cao Y,Wang F S. Risk early-warning method for natural disasters based on integra-tion of entropy and dea model[J]. Applied Mathematics,2011,2(1):23-32.

[52] 蔡文,杨春燕,林伟初. 可拓工程方法[M]. 北京:科学出版社,2000.

[53] 杨春燕,蔡文. 可拓工程研究[J]. 中国工程科学,2000,2(12):90-96.

[54] 王晋森,贾明涛,王建,等. 基于物元可拓模型的尾矿库溃坝风险评价研究[J]. 中国安全生产科学技术,2014,10(4):96-102.

[55] 牛晓旭,陈沅江. 山区高等级公路路侧安全物元可拓评价研究[J]. 安全与环境学报,2012, 12(6):232-236.

[56] 吴超,杨梦莹,陈沅江,等. 山区高等级公路建设环境损伤影响可拓性评价[J]. 科技导报, 2013,31(10):52-57.

[57] 李思平,孙连英. 基于非线性理论的边坡稳定性评价模型[J]. 水文地质工程地质,2002, (2):11-14.

[58] Arnold V I. Catastrophe Theory[M]. Berlin:Springer-Wesley Publish Corporation,1977.

[59] Poson T,Lan S A. Catastrophe Theory and Application[M]. Scientific Lord:Pitman,1978.

[60] 陈红江,李夕兵. 突变级数法在采空区塌陷预测中的应用[J]. 安全与环境学报,2008,(6): 108-111.

[61] 高科,李夕兵,宫凤强. 基于突变级数法的边坡地震稳定性综合评价[J]. 地下空间与工程学报,2009,(2):406-412.

[62] 曾佳龙,黄锐,关燕鹤. 熵权-未确知测度理论在尾矿库安全标准化中的应用研究[J]. 中国安全生产科学技术,2014,10(2):160-166.

[63] 刘开第,庞彦军,孙光勇. 城市环境质量的未确知测度评价[J]. 系统工程理论与实践, 1999,19(12):52-58.

[64] 刘敦文,侯志勇,冯宝俊. 熵权优化的未确知测度复建工程路基边坡稳定性研究[J]. 世界科技研究与发展,2015,(8):368-373.

[65] 吴良海. 基于粒子群优化支持向量机的石油需求预测[J]. 计算机仿真,2010,(4):292-295.

[66] 甘旭升,端木京顺,丛伟,等. 基于支持向量机的飞行安全隐患危险性评价[J]. 中国安全生产科学技术,2010,(3):206-210.

[67] 管志勇,宋涛,戚蓝,等. 支持向量机在地基沉降预测中的应用[J]. 沈阳理工大学学报, 2008,(2):91-94.

[68] 赵志刚,张纯杰,苟向锋,等. 基于粒子群优化支持向量机的太阳电池温度预测[J]. 物理学

报,2015,(8):380-386.

[69] 刘敦文,冯宝俊. 基于 PSO_SVM 模型的隧道水砂突涌量预测研究[J]. 中国安全生产科学技术,2014,10(7):123-129.

第2章 停工复建高速公路桥涵
既有结构质量评定

2.1 概   述

高速公路项目停工,会引发其中桥梁工程的停工问题。桥梁作为高速公路建设的重要构筑物,其工程质量直接影响到整条高速公路的顺利通车和使用效果,是保证整个公路工程建设项目质量的关键。中国在改革开放后的 30 多年间,桥梁工程无论在建设规模上还是科技水平上,均已跻身世界先进行列,随着《国家高速公路网规划》的实施,高速公路桥梁建设水平达到了空前的广度和深度,至 2013 年年底,我国的公路桥梁和城市桥梁已分别建成 73.53 万座和 5.8 万座[1]。我国的桥梁建设进入大规模发展时期,与此同时,质量问题发生的事故也在不断发生。停工复建高速公路项目桥梁结构比新建桥梁结构和旧桥结构所遭受的自然和人为破坏更为严重,如图 2-1~图 2-3 所示。

图 2-1 停工复建高速公路桥梁既有结构整体情况

目前,各国在桥梁停工复建项目研究方面,普遍存在研究文献资料缺乏、现存规范不完全适用以及质量评价体系不健全等问题,严重影响着复工高速公路桥梁的复工设计和施工。尽管有部分学者已经针对高速公路桥梁复工项目做了相关的探讨和研究,但是针对桥梁工程复工前既有结构的质量评价并不全面,仍没有形成一套合理的体系和标准。

图 2-2 停工复建高速公路桥梁
既有立柱续建前

图 2-3 停工复建高速公路桥梁
既有桩基续建前

我国处于经济建设高速发展阶段,长时间停工的高速公路项目将会大规模复工建设。同时,在后续的高速公路桥梁工程建设项目中,也难以保证不出现长时间停工后的复工续建问题。由于高速公路桥梁复工项目中,复工前既有结构的质量决定了桥梁工程的复工设计以及复工后桥梁结构的整体质量,因此对复工前既有结构进行准确的质量评价,建立一套合理的、适用于高速公路复工桥梁既有结构的质量评价体系和评价方法,在桥梁复工项目中起着关键的作用。

桥梁工程的评价起源于对旧桥的评价,早在 20 世纪 80 年代,国外一些经济发达的地区主要针对服役桥梁的运营维护、检测评估、结构加固等方面进行了研究,并积累了丰富的研究成果和工程经验。1980 年英国工程师协会发表了《既有结构的评估》[2],对既有结构的评估方法进行了阐述。紧接着,经济合作与发展组织(Organization for Economic Cooperation and Development,OECD)召开了道路桥梁的维修管理会议,对服役桥梁性能评估、维护、加固等进行了研讨。20 世纪 80 年代,我国对桥梁的评价主要是对服役桥梁荷载通过能力的评估,其中 1986 年在湖北武汉召开的公路旧桥承载力鉴定方法评审会中提出,为了充分发挥既有桥梁的承载能力,必须对桥梁的承载能力做出恰当的、准确的评价,并编制了公路旧桥承载能力鉴定方法。20 世纪 80 年代末,肖盛燮和黄卫东[3]提出桥梁承载能力受主客观模糊性和随机性诸因素错综影响,通过模糊评判与随机分析的综合,提出了一种桥梁承载能力的综合评定法。

20 世纪 90 年代,随着计算机技术的发展和应用,公路桥梁管理信息系统开始应用于桥梁的评价和管理中,同时,专家系统等人工智能开始应用于桥梁的设计和评价。1997 年,Brito 等[4]开发了桥梁管理专家系统,根据最小可靠度指标和失效度概率判断结构的状态。为了在桥梁评价时对各部件权重进行更可靠的分配,除了应用人工智能的方法,李昌铸等[5]也提出运用特尔斐专家评估法并结合层次分析法对桥梁各指标权重进行确定后,再对桥梁进行综合评价,该方法为各影响因素的重要性权重的确定提供了良好的思路,同时也取得了较好的评价效果。随着桥梁评价领域的发展,评价指标并不仅局限于承载力单一指标的判断,陆亚兴等[6]引入桥梁缺损状况指数(bridge condition index,BCI)作为桥梁缺损状况评价指标,该方法为桥梁评价提供了较好的计算模型,还对评价结果进行了分级。王永平等[7]提出桥梁使用性能的评估具有很强的模糊性,必须采取模糊数学来处理桥梁评估的问题,该方法将模糊数学的方法引入桥梁评价中,首先将影响因素划分为因素域,并确定各因素等级域,再将损伤度和等级隶属函数引入,进行单因素评判和各因素权重逐级评判,最终得出综合评判等级。然后,又有一批专家将模糊神经网络引入桥梁评价中,建立了桥梁的安全性与耐久性的专家系统。陈小佳[8]运用灰色理论,并结合层次分析法,通过对三座桥梁的综合评判实例,验证了多层次灰色评价法可适用于桥梁评价。

进入 21 世纪以来,桥梁评价方法有了飞速的发展,公路桥梁规范和标准有了较大的改进,评价指标和权重进行了较大的修订;专家对评价指标的选择标准和原则也进行了不同层次的探讨;桥梁评价从一般评价更偏向于综合评价方法的探索,模糊数学、灰色理论、神经网络、层次分析法、马尔科夫模型、可拓学等不同学科更多地应用于桥梁评价中,并对各方法进行了优化和改进,使桥梁评价结果更为全面和准确。

因此,本章旨在通过科学的研究手段,从停工复建高速公路项目桥涵既有结构出发,归纳总结新建桥涵、服役桥涵结构的病害或质量缺陷,结合高速公路复工桥涵既有结构的特殊部位,归纳总结高速公路复工桥涵既有结构特殊病害类型,提出针对特殊病害的试验、检测方案。通过分析现有文献、规范以及业内专家的意见,优选并确定合理的既有结构质量评价指标,构建一套完善的、有代表性的高速公路复工桥涵既有结构质量评价指标体系。针对指标体系中的指标,研究现有规范中与各指标相关的等级分类标准和适用范围,建立一套适用于停工复建高速公路项目桥涵既有结构的质量评价等级分类标准。最后,通过研究结构质量评价理论与方法,开展桥涵既有结构质量评价方法的研究,得出一种适用于高速公路复工桥涵既有结构的质量评价方法。通过实例分析和验证,该评价体系和方法可为复工项目施工、交竣工验收等提供参考依据,同时也具有重要的理论意义和应用价值。

2.2　停工复建高速公路桥梁既有
结构病害和检测方法分析

在桥梁使用过程中,由于钢筋混凝土结构材料的特性、结构的设计与施工质量、结构所处的环境、结构的使用条件与防护措施等因素的影响,桥梁会产生各种损伤、局部破坏和变形等,从而导致桥梁承载力不足、使用性能较差或耐久性不能满足要求,这些损伤、破坏或变形统称为桥梁病害[9]。我国大部分桥梁为新中国成立后所建,由于桥梁建造或服役所处的不同时期,作用荷载、材料性能、施工质量以及养护水平均不相同,从而使桥梁结构产生不同类型的病害。国内外有大量的专家学者对不同桥梁病害进行了研究,针对不同桥梁病害的类型及其产生原因进行了总结和分析,并提出了病害防治措施,其中以新建桥梁、旧桥病害的研究为主。

按受力体系分,桥梁主要有梁、拱、索三大体系,三大体系相互组合又可派生出多种桥型[10]。由于桥型较多且各桥型受力特点不同,本节主要选取高速公路梁式桥为研究对象。梁桥是一种在竖向荷载作用下无水平反力的结构,为对梁桥的病害进行系统的分析,习惯将梁桥结构分为上部结构、下部结构、附属设施及其余构件四类分别进行考虑。然而,高速公路复工梁桥既有结构不同于新建梁桥和服役梁桥,由于复工项目的特殊性,梁桥的整体结构可能不完整,因此停工时的工程进度决定了高速公路复工梁桥既有结构的构件种类,在对其病害进行分析时,应根据不同的构件赋存情况进行分类讨论。本节依托项目为某高速公路复工梁桥,既有结构主要以修建至下部结构为主,而上部结构、附属设施未施工,因此不进行考虑。

通过对复工项目的实地调研以及对新建梁桥和服役梁桥的病害研究对比分析可知,复工项目梁桥既有结构除了目前梁桥存在的常见病害以外,还存在特殊病害。

因此,高速公路复工梁桥复工前必须重点对特殊部位进行检查,并对其质量缺陷或病害得出定性或定量的评价。通过对高速公路复工梁桥既有结构病害及其特殊性分析,本节主要将梁桥既有结构的病害分为特殊病害和常规病害两个方面并进行分析。

由上可知,高速公路复工梁桥既有结构特殊部位主要为隐蔽工程、新旧结构结合部位两方面,其中梁桥的隐蔽工程主要为桩基,因此,本节主要将高速公路复工梁桥既有结构病害分为桩基、新旧结构结合部位和常规部位三个部分并进行分析。

2.2.1　桩基病害及检测方法分析

桩基是复工项目梁桥既有结构的隐蔽工程,由于复工前桩基检测数据不完整或者桩基没有检测,需要重新对桩基进行病害检查。目前,关于梁桥桩基的典型病害可总结为桩基桩径缩小、混凝土桩基沉渣、混凝土桩基离析等[11]。

由于高速公路复工梁桥既有结构在复工前的长时间停工时期,未施加良好的保护措施,处于无人监管的停工状态,甚至遭受自然和人为破坏,导致高速公路复工梁桥桩基产生病害或质量缺陷。

高速公路复工梁桥桩基也具有其特殊性,在不同的停工条件下,桩基存在的形式也各不相同。主要表现为以下两种情况。

(1)已建上部结构桩基。由于桩基及其上部结构已经全部完成,按照施工流程,桩基完成后应检测桩基的完整性,但是在复工项目停工退场时无序的状态下,可能存在施工资料及桩基检测资料缺失的情况。项目停工时间较长,当时的检测方法和规范可能不适用于续建时的条件,导致检测数据不可信。因此,为了保证工程质量,必须重新对桩基的完整性进行检测。

(2)未建上部结构桩基。未建上部结构桩基存在桩基未完成施工,或桩基已经完成但是其上部结构未开始建设的情况。该部位主要分为桩基顶部新旧结构结合部位(图 2-4 和图 2-5)以及桩顶下部的隐蔽部位。由于桩基顶部的新旧结构结合部位在长时间停工阶段受到自然因素和人为因素的破坏,其材料可用性及质量等级的分类需采用试验或检测的方法重新对其进行质量评判(在 2.2.2 节详细说明)。

图 2-4　未建立柱桩基顶部掩埋

图 2-5　未建立柱桩基水淹

1. 桩基完整性检测

目前,桩基完整性检测常用方法主要有静荷载试验、低应变反射波法、高应变法、声波透射法、钻芯取样法以及多种检测技术相结合的方法等[12]。其中静荷载试验法因复工项目桩基加载的局限性,无法进行高比例的抽样检测,而低应变反射波法因其检测快、成本低、效果好等因素在国内外得到了广泛的应用[13]。

低应变动力测桩的基本原理是采用动力激振使桩引起弹性振动,通过测定桩的振动响应来估计和推断桩的几何参数及病态情况。其中小锤敲击法(又称应力波反射法)应用最广,它是用小锤敲击桩顶、通过黏结在桩顶的传感器接受来自桩中的应力波信号,采用应力波理论研究桩土体系的动态响应、反演分析实测速度信号,从而获得桩的完整性。低应变反射波法传统上是在桩顶激振产生应力波,通过分析在桩顶处接收到的反射应力波信号来判断桩基质量[14],而对于桩顶上已经连接桥墩、承台等其他结构时,无法直接在桩顶进行激振,需要对激振位置进行调整后再进行检测以判断桩基质量,两种情况的具体操作分别如图 2-6 和图 2-7 所示。

图 2-6　已建立柱桩基完整性检测　　　　图 2-7　未建立柱桩基完整性检测

已建上部结构桩基完整性检测的实际检测方法如下。

主要设备:美国 PIT-VV 桩身完整性测试仪、侧向传感器、力锤、发电机、磨光机、切割片、凿子、铁锤、卷尺、黏结剂(凡士林、黄油、橡皮泥等)等。

已建立柱桩基低应变反射法检测主要步骤如下。

(1) 收集有关预检测桩基的技术资料。

(2) 采用切割机将立柱切出一个缺口,作为激振点。应切成三角形,三角形两腰边长宜为 15cm,底边长宜为 5cm,应向内切入 2~3cm,但应避免切透钢筋保护层。三角形切口底边应垂直于桩体轴线;切割出轮廓之后,可用凿子将轮廓内混凝土凿除,并清除缺口内的碎渣。

(3) 安装侧向传感器,以切出的缺口处为激振点。先将传感器安装于切口一侧,敲击采集一组信号,而后再将传感器换至另外一侧,采集一组信号。

(4) 敲击过程中力锤应平行于桩身轴线竖直向下敲击,避免横向和斜向敲击而造成采集信号失效。

（5）进行数据处理与分析。

与已建立柱桩基不同，未建立柱桩基可直接在桩顶进行激振，步骤如下。

（1）清理工作。由于停工时间较长，大部分无立柱桩基被土或碎石掩埋，或者桩基所处位置地势低洼有大量积水，因此，首先需要对桩头进行清理，挖除填土或碎石，排干桩头积水。

（2）收集有关所测桩基的技术资料。

（3）在桩头用砂轮打磨三个测点，呈正三角形布置，直径 2.5cm 左右，与钢筋笼保持 20cm 以上的距离。

（4）将传感器用凡士林粘接在某一测点表面，按设备操作规程进行数据采样，一根桩基的采样数据不应少于三组。

（5）进行数据处理与分析。

2. 探地雷达检测

除了桩基完整性检测，为了探明原成桩时桩基基底是否存在岩溶空洞等不良地质体，应进一步采用科学检测方法对既有桩基基底有效范围内进行探测。探地雷达作为一种高分辨探测技术，可以对深浅地质问题进行详细填图和对地下目标体进行无损探测等[15]。其工作原理是发射天线向探测物前方发射电磁波信号，在电磁波向前方传播的过程中，当遇到电性差异的目标体（如围岩分界面、空洞、断层、岩溶等）时，电磁波便发生反射，由接收天线接收反射波，根据接收波的双程走时、幅度与波形资料，可推断介质的结构。测线具体布置如图 2-8 所示。

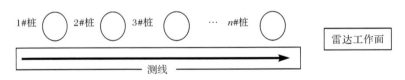

图 2-8　雷达测线示意图

2.2.2　新旧结构结合部位

桥梁新旧结构结合部位是复工项目较新建项目而言存在的特殊部位，它外露时间较长，并不同于施工缝，由于待建结构必须基于该部位进行接长、续建，所以新旧结构结合部位的病害检测非常重要。

新旧结构结合部位根据存在的构件位置不同，主要可分为两类：一类为桩基的新旧结构结合部位；另一类为立柱的新旧结构结合部位。两种类型结合部位的主要材料均为混凝土和钢筋，因而其病害主要是由预留钢筋和混凝土材料劣化产生的。新旧结构结合部位的混凝土病害和实体结构的混凝土病害相同，但预留钢筋不同于结构内部钢筋,存在其特殊性。因此,将混凝土病害及检测方法放在 2.2.3 节进行阐述,本节重点介绍预留钢筋特殊病害。

预留钢筋由于外露时间过长,受到自然环境因素和人为因素的影响,主要存在以下病害。

(1)预留钢筋长度不足。由于预留钢筋遭到人为盗割,或停工前的施工工艺导致预留钢筋过短,从而使其长度不满足钢筋焊接规范要求。若长度不满足,将直接影响到上部结构的复工续建。针对该部位主要采取测量手段对预留钢筋长度进行测量,并参照《钢筋焊接及验收规程》(JGJ 18—2012)判定所属的等级。

(2)预留钢筋锈蚀。由于没有对外露钢筋采取有效的保护措施,在自然环境满足钢筋锈蚀的条件下,长时间停工造成外露钢筋锈蚀严重,钢筋锈蚀将直接影响钢筋的强度以及复工的可用性。该部位检测主要采用截取不同锈蚀程度的钢筋进行室内物理力学试验的方法,对重量偏差以及截面面积进行测量,再参照《钢筋混凝土用钢第二部分:热轧带肋钢筋》(GB 1499.2—2007)对其等级进行分类。

(3)预留钢筋强度不足。由于部分施工资料、材料验收资料等的缺失,导致钢筋的强度和规格需要进一步论证。同时,由于停工的施工可能存在偷工减料、以次充好等不良现象,也会导致钢筋强度不满足设计要求。由于大部分外露钢筋在自然作用下会产生锈蚀,复工时必然要对其进行除锈处理,除锈后会导致钢筋截面积减少,从而导致钢筋强度降低。因此,在复工前需对外露钢筋进行抽样分析,截取不同锈蚀程度的钢筋进行除锈前后的室内物理力学试验,检测钢筋除锈前后的强度值,如图 2-9 所示。

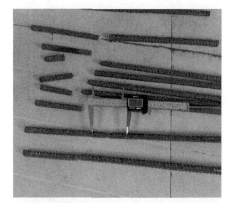

图 2-9　预留钢筋物理力学试验

2.2.3　常规部位

常规部位的病害及检测方法与新建梁桥或旧桥的检测方法相似,可将其归纳为以下几点进行分析。

（1）梁桥结构的混凝土病害及检测。混凝土病害产生的主要原因是自然风化或人为破坏导致混凝土中氯离子大量侵蚀或混凝土碳化等，从而造成碳化深度超过钢筋保护层厚度；施工或其他原因导致混凝土强度达不到要求。因此，判断复工桥梁既有结构混凝土性能，必须要对混凝土中氯离子含量、碳化程度以及混凝土强度进行检测。

目前，混凝土中常用的氯离子含量检测方法主要有铬酸钾法、电位滴定法、氯离子选择性电极法[16]。其中，铬酸钾法存在滴定终点难以辨认、精确度不高、人为误差较大等缺点；电位滴定法与氯离子选择性电极法同属于化学方法，但氯离子选择性电极法成本不需要贵重试剂 $AgNO_3$，省去了 $AgNO_3$ 标准溶液的配制和滴定，所得数据偏差小，能够简单快捷、准确地测定混凝土中氯离子的含量。因此，在实际应用中主要采取氯离子选择性电极法对氯离子含量进行检测。混凝土的碳化深度主要采用碳化深度测定仪检测[17]。

既有结构混凝土强度的检测方法较多，主要有回弹法、超声波法、超声回弹综合法、红外成像法、钻芯法等[18]。将各种方法进行分类，可分为现场检测法和室内试验法两种。现场检测混凝土强度目前主要采用回弹法，具体操作根据《回弹法检测混凝土抗压强度技术规程》（JGJ/T 23—2011）进行。室内试验主要采用钻芯法，通过在混凝土结构上钻取芯样，然后对芯样进行室内的混凝土强度试验并进行分析，如图 2-10 和图 2-11 所示。

图 2-10　混凝土抗压强度试验　　　　图 2-11　混凝土劈裂抗拉强度试验

由于复工项目的特殊性，为保证检测数据真实可靠，主要采用综合三种方法的检测方案对混凝土强度进行检测。

第一阶段采用回弹法对梁桥构件进行混凝土强度测试,并参考规范对混凝土构件的强度进行评定。由于复工项目停工时间较长,可能存在混凝土龄期超过 1000d 的情况,因此采用《回弹法检测混凝土抗压强度技术规程》(JGJ/T 23—2011)中附录 A 进行换算可能不适用,因此需采用其他方法对强度进一步测定。

第二阶段采用超声回弹综合法进行混凝土强度测试,对每个测试构件布置若干个测区,并参照相关规范对混凝土强度进行评定。

第三阶段采用钻芯法,从桥梁结构中随机钻芯取样,并对芯样进行混凝土抗压强度试验。最后综合上述三个阶段的数据对每个构件的混凝土强度进行综合评定。

(2) 结构内部钢筋病害及检测。结构内部钢筋状况主要由内部钢筋间距、钢筋直径及钢筋锈蚀程度等指标决定。混凝土中钢筋锈蚀状况的检测,主要检测该结构承重构件以及承重构件中的主要受力部位,若在检测前已有迹象表明某些部位的钢筋可能存在锈蚀或其他不良因素,应对这些关键部位进行混凝土电阻率的检测,通过电阻率的检测结果来评判内部钢筋的锈蚀速率。结构内部钢筋间距和钢筋直径,主要采用钢筋探测仪进行检测。

(3) 几何形态缺陷及病害检测。几何形态缺陷及病害主要为轴线偏位超限、桥梁墩台与基础的竖向沉降、水平变位和转角、桥跨结构纵向线形和墩(台)顶的水平变位等。这些指标的检测主要借助水准仪、全站仪、卷尺等工程测量工具进行。

(4) 表观缺损状况及检查。表观常见的病害和质量缺陷主要有蜂窝麻面、空洞、剥落、磨损、露筋和裂缝等。为了对这些病害进行评判,主要采用现场目测法和几何测量法等测量手段。首先采用目测法对高速公路复工梁桥既有结构表观缺损赋存的部位进行判断,然后测量其缺损面积,并计算该面积所占结构的比例。对于结构中出现裂缝的情况,需对裂缝赋存部位和具体位置进行统计,分析裂缝产生的原因和形态,对裂缝的宽度、长度进行测量。

(5) 预应力混凝土梁的病害及检测。对于高速公路复工项目,由于预应力混凝土梁场存放时间过长,会造成病害。对于存梁时间过长应直接废弃,若存梁时间未超过 3 个月应对其做单片梁静载试验,测试其应变值、挠度值以及裂缝情况是否符合规范要求。

2.3 停工复建高速公路桥涵既有结构质量评价指标体系构建

2.3.1 评价指标选择原则

质量评价指标的选择是关系到评价结果是否准确可靠的关键,评价指标不仅应尽可能全面,也应具有代表性。评价指标选取过于复杂,容易导致指标的重复,造成计算结果混乱;反之,如果指标选取过少,评价结果不能全面准确地反映结构的真实状态。所以,指标的选取应该遵循如下基本原则[19,20]。

(1)完整性原则。所选指标应尽可能全面、可靠地反映被评价对象的基本状况;指标应完全包含对象可能存在的质量缺陷的部位和影响因素。

(2)代表性原则。在满足完整性原则的前提下,应尽可能对评价指标进行优化,以减少评价指标体系中指标的数量。选择既能全面反映被评价对象的特点,又能重点反映被评价对象的最有代表性的指标。

(3)可操作性原则。各评价指标应是可直接测量或观察的,各指标不论是通过试验、检测数据定量得出,还是通过主观评分法定性评价,都应有实际的可操作性。

(4)独立性原则。在评价指标体系的制定过程中,有些指标之间或多或少存在一定的关联度,为了避免指标重复选择而造成计算时出现的混乱,需要采用一定的方法去除关联因素的影响,保证评价结果准确可靠。

(5)客观性原则。评价指标要求不同被评价对象之间具有可比性和通用性,避免因各方利益冲突而造成评价结果的差异。

2.3.2 评价指标体系构建方法

1. 现有桥涵结构质量评价指标体系构建方法

国内外文献资料及现存规范中,主要以新建桥涵结构和服役桥涵结构的评价指标体系构建的研究为主,可归纳为以下几种方法。

方法一:将桥涵按照结构类型进行划分。常用方法是采用层次分析法,将结构划分为单元、项目、子项三个层次逐级进行评判,以梁桥为例,先将梁桥结构划分为上部结构、下部结构、附属结构以及其余构件等相对独立部分,再将各结构按自身的准则及指标进行分层,最终划分为钢筋锈蚀、钢筋强度、混凝土碳化、氯离子含量、混凝土强度等可定量评价的材料属性指标,以及裂缝、蜂窝麻面、几何偏差等可以定量或定性分析的表观缺损的评价指标。该评价模型具有分解适当、界线清晰、模型结构简单的特点[21],保证了选取指标的完整性原则。

方法二:首先将桥涵结构划分为材质状况指标、受力性能指标、表观缺损指标等[22,23],然后将上述指标划分为底层指标,如钢筋性能、混凝土性能、表观缺损等。该方法选择指标简单、层次较少、指标具有代表性,但无法区分不同底层指标所属的结构类型。考虑到现有规范中,不同结构类型的材料属性或表观缺损的质量评价等级划分标准不同,笼统地将各指标采用统一的等级划分标准,最终会导致评价等级划分不准确。

方法三:直接将桥涵结构评价指标划分为混凝土碳化、钢筋锈蚀、混凝土强度、钢筋保护层厚度等底层指标。相比上述两种方法,该方法最为简单,并包含了上述两种方法最终划分的底层指标。但是,该方法没有考虑到结构以及材料间的相互作用,也无法体现各构件的优劣,最终得出的桥涵整体评价等级结果不够精确。

方法四:基于规范的质量评价指标确定。《公路桥涵养护规范》(JTG H11—2004)[24]指出全桥总体技术状况等级评定宜采用考虑桥梁各部件权重的综合评定方法,亦可按重要部件最差的缺损状况评定,或对照桥涵技术状况评定标准进行评定;《公路桥梁技术状况评定标准》(JTG/T H21—2011)[25]将梁桥部件技术状况评定划分为桥梁上部结构、下部结构及桥面系三部分进行桥梁总体技术状况评定;《公路工程质量检验评定标准》(JTG F80/1—2004)[26]将建设项目划分为单位工程、分部工程和分项工程进行工程质量的监控和管理,然后将各分项工程划分到具体的检查项目。由上述规范和标准中提出的指标选择方法可知,该方法中质量评价指标体系的构建,主要是依据规范将桥涵分为不同构件进行检查和评价,评价指标具有可操作性,评价等级分类可直接依据规范进行划分。

2. 停工复建高速公路桥涵既有结构质量评价指标体系构建方法

现有文献中对复工项目桥涵既有结构质量评价指标体系构建方法没有明确的规定和标准,只能参照新建桥涵及服役桥涵质量评价的方法。比较分析 2.3.1 节中新建桥涵及服役桥涵质量评价指标体系构建方法可知,以方法一的标准来构建指标体系不仅能保证评价指标体系完整,而且评价体系思路清晰,满足独立性原则;该方法不仅具备了方法二和方法三的优点,而且各指标间也避免了重复,具有简洁性和代表性的特点。但是,如果方法一没有参照相关的规范和标准进行指标选择,那么在指标评价等级的划分标准上就存在很大的主观因素。因此,采用方法一选择评价指标、构建评价指标体系的同时,应结合现有规范和标准,这样不仅可以得到准确、全面的评价指标,而且为评价指标等级的划分提供了依据。

目前,方法一中评价指标体系的构建主要采用 AHP 法建立递阶层次结构。层次分析法建立层次结构的原理是首先将所研究的复杂问题分解为若干组成部分,称其为元素,再将各元素按某种属性分为若干组,形成不同的层次。同一层元素对下层元素起支配作用,同时也受到上层元素的制约,这种逐层支配关系即形成了所谓的递阶层次结构。处于最上面的层次往往只有一个元素,该元素一般是分析的最终目标[27,28]。

因此,本节以《公路桥涵养护规范》(JTG H11—2004)、《公路桥梁技术状况评定标准》(JTG/T H21—2011)和《公路工程质量检验评定标准》(JTG F80/1—2004)等规范为基础,结合层次分析法原理,建立一种停工复建高速公路桥涵既有结构质量评价指标体系的方法。

2.3.3　评价体系构建

高速公路复工桥涵既有结构作为一个复杂的系统,长时间停工、无人监管的停工状态导致影响梁桥既有结构质量的因素很多,这些因素之间的关系也较为复杂。为了使桥涵既有结构质量评价的问题变得相对简单,采用 2.3.2 节提出的方法,结合高速公路复工桥涵病害分析结果,把影响桥涵既有结构工作状态的因素逐级分解为许多较为简单的子问题,构建反映影响因素之间层次关系的梯阶层次结构[29]。

由于高速公路复工桥涵既有结构质量评价指标体系国内外可参考研究的较少,为了避免构建指标体系时主观性过大,作者采用问卷调查法,通过制作专家调查表,分别咨询了院校桥梁领域教师(4 名)、施工单位工程师(9 名)、设计院工程师(3 名)以及检测单位工程师(3 名),共 19 名专家。为尽可能考虑全面,作者首先将桥涵既有结构所有可考虑指标逐级列出,并将各指标的评语分为重要、一般、排除三个等级,同时加入补充指标及建议一栏,供专家补充。调查表共计 13 个表格,因篇幅所限,完整的表格信息不加以赘述,部分表格见表 2-1。

表 2-1　专家调查表

指标	评判			
	重要	一般	排除	补充指标及建议
桩基				
桥墩				
桥台				
系梁				
盖梁				
支座垫石				

通过对专家调查表的反馈意见总结分析,再结合规范和标准对评价指标进行优选,最终确定了合理的停工复建高速公路项目桥梁和涵洞既有结构的质量评价指标,并建立了质量评价指标体系,如图 2-12 和图 2-13 所示。

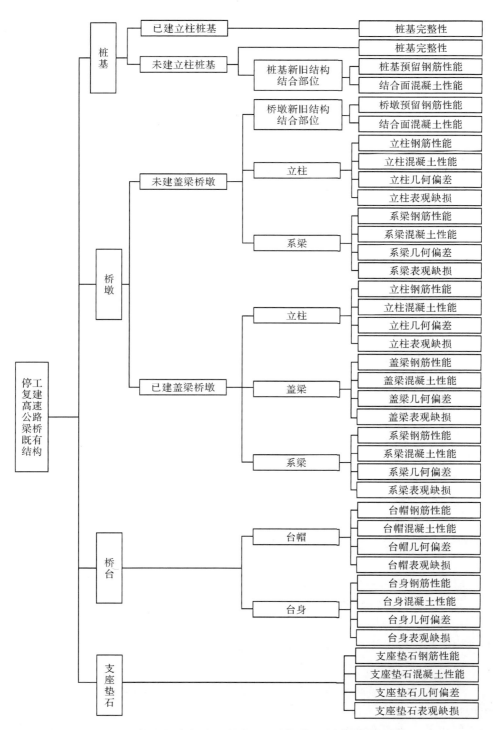

图 2-12　停工复建高速公路梁桥既有结构质量评价指标体系

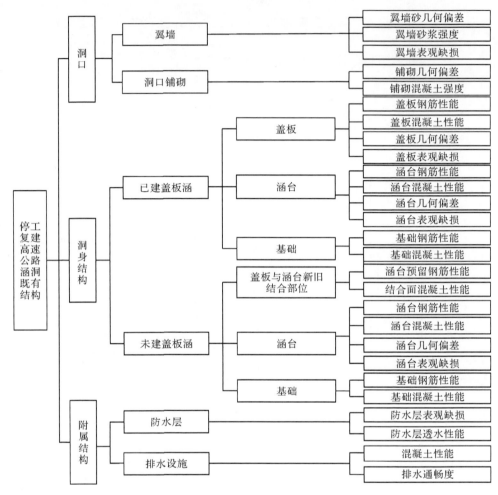

图 2-13　停工复建高速公路涵洞既有结构质量评价指标体系

1. 停工复建高速公路梁桥既有结构质量评价指标体系

由图 2-12 可知,高速公路复工梁桥既有结构质量评价指标体系根据复工项目梁式桥结构特点,将梁桥结构分为桩基、桥墩、桥台及支座垫石四大部分。由于本节依托的高速公路复工梁桥项目大部分梁桥没有完成上部结构施工,因此,对既有结构的质量评价指标中没有考虑上部结构及附属结构。在其他高速公路梁桥复工项目中,可根据梁桥结构实际情况添加或减少构件。

考虑到高速公路复工梁桥既有结构的特殊性,梁桥既有结构与复工后的新建结构存在新旧结构结合部位,该部位主要存在以下两种情况:第一种是桩基已经完成但桩基以上部位未施工;第二种是桥墩立柱已经施工一部分,但未施工至盖梁。两种情况的新旧结构结合部位在既有结构中普遍存在,因此在考虑桩基和桥墩时,分为存在新旧结构结合部位和未存在新旧结构结合部位两种情况。由于新旧结构结合部位的下层指标和已完成结构不一致,因此将其作为单独的结构进行考虑,评价结果会更全面、真实。

影响该新旧结构结合部位质量的主要因素有预留钢筋性能和结合面混凝土性能两方面的指标。预留钢筋性能和结合面混凝土性能不可直接评定,必须划分为可定量或定性评价的底层指标。预留钢筋是新建结构基于既有结构续建的重要因素,考虑到预留钢筋的可用性原则,参照《钢筋焊接及验收规程》(JGJ 18—2012)[30]规定的钢筋可焊性标准,将预留钢筋长度作为钢筋接长可焊性的重要指标。同时,《钢筋混凝土用钢第二部分:热轧带肋钢筋》(GB 1499.2—2007)[31]中指出钢筋强度和钢筋重量偏差为钢筋使用前必须检验的指标。综合上述因素,结合依托项目的实际情况,并依据指标选择的可操作性原则,将预留钢筋性能划分为预留钢筋长度、预留钢筋质量偏差和预留钢筋强度三个底层指标。结合面混凝土性能可依据实体结构混凝土评价指标,将其划分为氯离子含量、混凝土碳化和混凝土强度三个底层指标。

综上所述,新旧结构结合部位指标及其底层指标划分如下:

新旧结构结合部位=｛预留钢筋性能,结合面混凝土性能｝;

预留钢筋性能=｛预留钢筋长度,预留钢筋重量偏差,预留钢筋强度｝;

结合面混凝土性能=｛混凝土氯离子含量,混凝土碳化,混凝土强度｝。

高速公路复工梁桥既有结构除了新旧结构结合部位以外,其他结构与新建梁桥、旧桥结构没有很大区别。因此,可依据新建梁桥和旧桥指标进行确定。

桩基质量评价主要依据桩基检测情况进行评价,由于桩基检测数据较多,为了简化计算,可将桩基完整性作为桩基质量评价的底层指标。

由于桥墩、桥台及支座垫石等结构的质量影响因素相似,评价所选指标可统一划分。但是三种结构的性能和作用又有所不同,规范所规定的质量评价等级分类标准也不一致,所以底层指标必须有所区别。其中,几何偏差指标在不同结构中底层指标差别较大。几何偏差中的竖直度是立柱和台身需要考虑的重要指标,但对于系梁、盖梁、台帽和支座垫石可不考虑。因为系梁、盖梁、台帽在桥台和立柱之上,所以顶面高程是这些构件需要考虑的重要指标,而立柱和台身可不考虑。

综上所述,可将没有新旧结构结合面的既有结构指标及底层指标划分如下:

梁桥=｛桩基,桥墩,桥台,支座垫石｝;

桩基=｛桩基完整性｝;

立柱、系梁、盖梁、台帽、台身、支座垫石=｛钢筋性能,混凝土性能,几何偏差,表观缺损｝;

钢筋性能＝{钢筋间距偏差,钢筋直径偏差};

混凝土性能＝{氯离子含量,混凝土碳化,混凝土强度};

立柱、台身几何偏差＝{尺寸偏差,竖直度};

系梁、盖梁、台帽几何偏差＝{尺寸偏差,顶面高程};

支座垫石几何偏差＝{尺寸偏差,轴线偏位};

表观缺损＝{裂缝,剥落露筋,蜂窝麻面}。

2. 停工复建高速公路梁桥既有结构质量评价指标体系

由图 2-13 可知,停工复建高速公路涵洞既有结构质量评价指标体系根据复工项目和涵洞本身的特点,将涵洞结构分为洞口、洞身结构及其附属结构三大部分。另外,考虑到高速公路复工涵洞既有结构的特殊性,涵洞既有结构与复工后的新建结构在涵台与盖板间的新旧结构结合部位需要进行特殊考虑。新旧结构结合部位的下层指标和已完成结构不一致,因此将其作为单独的结构进行考虑,评价结果会更全面、更有代表性。

新旧结构结合部位指标及其底层指标划分如下:

新旧结构结合部位＝{预留钢筋性能,结合面混凝土性能};

预留钢筋性能＝{预留钢筋长度,预留钢筋重量偏差,预留钢筋强度};

结合面混凝土性能＝{混凝土氯离子含量,混凝土碳化,混凝土强度}。

由于洞身、涵台、盖板及基础等结构的质量影响因素相似,评价所选指标可统一划分。综上考虑,可将没有新旧结构结合面的既有结构指标及底层指标划分如下:

涵洞＝{洞口,洞身结构,附属结构};

翼墙＝{几何偏差,砂浆强度,表观缺损};

盖板,涵台 ＝{钢筋性能,混凝土性能,几何偏差,表观缺损};

基础＝{钢筋性能,混凝土性能};

防水层＝{表观缺损,透水性能};

排水设施＝{混凝土性能,排水通畅度}

钢筋性能＝{钢筋保护层厚度,钢筋间距偏差,钢筋直径偏差};

混凝土性能＝{氯离子含量,混凝土碳化,混凝土强度};

翼墙几何偏差＝{顶面高程,底面高程,竖直度,断面尺寸};

铺砌几何偏差＝{轴线偏位,铺砌长度};

涵台几何偏差＝{断面尺寸,竖直度};

盖板几何偏差＝{支承面中心偏位,相邻板最大高差};

表观缺损＝{裂缝,剥落露筋,蜂窝麻面};

排水通畅度＝{流水面高程,涵底铺砌厚度}。

2.4　停工复建高速公路桥涵既有结构
质量评价指标等级分类标准

2.4.1　桥涵总体质量评价等级分类标准

　　评价指标等级的分类直接决定了评价结果的精确性和真实性,等级分类过少不便于对桥涵结构质量加以区别,影响桥涵结构的合理使用和维护;如果等级划分过多,就使得等级差小,造成分级标准本身的不确定性和模糊性[28]。

　　通过总结国内外文献资料等级分类的研究可以发现,对于桥涵结构的耐久性、安全性及质量评价等级的划分主要分布在为 2~6 级[24~26,32~34]。其中,《公路工程质量检验评定标准》(JTG F80/1—2004)将质量评价等级分为合格与不合格两级;部分文献中将质量评价等级分为四级[35,36]。而评价等级划分较多的是五级,《公路桥涵养护规范》(JTG H11—2004)将桥涵技术状况评定标准总体评定等级分为 5 类:1 类为完好、良好状态;2 类为较好状态;3 类为较差状态;4 类为差的状态;5 类为危险状态;《公路桥梁技术状况评定标准》(JTG/T H21—2011)将桥梁总体技术状况评定等级分为 5 类:1 类为全新状态,功能完好;2 类为有轻微缺损,对桥梁使用功能无影响;3 类为有中等缺损,尚能维持正常使用功能;4 类为主要构件有大的缺损,严重影响桥梁使用功能或影响承载能力,不能保证正常使用;5 类为主要构件存在严重缺损,不能正常使用,危及桥梁安全,桥梁处于危险状态。《城市桥梁养护技术规范》(CJJ 99—2003)将桥梁状态分为 A~E 六种;同时奥地利规范也将桥梁状态划分为 6 个等级,1 级为无或者轻微损坏,2 级为少量损坏,3 级为中等到严重损坏,4 级为严重损坏,5 级为非常严重损坏,6 级为非常严重或完全损坏。

　　综上所述,考虑到底层指标等级分类需依据《公路桥涵养护规范》(JTG H11—2004)和《公路桥梁技术状况评定标准》(JTG/T H21—2011),为了保证桥涵总体评价和底层指标评价等级的一致性,本节将评价等级分为 5 级,即 Ⅰ(完好)、Ⅱ(较好)、Ⅲ(较差)、Ⅳ(差)、Ⅴ(危险),通过参考国内外规范和标准,并对其进行优化,得出停工复建高速公路桥涵既有结构总体评价等级分类及其含义,见表 2-2。

表 2-2　停工复建高速公路桥涵既有结构质量总体评价等级

等级	状态	桥梁总体评定
Ⅰ	完好	全部结构功能完好;材料性能轻微偏差,可忽略;所有部件表观状态完好;新旧结构结合面完好,不影响复工

续表

等级	状态	桥梁总体评定
Ⅱ	较好	全部结构功能良好；材料性能有少量超限值；少量部件表观有局部缺损或污染；少量新旧结构结合面有轻度损伤，少量材料不可使用，少量部位复工前需凿除
Ⅲ	较差	少量结构出现轻度功能性病害，尚能维持正常使用；材料性能有较多超限值；部件表观有较多缺损；新旧结构结合面有中度损伤，较多材料不可使用，较多部位复工前需凿除
Ⅳ	差	大量结构出现严重缺损，功能明显降低；材料性能基本超限值；部件表观有大面积缺损；大量新旧结构结合面有重度损伤，材料基本不可用，结合面复工前需完全凿除
Ⅴ	危险	桥梁结构出现功能性病害，结构不能使用；材料性能完全超限值；表观缺损严重，出现下沉、倾斜等现象；新旧结构结合面材料完全不可用，无法复工，完全重建

2.4.2 底层指标评价等级分类标准

底层指标评价等级分类应与桥涵既有结构质量总体评价等级分类一致才能保证其评价结果的准确性。因此，各底层指标评价等级的分类需参照总体评价等级的描述并根据相应的规范和标准，对等级分类划分进行调整。

1. 桩基完整性评价等级分类标准

《建筑桩基检测技术规范》(JGJ 106—2014)[37]对桩身完整性分类进行的规定见表 2-3。

表 2-3　桩身完整性分类表

桩身完整性类别	分类原则
Ⅰ类桩	桩身完整
Ⅱ类桩	桩身有轻微缺陷，不会影响桩身结构承载力的正常发挥
Ⅲ类桩	桩身有明显缺陷，对桩身结构承载力有影响
Ⅳ类桩	桩身存在严重缺陷

由表 2-3 可知，规范中将桩基完整性评价等级划分为 4 级，但是为了与桥梁总体评价等级分类标准统一，需划分为 5 级。根据桩身完整性分类情况和桥梁总体评价等级的分类原则，将指标作为定性指标划分，并将其等级划分为 5 类。《公路工程质量检验评定标准》(JTG F80/1—2004)将 75 分作为质量评价合格与不合格的划分标准，因此可将 75 分作为差级的评分阈值。综合考虑，将停工复建高速公路桥梁桩基完整性评价等级进行分类，见表 2-4。

表 2-4　停工复建高速公路桥梁桩基完整性评价等级

等级	状态	分类原则	分类区间
I	完好	桩身完整	100～95
II	较好	桩身有轻微缺陷,不影响桩身结构承载力的正常发挥	95～90
III	较差	桩身有明显缺陷,对桩身结构承载力有影响,尚能维持正常使用	90～80
IV	差	桩身有明显缺陷,对桩身结构承载力有影响,功能明显降低	80～70
V	危险	桩身存在严重缺陷,不能使用	70～60

2. 新旧结构结合面预留钢筋长度评价等级分类标准

由于依托项目中新旧结构结合面预留钢筋大部分型号为 HRB335,其中《钢筋焊接及验收规程》(JGJ 18—2012)中规定:HRB335 牌号钢筋,当选择搭接焊时宜采用双面焊,当不能进行双面焊时可采用单面焊,单面焊的搭接长度需大于等于 $10d$,双面焊搭接长度需大于等于 $5d$,其中 d 表示钢筋直径。根据总体评价等级分类原则,可将预留钢筋长度质量评价等级进行分类,见表 2-5。

表 2-5　预留钢筋长度评价等级

等级	状态	分类原则	分类区间 (d 为钢筋直径)
I	完好	预留钢筋长度远大于单、双面焊搭接要求	$20d\sim15d$
II	较好	少量预留钢筋长度不满足单面焊搭接要求	$15d\sim10d$
III	较差	较多预留钢筋长度不满足单面焊要求,但基本满足双面焊搭接要求	$10d\sim6d$
IV	差	较多预留钢筋长度不满足单、双面焊搭接要求	$6d\sim3d$
V	危险	完全不满足预留钢筋焊接要求	$3d\sim0d$

3. 新旧结构结合面预留钢筋重量偏差评价等级分类标准

《钢筋混凝土用钢第二部分:热轧带肋钢筋》(GB 1499.2—2007)规定钢筋公称直径为 6～12mm,实际重量与理论重量偏差限值为±7%;当公称直径为 14～20mm 时,重量偏差限值为±5%;当公称直径为 22～50mm 时,重量偏差限值为±4%。由于所依托的项目中桥涵结构预留钢筋主要采用的是 φ28 和 φ22,根据以上限值,本节选择重量偏差百分比的绝对值且限值为 4%。预留钢筋重量偏差评价等级分类见表 2-6。

表 2-6　预留钢筋重量偏差评价等级

等级	状态	分类原则	分类区间/%
Ⅰ	完好	预留钢筋重量轻微偏差	0～1
Ⅱ	较好	预留钢筋重量少量偏差,全部不超过限值	1～2.5
Ⅲ	较差	部分预留钢筋重量偏差较多,少量钢筋超过限值	2.5～4
Ⅳ	差	较多预留钢筋重量偏差超过限值	4～5.5
Ⅴ	危险	预留钢筋重量偏差严重,均超过限值	5.5～7

4. 新旧结构结合面预留钢筋强度评价等级分类标准

《混凝土结构设计规范》(GB 50010—2011)[38]中指出钢筋的强度标准值应具有不小于 95% 的保证率。为了判断新旧结构结合面预留钢筋强度的等级,可截取部分预留钢筋进行物理力学试验,再依据超过标准值的保证率对预留钢筋强度评价等级进行分类,见表 2-7。

表 2-7　预留钢筋强度评价等级

等级	状态	分类原则	分类区间/%
Ⅰ	完好	预留钢筋强度完全超过标准值	99～100
Ⅱ	较好	少量预留钢筋强度不超过标准值	97.5～99
Ⅲ	较差	部分预留钢筋强度不超过标准值	96～97.5
Ⅳ	差	较多预留钢筋强度不超过标准值	94.5～96
Ⅴ	危险	预留钢筋均未超过标准值	93～94.5

5. 既有结构内部钢筋间距评价等级分类标准

《公路工程质量检验评定标准》(JTG F80/1—2004)指出基础、墩台、柱受力钢筋间距限值为 ±20mm,梁、板限值为 ±10mm。本节将立柱、桥台钢筋间距限值取绝对值 20mm,盖梁、系梁等限值取绝对值 10mm。既有结构内部钢筋间距评价等级分类见表 2-8。

表 2-8　既有结构内部钢筋间距评价等级

等级	状态	分类原则	立柱、桥台分类区间/mm	盖梁、系梁分类区间/mm
Ⅰ	完好	钢筋间距轻微偏差	0～5	0～2
Ⅱ	较好	钢筋间距少量偏差,均不超过限值	5～11	2～5
Ⅲ	较差	部分钢筋间距偏差较多,少量钢筋超过限值	11～16	5～8

等级	状态	分类原则	立柱、桥台分类区间/mm	盖梁、系梁分类区间/mm
Ⅳ	差	较多钢筋间距偏差超过限值	16～21	8～11
Ⅴ	危险	钢筋间距偏差严重，全部超过限值	21～25	11～15

6. 既有结构内部钢筋直径评价等级分类标准

《钢筋混凝土用钢第二部分：热轧带肋钢筋》(GB 1499.2—2007)规定钢筋公称直径为20～25mm时，允许偏差为±0.5mm；当公称直径为28～36mm时，允许偏差为±0.6mm。因此，可取允许偏差绝对值0.6mm作为钢筋直径限值。既有结构内部钢筋直径评价等级分类见表2-9。

表 2-9 既有结构内部钢筋直径评价等级

等级	状态	分类原则	分类区间/mm
Ⅰ	完好	钢筋直径轻微偏差	0～0.1
Ⅱ	较好	钢筋直径少量偏差，钢筋直径均不超过限值	0.1～0.3
Ⅲ	较差	局部钢筋直径偏差较多，少量钢筋直径超过限值	0.3～0.5
Ⅳ	差	钢筋间距偏差严重，较多钢筋直径超过限值	0.5～0.7
Ⅴ	危险	钢筋间距偏差严重，全部超过限值	0.7～0.9

7. 既有结构混凝土氯离子含量评价等级分类标准

《混凝土结构设计规范》(GB 50010—2011)规定了氯离子含量的临界值，当环境类别为一级时，氯离子含量限值为1%；当环境类别为二a、二b和三级时，氯离子含量限值分别为0.3%、0.2%和0.1%。环境等级有相对应的环境类别：一级为正常环境，描述为稳定的室内；二a级为干湿交替的环境，二b级描述为室内潮湿环境、露天环境、无腐蚀性湿润土环境；三级为冻融环境。由此可根据不同的环境类别，选择对应环境等级的氯离子含量限值，本节根据依托项目的实际情况，环境等级为二b级，氯离子含量限值取0.2%。既有结构氯离子含量评价等级分类见表2-10。

表 2-10 既有结构氯离子含量评价等级

等级	状态	分类原则	分类区间/%
Ⅰ	完好	含轻微氯离子	0～0.06
Ⅱ	较好	含少量氯离子，氯离子含量均不超过限值	0.06～0.12

续表

等级	状态	分类原则	分类区间/%
Ⅲ	较差	局部氯离子含量较多,少量氯离子含量超过限值	0.12～0.18
Ⅳ	差	大部分氯离子含量较多,较多部位超过限值	0.18～0.24
Ⅴ	危险	氯离子含量较多,全部部位超过限值	0.24～0.3

8. 既有结构混凝土碳化评价等级分类标准

混凝土碳化主要采用混凝土碳化深度与钢筋保护层厚度两个指标进行评价。一般认为,当混凝土碳化深度超过混凝土保护层厚度时,混凝土的抗碳化能力达到极限。取相对碳化深度 μ 作为混凝土碳化影响的分级指标[39,40]:

$$\mu = \frac{x_c}{s} \tag{2-1}$$

式中,x_c 表示混凝土构件平均碳化深度,mm;s 表示混凝土构件钢筋保护层平均厚度,mm。

根据《回弹法检测混凝土抗压强度技术规范》(JGJ/T 23—2011)[41]与《公路桥梁技术状况评定标准》(JTG/T H21—2011)中对混凝土碳化的规定和分类原则,可将既有结构混凝土碳化评价等级分类,见表 2-11。

表 2-11　既有结构混凝土碳化评价等级

等级	状态	分类原则	分类区间
Ⅰ	完好	无碳化	0～0.1
Ⅱ	较好	少量碳化,所有碳化深度小于钢筋保护层厚度	0.1～0.3
Ⅲ	较差	部分位置出现碳化,局部碳化深度超过钢筋保护层厚度	0.3～0.6
Ⅳ	差	碳化严重,较多碳化深度超过钢筋保护层厚度	0.6～0.9
Ⅴ	危险	碳化严重,所有碳化深度均超过钢筋保护层厚度,混凝土表面胶凝料大量松散碳化	0.9～1.2

9. 既有结构混凝土强度评价等级分类标准

《公路桥梁技术状况评定标准》(JTG/T H21—2011)对混凝土评定标准有明确的划分,如表 2-12 中分类原则所示,该标准对混凝土评价等级的划分主要通过两个指标进行评价。为了简化评价计算步骤,本节对两个指标进行了融合,主要采用根据 K_{bt} 和 K_{bm} 对各分类区间边界值进行评分的方法,最终确定了既有结构混凝土强度评价等级分类标准,见表 2-12。

表 2-12　既有结构混凝土强度评价等级

等级	状态	分类原则	分类区间
Ⅰ	完好	承重构件混凝土推定强度均质系数 $K_{bt} \geqslant 0.95$，平均强度均质系数 $K_{bm} \geqslant 1.00$	100～95
Ⅱ	较好	承重构件混凝土推定强度均质系数 $0.95 > K_{bt} \geqslant 0.90$，平均强度均质系数 $K_{bm} \geqslant 0.95$	95～90
Ⅲ	较差	承重构件混凝土推定强度均质系数 $0.90 > K_{bt} \geqslant 0.80$，平均强度均质系数 $K_{bm} \geqslant 0.9$	90～80
Ⅳ	差	承重构件混凝土推定强度均质系数 $0.80 > K_{bt} \geqslant 0.70$，平均强度均质系数 $K_{bm} \geqslant 0.85$	80～70
Ⅴ	危险	承重构件混凝土推定强度均质系数 $K_{bt} < 0.70$，平均强度均质系数 $K_{bm} < 0.85$	70～60

10. 既有结构断面尺寸偏差评价等级分类标准

《公路工程质量检验评定标准》(JTG F80/1—2004)规定立柱断面尺寸允许偏差为 ±15mm；盖梁、系梁、桥台等结构断面尺寸允许偏差为 ±20mm；支座垫石断面尺寸允许偏差为 ±5mm。综合上述断面尺寸允许偏差值，取各允许偏差绝对值作为评价断面尺寸的指标，可将既有结构断面尺寸偏差评价等级分类，见表 2-13。

表 2-13　既有结构断面尺寸偏差评价等级

等级	状态	分类原则	立柱划分区间/mm	梁、桥台等区间/mm	支座垫石区间/mm
Ⅰ	完好	尺寸轻微偏差	0～3	0～5	0～1
Ⅱ	较好	尺寸少量偏差，均不超过限值	3～8	5～11	1～2.5
Ⅲ	较差	局部尺寸较多偏差，局部尺寸超过限值	8～13	11～17	2.5～4
Ⅳ	差	尺寸偏差较多，部分尺寸偏差超过限值	13～18	17～23	4～5.5
Ⅴ	危险	尺寸偏差严重，均超过限值	18～23	23～30	5.5～7

11. 竖直度偏差评价等级分类标准

《公路工程质量检验评定标准》(JTG F80/1—2004)规定竖直度或倾斜度允许偏差为 $0.3\% H$，H 为墩、台高。竖直度偏差评价等级分类见表 2-14。

表 2-14　竖直度偏差评价等级

等级	状态	分类原则	分类区间/%
Ⅰ	完好	竖直度轻微偏差	0～0.05
Ⅱ	较好	竖直度少量偏差,均不超过限值	0.05～0.15
Ⅲ	较差	竖直度较多偏差,但不超过限值	0.15～0.25
Ⅳ	差	竖直度偏差较多,部分竖直度超过限值	0.25～0.35
Ⅴ	危险	竖直度偏差严重,均超过限值,结构倾斜严重	0.35～0.45

12. 顶面高程偏差评价等级分类标准

《公路工程质量检验评定标准》(JTG F80/1—2004)规定顶面高程允许偏差为±10mm,取其限值的绝对值,可将顶面高程偏差评价等级分类,见表 2-15。

表 2-15　顶面高程偏差评价等级

等级	状态	分类原则	分类区间/mm
Ⅰ	完好	顶面高程轻微偏差	0～2
Ⅱ	较好	顶面高程少量偏差,均不超过限值	2～5
Ⅲ	较差	顶面高程偏差较多,少量结构超过限值	5～8
Ⅳ	差	顶面高程偏差较多,大量结构超过限值	8～11
Ⅴ	危险	顶面高程偏差严重,均超过限值	11～15

13. 既有结构裂缝评价等级分类标准

《公路桥涵养护规范》(JTG H011—2004)对不同构件提出了裂缝限值,如墩台帽允许最大缝宽为 0.3mm 且不允许贯通墩身截面一半;钢筋混凝土梁中如主筋附近的竖向裂缝、腹板斜向裂缝等不同裂缝种类的最大缝宽也有相应的规定。同时,《公路桥梁技术状况评定标准》(JTG/T H21—2011)对裂缝评价标准也分别做出了详细的定性和定量规定,该规范将评价等级划分为 5 级,对每个评价等级又有细分,如评价等级为 3 级时,又细分为网状裂缝、从基础向上发展至墩身的裂缝、墩身水平裂缝、墩身的剪切破坏以及竖向裂缝等,并对各种裂缝分布进行了描述。

《公路桥梁技术状况评定标准》(JTG/T H21—2011)与《公路桥涵养护规范》(JTG H011—2004)相比,评价标准的划分更加细致、全面,但《公路桥涵养护规范》(JTG H011—2004)更为直观,计算更为简捷。基于两种规范的优点,同时依据梁桥总体评价等级分类,对既有结构裂缝评价等级进行分类。本节将裂缝宽度作为评价指标,同时进行现场调研,先将各结构裂缝存在的类型和部位进行总结分类,再将定量分析的数据转为定性分析的评分方法对裂缝评价等级进行分类,见表 2-16。

表 2-16　既有结构裂缝评价等级

等级	状态	分类原则	分类区间
I	完好	完好,无裂缝	100～95
II	较好	局部网状裂缝;较少墩身水平裂缝;较少竖向裂缝;所有结构裂缝均未超过缝宽限值	95～90
III	较差	局部网状裂缝;较多墩身水平裂缝,少量剪切破坏;较多竖向裂缝;少量结构裂缝均超过缝宽限值	90～80
IV	差	存在大量裂缝;墩身剪切破坏;大量竖向裂缝;结构裂缝大多超过缝宽限值	80～70
V	危险	出现结构性裂缝,缝宽超限,裂缝有开合现象,结构出现变形失稳	70～60

14. 既有结构剥落、露筋评价等级分类标准

《公路桥梁技术状况评定标准》(JTG/T H21—2011)对桥梁下部结构构件剥落、露筋给出了定性和定量评价等级划分标准,该标准将等级划分为 4 级。为了满足高速公路复工梁桥质量总体评价等级分类的要求,本节综合考虑公路桥梁技术状况评定标准中定量和定性评价等级划分标准,将剥落、露筋划分为 5 个等级。

由于该标准主要适用于新建梁桥和旧桥的质量评价,定量与定性分析指标的划分标准与复工梁桥既有结构有区别,因此本节结合两种指标的优点,首先将其作为定性分析指标进行考虑,通过现场调研和检测数据对其综合评分。具体评价等级分类见表 2-17。

表 2-17　既有结构剥落、露筋评价等级

等级	状态	分类原则	分类区间
I	完好	完好,无剥落	100～95
II	较好	局部混凝土剥落;累计剥落均未超过构件面积 3%;单处剥落面积 $<0.5m^2$	95～90
III	较差	较多部位剥落、露筋;累计面积 $\geqslant 3\%$ 且 $<5\%$,少量部位单处剥落面积 $>0.5m^2$ 且 $<1.0m^2$	90～80
IV	差	较大范围混凝土剥落、露筋;累计面积 $>$ 构件面积 5% 且 $\leqslant 10\%$;单处剥落面积 $\leqslant 1.0m^2$	80～70
V	危险	大范围混凝土剥落、露筋;累计面积 $>$ 构件面积的 10%,单处剥落面积 $>1.0m^2$	70～60

15. 既有结构蜂窝麻面评价等级分类标准

既有结构蜂窝麻面评价等级分类与剥落、露筋等级分类标准基本一致,同样依据《公路桥梁技术状况评定标准》(JTG/T H21—2011)中对蜂窝麻面的划分标准,但该标准对蜂窝麻面等级划分主要分为 3 级,为了符合 5 级分类标准,需将其进行细分。因为该指标在以上规范中不仅有定量的范围还有定性的划分原则,可将其根据总体等级分类原则和定量评价的等级分类范围,将等级区间分为 5 类,见表 2-18。

表 2-18　既有结构蜂窝麻面评价等级

等级	状态	分类原则	分类区间
Ⅰ	完好	完好,无蜂窝麻面	100～95
Ⅱ	较好	少量蜂窝麻面;累计蜂窝麻面未超过构件面积6%,单处面积≤0.5m²	95～90
Ⅲ	较差	较多部位蜂窝麻面;累计面积≥6%且<10%,少量部位单处剥落面积≤0.5m²	90～80
Ⅳ	差	较大范围蜂窝麻面;累计面积>构件面积 10%且≤20%;单处面积>0.5m²且≤1.0m²	80～70
Ⅴ	危险	大范围混凝土蜂窝麻面;累计面积>构件面积的 10%,单处面积>1.0m²	70～60

16. 支座垫石轴线偏位评价等级分类标准

《公路工程质量检验评定标准》(JTG F80/1—2004)规定支座垫石轴线偏位的允许偏差为 5mm。根据总体评价分类原则,将支座垫石轴线偏位等级分为 5 个等级,具体见表 2-19。

表 2-19　支座垫石轴线偏位评价等级

等级	状态	分类原则	分类区间/mm
Ⅰ	完好	轴线轻微偏位	0～1
Ⅱ	较好	轴线少量偏位,均不超过限值	1～2.5
Ⅲ	较差	轴线偏位较多,少量超过限值	2.5～4
Ⅳ	差	轴线偏位较多,大量超过限值	4～5.5
Ⅴ	危险	轴线偏位严重,支座垫石均超过限值	5.5～7

17. 盖板支承面中心偏位评价等级分类标准

《公路工程质量检验评定标准》(JTG F80/1—2004)规定盖板支承面中心偏位允许偏差为 10mm。根据总体评价分类原则,将其分为 5 类,见表 2-20。

表 2-20　支承面中心偏位偏差评价等级

等级	状态	分类原则	分类区间/mm
Ⅰ	完好	支承面中心偏位轻微偏差	0~2
Ⅱ	较好	支承面中心偏位少量偏差,均不超过限值	2~5
Ⅲ	较差	支承面中心偏位偏差较多,少量结构超过限值	5~8
Ⅳ	差	支承面中心偏位偏差较多,大量超过限值	8~11
Ⅴ	危险	支承面中心偏位偏差严重,均超过限值	11~14

18. 既有结构相邻板最大高差等级分类标准

《公路工程质量检验评定标准》(JTG F80/1—2004)规定盖板相邻板最大高差允许偏差为 10mm,根据总体评价分类原则,将其分为 5 类,见表 2-21。

表 2-21　相邻板最大高差评价等级

等级	状态	分类原则	分类区间/mm
Ⅰ	完好	相邻板最大高差轻微偏差	0~2
Ⅱ	较好	相邻板最大高差少量偏差,均不超过限值	2~5
Ⅲ	较差	相邻板最大高差偏差较多,少量超过限值	5~8
Ⅳ	差	相邻板最大高差偏差较多,大量超过限值	8~11
Ⅴ	危险	相邻板最大高差偏差严重,均超过限值	11~14

19. 既有结构流水面高程偏差等级分类标准

《公路工程质量检验评定标准》(JTG F80/1—2004)规定流水面高程允许偏差为 ±20mm,本节流水面高程允许偏差取绝对值 10mm。依据此标准对既有结构流水面高程偏差进行评价等级分类,见表 2-22。

表 2-22　流水面高程偏差评价等级

等级	状态	分类原则	分类区间/mm
Ⅰ	完好	流水面高程轻微偏差	0~2
Ⅱ	较好	流水面高程少量偏差,均不超过限值	2~5
Ⅲ	较差	流水面高程偏差较多,少量超过限值	5~8

等级	状态	分类原则	分类区间/mm
Ⅳ	差	流水面高程偏差较多,大量超过限值	8~11
Ⅴ	危险	流水面高程偏差严重,均超过限值	11~14

2.5　停工复建高速公路项目桥涵质量评价方法及应用

目前,桥涵既有结构评价方法主要有以下几种。

(1)基于规范的外观调查法。该方法主要是现场有经验的技术人员通过桥涵结构外观所表现出的现象,凭主观印象和检测数据进行评分,再根据规范中各部件的权重进行加权评分,得出最终的评价结果。

(2)基于验算承载力的评定方法。通过理论计算、荷载试验和数值模拟对桥涵的承载能力进行评估,最终通过桥涵的承载能力对其性能进行评价。

(3)专家系统评价法。通过引入相当于专家知识和经验水平的计算机对桥涵进行综合评价。

(4)基于其他学科的综合评价法。将模糊数学、灰色理论等数学理论应用到桥涵评价中,或将马尔科夫模型、可拓学等其他学科应用于桥涵指标等级的划分以及模型的建立,对桥涵既有结构进行综合评价。

综上所述,目前所采用的方法都是对新建桥涵和服役桥涵整体状态评价的常用方法,各种评价方法均被广泛采用,且不同实际情况下其优点不同,但是针对停工复建高速公路桥涵既有结构的质量评价鲜有研究。为了对其既有结构进行质量评价,必须要对各评价方法的基本理论、特征及适用性进行研究,然后再对停工复建高速公路桥涵既有结构的质量评价方法进行探讨。

目前,应用范围最广且认可度较高的综合评价方法是基于模糊数学和层次分析法原理的模糊综合评价法,本节首先应用模糊综合评价法分别对桥梁和涵洞既有结构进行质量评价研究。但是由于现存的各种评价方法在理论上存在一定的局限性,如果单纯采用其中某一类方法进行评价,很难保证评价结果的可靠性以及该评价方法在该领域的适用性。为此,进一步分析各种评价理论应用于该领域的不足,并对其不足进行改进,综合多种评价理论进行评价的可行性成了当务之急[42]。

由于模糊数学、灰色理论、可拓学等方法都要对评价体系中的每个指标赋予准确的权重,权重分配的准确度直接影响到最终的评价结果。然而,权重的分配具有较大的主观性,尽管权重的后期修正可弥补由于主观性造成的误差,但是这种修正仍不能保证完全精确。因此,可以采用一种对指标权重精度要求不高的评价方法,以此来验证评价方法的准确性。

　　基于上述分析,本节选用一种对指标权重精确度要求不高的突变级数综合评价法进行分析。通过比较分析模糊综合评价法和突变级数综合评价法的原理和评价结果,得出两种评价方法的优劣,最终提出一种可适用于停工复建高速公路桥涵既有结构质量评价的方法。

2.5.1　模糊综合评价法

　　模糊综合评价法可以将评价对象的评价指标体系中的各指标等级用隶属度函数的方法表示出来,再借助于指标权重和模糊数学理论的运算方法,得到评价对象的综合评判矩阵。最终根据综合评判矩阵和最大隶属度原则,得出评价对象的评价等级及其隶属于各个等级的程度[43]。该方法的原理和评价步骤可参见第1章中的模糊综合评价法,本节不加以赘述,只对部分细节步骤进行阐述。

　　1. 权重的确定

　　1) 层次分析法确定权重

　　首先运用层次分析法建立递阶层次结构,把高速公路复工桥涵既有结构按属性不同分成若干组,形成不同层次,具体划分结果如图 2-12 所示。在建立递阶层次结构以后,上下层次之间元素的隶属关系就被确定了,再由各指标之间的两两比较关系判断矩阵计算指标权重。两个指标间哪个更重要,重要多少,需要对重要度赋予一定的数值,本节使用 1～9 的比例标度[44],具体意义见表 2-23。

表 2-23　标度的含义

标度 a_{ij}	定义
1	表示元素 i 与 j 相比,具有同样重要性
3	表示元素 i 与 j 相比,i 比 j 稍微重要
5	表示元素 i 与 j 相比,i 比 j 明显重要
7	表示元素 i 与 j 相比,i 比 j 强烈重要
9	表示元素 i 与 j 相比,i 比 j 极端重要
2,4,6,8	为上述相邻判断的中值

　　根据停工复建高速公路桥涵既有结构质量评价指标体系及 1～9 标度法评分方法,制定专家层次结构权重评分表(因评价指标较多,只列举桥梁第一层指标评分表,其他评分表评分形式类似),见表 2-24。该评分表咨询了院校老师(4 名)、施工单位工程师(10 名)、设计院工程师(3 名)以及检测单位桥梁检测工程师(3 名),将咨询的权重进行汇总、比较分析,得出最终权重。

表 2-24　桥梁权重专家评分表

i / j	桩 基	桥 墩	桥 台	支座垫石
桩　基	1			
桥　墩		1		
桥　台			1	
支座垫石				1

根据评分表,可得出 n 个指标两两比较判断矩阵 $\boldsymbol{A}$:

$$\boldsymbol{A} = (a_{ij})_{n \times n} \tag{2-2}$$

式中, a_{ij} 为指标 i 与 j 的比例标度, $a_{ij} > 0$, $a_{ij} = \dfrac{1}{a_{ji}}$, $a_{ii} = 1$。

由上述步骤得出 n 个评价指标 $A_1, A_2, A_3, \cdots, A_n$ 的判断矩阵 $\boldsymbol{A}$,根据 $\boldsymbol{A}\boldsymbol{\omega} = \lambda_{\max}\boldsymbol{\omega}$ 可知, $\boldsymbol{\omega}$ 为 $\boldsymbol{A}$ 中 n 个指标的相对权重。

本节采用方根法计算判断矩阵的特征向量 $\boldsymbol{\omega}$ 与最大特征值 $\lambda_{\max}$:

$$\overline{\omega_i} = \sqrt[n]{\prod_{j=1}^{n} a_{ij}} \tag{2-3}$$

将式(2-3)归一化处理:

$$\omega_i = \frac{\overline{\omega_i}}{\sum\limits_{j=1}^{n} \overline{\omega_i}} \tag{2-4}$$

式中, $\overline{\omega_i}$ 为判断矩阵每行各指标几何平均值; ω_i 为各评价指标的权重。

由于在判断矩阵的构造中,会出现甲比乙极端重要,乙比丙极端重要,而丙比甲极端重要的违反常识、判断偏离一致性过大的情况[45],因此,在得到 $\lambda_{\max}$ 后进行一致性检验,步骤如下。

首先计算最大特征根 $\lambda_{\max}$:

$$\lambda_{\max} = \sum_{i=1}^{n} \frac{(\boldsymbol{A}\boldsymbol{\omega})_i}{n\omega_i} \tag{2-5}$$

然后通过计算一致性指标 CI,见式(2-6);同时,查表 2-25 可得平均随机一致性指标 RI;最终求出一致性比例 CR:

$$CI = \frac{\lambda_{\max} - n}{n - 1} \tag{2-6}$$

$$CR = \frac{CI}{RI} \tag{2-7}$$

当 CR < 0.1 时,一般认为判断矩阵的一致性是可以接受的,即可确定各评价指标的权重值;当 CR ≥ 0.1 时,应对判断矩阵进行检查和修正,直到 CR < 0.1。

表 2-25　平均随机一致性指标的取值

阶数	1	2	3	4	5	6	7	8	9	10
RI	0	0	0.52	0.89	1.12	1.26	1.36	1.41	1.46	1.49

2）基于变权原理的权重修正

由于停工复建高速公路桥涵既有结构是个复杂的系统,质量影响因素众多且每个构件都对桥涵有着重要的作用,同时复工项目又存在着特殊病害和长时停工条件下产生的薄弱部位。但是,由于目前常权综合评价方法的局限性,当个别构件出现严重缺陷时,往往不能在常权综合评价结果中明显地表现出来,使得最终评价结果也不会出现太大的变化,可能引起对桥涵某些病害及质量缺陷的忽视或造成评价结果的不准确[46]。

变权原理考虑到评价体系中各指标的均衡性,能客观准确地评价出桥涵结构的工作状态。所以,为了反映出桥涵既有结构的整体真实状况,准确反映各结构的病害和质量缺陷带来的影响,应采用变权原理对各评价指标采用常权分析所得权重进行适当调整。变权权重的确定包括两个步骤:一是确定常权权重;二是运用变权公式对常权分析所得权重进行变权分析[47]。变权公式如下:

$$\omega_i(u_1, u_2, \cdots, u_m) = \frac{\omega_i^{(0)} u_i^{\alpha-1}}{\sum_{j=1}^{m} \omega_j^{(0)} u_j^{\alpha-1}} \tag{2-8}$$

式中,ω_i 为变权后第 i 个指标的权重;$\omega_i^{(0)}$ 为第 i 个指标的初始权重;u_i 为第 i 个指标的评价值;α 为变权系数,$0 < \alpha \leqslant 1$。

变权系数 α 的取值反映桥涵管理者对各评价指标均衡性的要求和对桥涵中局部缺陷的容忍程度。α 取值越小,表明容忍程度较小;反之,α 取值越大,表明容忍程度越大;$\alpha = 1$ 时即为常权模式。因此,当选择变权系数 $\alpha < 0.5$ 时,表明评价者较保守,对各因素的均衡问题考虑得较多;当 $\alpha > 0.5$ 时,表明评价者比较能容忍评价指标某方面的缺陷[48]。复工项目桥涵既有结构存在薄弱部位,对复工后桥涵整体结构产生较大的影响,而且桥涵各部件都对桥涵的质量和安全性起着决定性的作用。因此,对评价指标某方面的缺陷不能容忍,α 的取值应该从 $\alpha \leqslant 0.5$ 的范围进行考虑。通过查阅相关文献资料,桥梁评价方面的变权系数 α 取值主要为 0.2 和 0.5 两种,其中以 0.5 居多,而且收到了较好的效果。本节分别对[0.1, 0.5]的 α 取值范围进行了计算和探讨,发现 α 取 0.5 时更符合工程实际,因此本节设 $\alpha = 0.5$。

由变权公式可知,ω_i 的值会随着 u_i 减小而变大,然而变权原理的目的是增加评价值越差的指标的权重值,从而达到惩罚变权的效果。为了使 u_i 满足以上条件,将评价指标等级转换成越大越好型,即评价值越小,该指标所处的状态越差。

由于模糊综合评价法是将指标评价值转化为对应该指标等级的隶属度,根据评价指标等级分类可知,各指标从Ⅰ级到Ⅴ级分别对应完好、较好、较差、差和危险五个状态,即等级越高,状态越差。因此,需先对指标评价值 u_i 进行转换,转换公式如下:

$$u_i = \sum_{j=1}^{5} r_{ij}(6-j) \tag{2-9}$$

式中,r_{ij} 为第 i 个指标对第 j 等级的隶属度;j 为指标等级,$j=1,2,3,4,5$。

2. 评价指标隶属度

确定隶属度的方法有多种,常用方法主要有隶属函数法和多相模糊专家统计法两种。本节主要通过建立隶属度函数求得评价体系各指标所对应评价等级分类区间及隶属度,根据隶属度确定该指标的评价等级及其对等级的隶属程度。

利用模糊隶属度函数对评价指标的评价值进行模糊化处理,可获得相应的模糊向量,该指标下级各指标的模糊向量可组成因素评判模糊矩阵 $R=(r_{ij})_{i\times5}$,其中 i 为指标个数,r_{ij} 为第 i 个指标在评语集中对应第 j 个等级的比重,反映了该指标所属的状态等级[49]。确立底层指标评价值的模糊向量,组成模糊矩阵的关键是选择合适的模糊隶属度函数。在模糊数学理论中隶属度函数形式较多,其中常用的函数形式有矩形分布型、梯形分布型、三角分布型、正态分布型等,通过比较各函数形式,本节采用梯形分布来确定各底层指标的分级隶属度函数[50]。

梯形及半梯形函数形式如下。

偏小型:

$$\mu(x)=\begin{cases}1, & x<a \\ \dfrac{b-x}{b-a}, & a\leqslant x\leqslant b \\ 0, & b\leqslant x\end{cases} \tag{2-10}$$

中间型:

$$\mu(x)=\begin{cases}0, & x<a \\ \dfrac{x-a}{b-a}, & a\leqslant x\leqslant b \\ 1, & b\leqslant x<c \\ \dfrac{d-x}{d-c}, & c\leqslant x<d \\ 0, & d\leqslant x\end{cases} \tag{2-11}$$

偏大型:

$$\mu(x) = \begin{cases} 0, & x < a \\ \dfrac{x-a}{b-a}, & a \leqslant x \leqslant b \\ 1, & b \leqslant x \end{cases} \tag{2-12}$$

由梯形分布函数并结合各指标评价等级标准,按照模糊划分的原则可确定各指标的分级隶属度函数。采用 MATLAB R2012b 可绘制出等级隶属度函数图形,如图 2-14 所示。

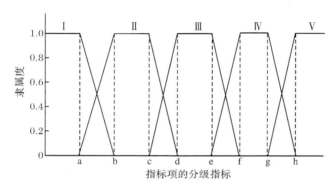

图 2-14　等级隶属度函数

2.5.2　突变级数综合评价法

突变理论首先由法国数学家 Thom 创立[51],突变级数综合评价法是突变理论中的一个重要分支,主要基于突变理论并利用落在分义集内控制变量的取值会使系统状态发生突变的性质来构建评价模型[52]。评价指标体系的构建与模糊综合评价法相似,主要是将评价对象进行多层次分解,构成树状目标层次结构,从顶层评价指标开始逐级向下分层,最终划分至可通过定量或定性分析确定的底层指标。确定评价指标体系后,再对同一层次的指标进行重要程度的对比分析,确定相互间重要程度并进行排序,将重要度较高的指标排在前,次要指标排在后。然后结合互补和非互补原则,运用归一公式对每层结构进行运算并求得各级指标的突变值,通过递阶运算最终可求得顶层指标的突变隶属度函数值[53]。具体步骤在第 1 章中有详细的说明,本章只对一些细节分析进行阐述。

1. 突变级数综合评价指标体系构建

突变级数综合评价指标体系构建主要采用层次分析法建立递阶层次结构,该层次结构与模糊综合评价法中指标体系的区别在于,突变级数综合评价法不需要准确地分配指标的权重,但是需要对每一层指标的重要程度进行排序。各指标主要度顺序可采用专家评分法进行排序,也可基于规范中对各指标权重的规定判断指标重要程度。由于模糊综合评价法中对指标体系各指标权重进行了分配,因此在突变级数综合评价法中的指标主次顺序可依据各指标的权重值进行重要程度排列。综上所述,突变级数综合评价指标体系可依据高速公路复工梁桥既有结构质量评价指标体系,如图 2-12 所示,依据重要度对每层的指标顺序进行调整,即可得到突变级数综合评价指标体系。

2. 突变级数综合评价指标数据规格化

高速公路复工梁桥既有结构质量评价底层指标既有定量指标也有定性指标,各指标等级标准的划分也不相同,有些指标评价值越大等级越高,有些指标评价值越大等级越低。对于不同的定量指标,其量纲也有区别。因此,需要对不同情况的底层指标进行原始数据规格化,即按照一定的控制标准将原始数据转化为 $[0,1]$ 内的越大越优型无量纲指标值,转化方法可见式(2-13)和式(2-14)。

对越大越优型指标:

$$y=\begin{cases} 1, & 0\leqslant x\leqslant x_{\min} \\ \dfrac{x_{\max}-x}{x_{\max}-x_{\min}}, & x_{\min}<x<x_{\max} \\ 0, & x_{\max}\leqslant x \end{cases} \tag{2-13}$$

对越小越优型指标:

$$y=\begin{cases} 1, & x\geqslant x_{\max} \\ \dfrac{x-x_{\min}}{x_{\max}-x_{\min}}, & x_{\min}<x<x_{\max} \\ 0, & 0\leqslant x\leqslant x_{\min} \end{cases} \tag{2-14}$$

3. 突变理论基本模型和归一计算

突变理论的基本模型共有七种,其中最常见的是折叠突变、尖点突变、燕尾突变和蝴蝶突变模型四种,各突变模型的势函数分别如下[54,55]。

折叠突变:

$$f(x)=x^3+ax \tag{2-15}$$

尖点突变:

$$f(x)=x^4+ax^2+bx \tag{2-16}$$

燕尾突变:

$$f(x)=x^5+ax^3+bx^2+cx \tag{2-17}$$

蝴蝶突变:

$$f(x)=x^6+ax^4+bx^3+cx^2+dx \tag{2-18}$$

根据突变理论的基本原理,对突变数学模型的势函数 $f(x)$ 求一阶导数,并令

$f'(x)=0$,即可得到临界点集合成的平衡曲面。通过对势函数 $f(x)$ 求二阶导数,并令 $f''(x)=0$,即得到奇点集。联合一阶和二阶导数方程,消去状态变量,即可得到反映状态变量和控制变量之间关系的分解形式的分歧方程。当分歧方程中的各个控制变量满足分歧点集方程时,系统就会产生突变。因此,可分别求出上述 4 种常见突变模型的分歧方程,并由分歧方程可求出各突变模型的归一公式,设 x 为系统的状态变量,a、b、c、d 为评价体系指标的控制变量,其归一公式如下。

折叠突变模型归一公式:

$$x_a=a^{1/2} \tag{2-19}$$

尖点突变模型归一公式:

$$x_a=a^{1/2}, \quad x_b=b^{1/3} \tag{2-20}$$

燕尾突变模型归一公式:

$$x_a=a^{1/2}, \quad x_b=b^{1/3}, \quad x_c=c^{1/4} \tag{2-21}$$

蝴蝶突变模型归一公式:

$$x_a=a^{1/2}, \quad x_b=b^{1/3}, \quad x_c=c^{1/4}, \quad x_d=d^{1/5} \tag{2-22}$$

4 种突变模型的示意如图 2-15 所示。

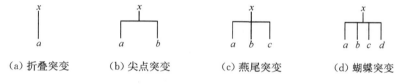

　　（a）折叠突变　　　　（b）尖点突变　　　　（c）燕尾突变　　　　（d）蝴蝶突变

图 2-15　突变模型示意

利用归一公式对底层指标进行归一运算,再根据互补与非互补原则,可求出上级指标的突变级数值,然后重复上述步骤依次对上级指标进行运算得出每层指标的突变级数值,直至顶层指标,可求得总突变级数值。

对于互补与非互补原则的定义,非互补原则指若一个系统的诸控制变量,如突变模型中 a、b、c、d 等评价指标的控制变量之间不存在明显的相互关联作用或不可互相弥补,那么在按归一公式计算系统状态变量 x 时,应从诸控制变量相应的突变级数值 x_a、x_b、x_c、x_d 中选取最小值作为状态变量的突变级数值。反之,互补原则即一个系统的诸控制变量之间存在相互关联作用或可以互相弥补,则应取控制变量对应的突变级数值如 x_a、x_b、x_c、x_d 等的平均值作为该状态变量的突变级数值。

4. 突变级数综合评价值等级确定

在常用的综合评价方法中,底层指标的隶属度是针对评价指标的评价等级而言的,隶属度决定了底层指标等级的归属。因此无论采用何种评价方法,顶层指标的综合评价值也应具有一定的等级划分标准,这样才能得出具有如Ⅰ(完好)、Ⅱ(较好)、Ⅲ(较差)、Ⅳ(差)、Ⅴ(危险)含义的评价结果。然而,突变级数综合评价法最终的评价值大小并没有绝对意义上的等级划分。由于突变评价法归一公式的特点,会造成突变评价法的综合评价值过高,而且指标的评价等级分类中各等级之间的差距一般很小,根据突变级数评价值直接对评价对象进行等级分类没有理论依据。因此,必须采用一种合理的方法,将突变级数法按归一公式计算出的评价值转化为可采用等级分类标准进行等级判定的综合评价值。

为了确定突变评价值的等级,必须确定各等级对应的综合评价值,从而根据评价值所属等级区间进行评价等级的分类。在突变级数综合评价中,底层指标及总体评价等级分类标准是可以确定的,而且底层指标和总体评价指标的等级划分标准中,各等级描述或范围基本相互对应,即当所有底层指标对应的评价值均为 x 时,从理论上分析,此时评价体系中顶层指标的综合评价值也应为 x,所以最终的评价等级应根据评价值 x 所属的等级标准来确定,从而可判断总体评价值所属的等级。基于此,可设当底层指标对应的突变级数值均取为 x_i($i=1,2,3,\cdots,n$)时,根据突变级数综合评价法基本原理和步骤进行计算,可得到其顶层指标综合评价值为 y_i($i=1,2,3,\cdots,n$)。当 n 足够多时, x_i 与 y_i 对应的关系更精确,可建立起 y_i 与 x_i 之间的对应关系表[56]。最终,由该关系表可将 y_i 值变换为对应的 x_i 值,其中, x_i 值的等级可根据底层指标的等级标准分类来确立,然后再根据对应的 x_i 值确定最终的综合评价值的等级,从而确定顶层指标的等级。

2.5.3 评价方法的改进

1. 评价方法对比分析

根据评价方法选择依据可知,目前各种评价方法都有各自的优点和不足,其原理和适用范围都不一致。若要对某个评价对象给予精确的评价,在选择评价方法时,必须根据评价对象的实际情况,判断是否与评价方法的基本原理和适用范围相匹配。

本节综合分析了多种评价方法的优缺点,并选取了模糊综合评价法和突变级数综合评价法对高速公路复工桥涵既有结构开展质量评价研究。这两种方法在其理论研究阶段已较为成熟,但将模糊数学和突变理论应用到质量评价与理论研究中,仍存在一定的差异和不足。因此,需对两种方法的不足进行分析和改进,使改进后的评价方法更加适合高速公路复工梁桥既有结构质量评价的实际需求。通过研究模糊数学和突变理论的基本原理,发现模糊综合评价法和突变级数综合评价法存在以下优缺点和互补性。

（1）模糊综合评价法中，指标权重和隶属度的确定是两个关键的问题，然而权重的确定和隶属度函数的选择都具有较强的主观性。权重的分配如果采用相关规范中规定的权重，往往与评价对象的实际情况有所差异，而采用专家评分法进行确定，则需要收集大量专家评分样本。由于专家对评价对象的熟悉度和侧重点不同，专家对权重分配的可信度也需要分析判断。模糊数学中的隶属度函数运用到模糊综合评价中，并没有明确的选择依据。目前，模糊综合评价法的研究中，主要依据评价指标等级的变化规律和评价者的经验来选用几种常用的隶属度函数。因此，隶属度函数的选择同样具有较强的主观性。

根据突变理论可知，突变级数综合评价法在对各指标进行归一运算前只需确定各指标的重要度顺序，并不需要对各指标分配精确的权重值。因此，基于突变理论的评价方法与模糊综合评价法相比，对权重的依赖性较小，从而可减小因权重分配的主观性过大而造成的误差。同时，突变级数综合评价法指标评价值的确定有明确的归一公式和计算模型，也可减小模糊综合评价中因隶属度函数选择的主观性过大造成的误差，从而使评价结果更准确。

（2）突变评价值等级的确定是突变级数综合评价法的关键问题。由突变理论可知，按照突变评价法所规定的计算模型和归一公式，最终得出的只是评价对象的突变值。而该突变值并不能准确地判断其所属的评价等级。虽然针对该问题，施玉群等提出了将突变值变成评价值的方法，该方法可克服原方法中得分值均很高而差别过小的缺陷，但是转换后评价值的等级划分依然没有明确的标准。对于底层指标等级划分标准差异较大的情况，评价结果也会存在较大的误差。然而，模糊综合评价法可根据隶属度确定评价等级，解决突变评价值无法确定评价等级以及变换后评价等级分类主观性过大的问题。

综上所述，根据模糊数学和突变理论的优缺点，若将两种方法进行互补，可解决权重分配、隶属度函数选择以及突变值等级划分的主观性过大造成评价结果不准确的问题，因此可将上述两种方法进行结合并改进。

2. 基于突变理论的模糊综合评价法

基于模糊综合评价法和突变级数综合评价法的互补性，结合两种方法的优势，可得出基于突变理论的模糊综合评价法。具体步骤如下。

（1）评价指标体系构建。由于本节的三种评价方法所评价的对象相同，在指标权重的确定上主要采用突变级数综合评价法，因此该步骤可参照突变级数综合评价法中评价指标体系构建方法和原理。

（2）底层指标数据规格化。该步骤主要利用模糊综合评价法隶属度函数求出底层指标数据的等级隶属度。

（3）归一运算。利用突变理论中归一公式计算每层指标的突变值，再根据互补性和非互补性原则,最终计算出评价对象的评价值,该评价值为评价等级的隶属度。

（4）确定评价等级。根据得出的各级指标的隶属度函数值和总突变隶属度函数值,对评价对象进行综合分析和评价。

2.5.4 实例分析

1. 工程概况

某高速公路复工项目梁桥众多,各梁桥由于停工状态不同,复工前既有结构的施工进度和薄弱部位也不一样。通过总结分析该项目各梁桥结构,发现其中某大桥复工前既有结构不仅具有大部分梁桥共同存在的问题,而且本身也有具有特殊性,因此选择该大桥进行既有结构质量评价。

该桥位跨越两座隧道所处两山之间的峡谷,由于两座隧道均采用分离式隧道,故该分离立交服从路线也需要采用左右幅分离断面形式。大桥跨越连接某两乡之间 4m 宽的水泥路面和路旁的浆砌片石排水沟。桥区位于丘陵与丘间盆地接壤地带,两端桥台均位于山坡之上,桥位区无滑坡及坍塌等不良地质现象,自然边坡稳定。桥间坡下地形平坦,主要为稻田和居住区。

大桥左、右线桥梁中心桩号分别为 ZK10＋154、YK10＋168,上部构造均采用一联 7～30m 预应力混凝土先简支后连续 T 梁,两桥台处各设一道 160 型伸缩缝;桥梁下部构造为双柱式桥墩,柱径 1.8m,桩径 2.0m;两桥台均采用 2 根 Φ1.5m 桩径的柱式桥台,全桥长 218.12m。

根据现场地质调绘及钻探,揭露到桥区范围内地层结构从上至下依次为:种植土、卵石土、碎石土、强风化泥岩、溶洞、弱风化泥灰岩。桥区位于丘陵与丘陵间盆地接壤地带,地形起伏较大。基岩为弱风化泥灰岩,岩性相对简单,仅在右幅 ZK8 揭露一小型全填充溶洞,深 1.5m。区域内地质构造以侵蚀作用为主,水质纯净,对混凝土无腐蚀性,桥区场地基本稳定,工程地质条件属简单类型。根据钻探地质资料,本桥基础设计均按嵌岩桩基础设计,以弱风化泥灰岩为持力层。

目前,该桥梁上部结构 T 梁尚未施工,下部结构桩基础施工 32 根,全部施工完成:左线桩顶系梁施工完成 6 个,全部施工完成;立柱施工 10 个,其中 4 个施工完成,其余 6 个均施工至柱间系梁上不同高度;柱间系梁施工完成 3 个;0♯桥台台帽施工完成;右线桩顶系梁施工完成 5 个;立柱施工 8 个,其中 2 个施工完成,其余 6 个均施工至柱间系梁上不同高度;柱间系梁施工完成 3 个;0♯桥台台帽施工完成;其余构件均未施工。该桥复工前现场情况如图 2-16～图 2-19 所示。

图 2-16　预留钢筋锈蚀

图 2-17　桩基预留钢筋部分丢失

图 2-18　未建盖梁桥墩

图 2-19　桥墩新旧结构结合部位

2. 模糊综合评价

1) 指标体系权重确立

模糊综合评价法权重的确定主要根据层次分析法指标权重确定方法和高速公路复工梁桥既有结构质量评价体系。通过 1~9 标度法专家评分,建立不同层级判断矩阵求出各评价指标权重,再对各权重进行一致性分析,确定指标体系权重分配。最后,再通过变权原理,对指标权重进行修正,将获得的常权和变权指标权重进行对比分析。本节权重确定结果见表 2-26。

表 2-26 停工复建高速公路梁桥既有结构质量评价指标权重分配表

整体	一级	权重	二级	权重	三级	权重	四级	权重	五级	权重
	A	0.42 (0.37)	A1	0.33 (0.32)	A1.1	1(1)				
			A2	0.67 (0.68)	A2.1	0.5 (0.48)				
					A2.2	0.5 (0.52)	A2.2.1	0.67 (0.72)	A2.2.1.1	0.53(0.45)
									A2.2.1.2	0.33(0.46)
									A2.2.1.3	0.14(0.09)
							A2.2.2	0.33 (0.28)	A2.2.2.1	0.59(0.62)
									A2.2.2.2	0.25(0.24)
									A2.2.2.3	0.16(0.14)
U	B	0.23 (0.23)	B1	0.33 (0.33)	B1.1	0.5 (0.5)	B1.1.1	0.35 (0.41)	B1.1.1.1	0.5(0.4)
									B1.1.1.2	0.5(0.6)
							B1.1.2	0.35 (0.31)	B1.1.2.1	0.59(0.64)
									B1.1.2.2	0.25(0.21)
									B1.1.2.3	0.16(0.15)
							B1.1.3	0.19 (0.19)	B1.1.3.1	0.5(0.61)
									B1.1.3.2	0.5(0.39)
							B1.1.4	0.11 (0.09)	B1.1.4.1	0.53(0.53)
									B1.1.4.2	0.33(0.32)
									B1.1.4.3	0.14(0.15)
					B1.2	0.25 (0.25)	B1.2.1	0.35 (0.40)	B1.2.1.1	0.5(0.5)
									B1.2.1.2	0.5(0.5)
							B1.2.2	0.35 (0.30)	B1.2.2.1	0.59(0.64)
									B1.2.2.2	0.25(0.21)
									B1.2.2.3	0.16(0.15)
							B1.2.3	0.19 (0.20)	B1.2.3.1	0.5(0.53)
									B1.2.3.2	0.5(0.47)
							B1.2.4	0.11 (0.10)	B1.2.4.1	0.53(0.54)
									B1.2.4.2	0.33(0.31)
									B1.2.4.3	0.14(0.15)

整体	一级	权重	二级	权重	三级	权重	四级	权重	五级	权重
							B1.3.1	0.35 (0.41)	B1.3.1.1	0.5(0.5)
									B1.3.1.2	0.5(0.5)
							B1.3.2	0.35 (0.30)	B1.3.2.1	0.59(0.64)
									B1.3.2.2	0.25(0.21)
					B1.3	0.25 (0.25)			B1.3.2.3	0.16(0.15)
							B1.3.3	0.19 (0.20)	B1.3.3.1	0.5(0.55)
									B1.3.3.2	0.5(0.45)
							B1.3.4	0.11 (0.09)	B1.3.4.1	0.53(0.52)
									B1.3.4.2	0.33(0.33)
									B1.3.4.3	0.14(0.15)
							B2.1.1	0.67 (0.70)	B2.1.1.1	0.54(0.40)
									B2.1.1.2	0.33(0.50)
					B2.1	0.63 (0.63)			B2.1.1.3	0.14(0.09)
							B2.1.2	0.33 (0.30)	B2.1.2.1	0.59(0.63)
									B2.1.2.2	0.25(0.23)
									B2.1.2.3	0.16(0.14)
							B2.2.1	0.35 (0.41)	B2.2.1.1	0.5(0.4)
									B2.2.1.2	0.5(0.6)
							B2.2.2	0.35 (0.31)	B2.2.2.1	0.59(0.64)
	B2	0.67 (0.67)	B2.2	0.24 (0.24)	B2.2	0.24 (0.24)			B2.2.2.2	0.25(0.21)
									B2.2.2.3	0.16(0.15)
							B2.2.3	0.19 (0.19)	B2.2.3.1	0.5(0.61)
									B2.2.3.2	0.5(0.39)
							B2.2.4	0.11 (0.09)	B2.2.4.1	0.53(0.53)
									B2.2.4.2	0.33(0.32)
									B2.2.4.3	0.14(0.15)
							B2.3.1	0.35 (0.41)	B2.3.1.1	0.5(0.5)
					B2.3	0.14 (0.14)			B2.3.1.2	0.5(0.5)
							B2.3.2	0.35 (0.30)	B2.3.2.1	0.59(0.64)
									B2.3.2.2	0.25(0.21)
									B2.3.2.3	0.16(0.15)

整体	一级	权重	二级	权重	三级	权重	四级	权重	五级	权重
							B2.3.3	0.19 (0.20)	B2.3.3.1	0.5(0.55)
									B2.3.3.2	0.5(0.45)
							B2.3.4	0.11 (0.09)	B2.3.4.1	0.53(0.52)
									B2.3.4.2	0.33(0.33)
									B2.3.4.3	0.14(0.15)
C	0.23 (0.24)				C1.1	0.5 (0.53)	C1.1.1	0.35 (0.40)	C1.1.1.1	0.5(0.54)
									C1.1.1.2	0.5(0.46)
							C1.1.2	0.35 (0.29)	C1.1.2.1	0.59(0.64)
									C1.1.2.2	0.25(0.21)
									C1.1.2.3	0.16(0.15)
							C1.1.3	0.19 (0.20)	C1.1.3.1	0.5(0.5)
									C1.1.3.2	0.5(0.5)
							C1.1.4	0.11 (0.11)	C1.1.4.1	0.53(0.44)
									C1.1.4.2	0.33(0.35)
									C1.1.4.3	0.14(0.21)
					C2.1	0.5 (0.47)	C2.1.1	0.35 (0.38)	C2.1.1.1	0.5(0.45)
									C2.1.1.2	0.5(0.55)
							C2.1.2	0.35 (0.31)	C2.1.2.1	0.59(0.64)
									C2.1.2.2	0.25(0.21)
									C2.1.2.3	0.16(0.15)
							C2.1.3	0.19 (0.19)	C2.1.3.1	0.5(0.59)
									C2.1.3.2	0.5(0.41)
							C2.1.4	0.11 (0.12)	C2.1.4.1	0.53(0.44)
									C2.1.4.2	0.33(0.35)
									C2.1.4.3	0.14(0.21)
D	0.12 (0.16)						D1.1.1	0.42 (0.48)	D1.1.1.1	0.33(0.38)
									D1.1.1.2	0.67(0.62)
							D1.1.2	0.23 (0.23)	D1.1.2.1	0.5(0.45)
									D1.1.2.2	0.5(0.55)
							D1.1.3	0.23 (0.17)	D1.1.3.1	0.59(0.62)
									D1.1.3.2	0.25(0.22)
									D1.1.3.3	0.16(0.16)

续表

整体	一级	权重	二级	权重	三级	权重	四级	权重	五级	权重
							D1.1.4	0.12 (0.12)	D1.1.4.1	0.53(0.5)
									D1.1.4.2	0.33(0.31)
									D1.1.4.3	0.14(0.19)

注:表中括号外为采用1~9标度法所得的常权权重值,括号内为采用变权原理得出的变权权重值。

2)底层指标隶属度确定

根据停工复建高速公路梁桥既有结构质量评价指标体系,底层评价指标主要分为定量指标和定性指标。首先对定量指标和定性指标分别进行试验、检测和评分,然后再根据各指标评价等级标准(见 2.4 节评价指标等级分类标准),运用梯形分布函数和 MATLAB 2012b 软件计算各底层指标的隶属度,各底层指标具体试验、检测数据、评分值以及隶属度见表 2-27。

表 2-27 底层指标数据和隶属度

序号	底层指标	数据(均值)	I	II	III	IV	V
A1.1	已建立柱桩基桩检情况	92	0	1	0	0	0
A2.1	未建立柱桩基桩检情况	91	0	1	0	0	0
A2.2.1.1	桩基结合面预留钢筋长度/mm	149.8	0	0	0.675	0.325	0
A2.2.1.2	桩基结合面预留钢筋重量偏差/%	7.28	0	0	0	0	1
A2.2.1.3	桩基结合面预留钢筋强度/%	>100	1	0	0	0	0
A2.2.2.1	桩基结合面混凝土氯离子含量/%	0.13	0	0	1	0	0
A2.2.2.2	桩基结合面混凝土碳化	0.33	0	0.7	0.3	0	0
A2.2.2.3	桩基结合面混凝土强度	91	0	1	0	0	0
B1.1.1.1	立柱钢筋间距偏差/mm	10	0	0	1	0	0
B1.1.1.2	立柱钢筋直径偏差/mm	0.8	0	0	0	0.333	0.667
B1.1.2.1	立柱混凝土氯离子含量/%	0.12	0	0	1	0	0
B1.1.2.2	立柱混凝土碳化	0.11	0.9	0.1	0	0	0
B1.1.2.3	立柱混凝土强度	92	0	1	0	0	0
B1.1.3.1	立柱尺寸偏差/mm	18	0	0	0	0.667	0.333
B1.1.3.2	立柱竖直度偏差/%	0.09	0	1	0	0	0
B1.1.4.1	立柱裂缝	91	0	1	0	0	0
B1.1.4.2	立柱混凝土剥落、露筋	93	0.25	0.75	0	0	0
B1.1.4.3	立柱表面蜂窝麻面	85	0	0.5	0.75	0	0
B1.2.1.1	盖梁钢筋间距偏差/mm	9	0	0	0	1	0

序号	底层指标	数据（均值）	I	II	III	IV	V
B1.2.1.2	盖梁钢筋直径偏差/mm	0.6	0	0	0	1	0
B1.2.2.1	盖梁混凝土氯离子含量/%	0.14	0	0	1	0	0
B1.2.2.2	盖梁混凝土碳化	0.12	0.8	0.2	0	0	0
B1.2.2.3	盖梁混凝土强度	92	0	1	0	0	0
B1.2.3.1	盖梁尺寸偏差/mm	21	0	0	0	1	0
B1.2.3.2	盖梁顶面高程偏差/mm	7	0	0	0.5	0.5	0
B1.2.4.1	盖梁裂缝	85	0	0.25	0.75	0	0
B1.2.4.2	盖梁混凝土剥落、露筋	90	0	1	0	0	0
B1.2.4.3	盖梁表面蜂窝麻面	83	0	0	1	0	0
B1.3.1.1	系梁钢筋间距偏差/mm	10	0	0	0	1	0
B1.3.1.2	系梁钢筋直径偏差/mm	0.6	0	0	0	1	0
B1.3.2.1	系梁混凝土氯离子含量/%	0.14	0	0	1	0	0
B1.3.2.2	系梁混凝土碳化	0.12	0.8	0.2	0	0	0
B1.3.2.3	系梁混凝土强度	93	0	1	0	0	0
B1.3.3.1	系梁尺寸偏差/mm	20	0	0	0	1	0
B1.3.3.2	系梁顶面高程偏差/mm	6	0	0	1	0	0
B1.3.4.1	系梁裂缝	90	0	1	0	0	0
B1.3.4.2	系梁混凝土剥落、露筋	90	0	1	0	0	0
B1.3.4.3	系梁表面蜂窝麻面	85	0	0.25	0.75	0	0
B2.1.1.1	立柱结合面预留钢筋长度/mm	300	0	0.9	0.1	0	0
B2.1.1.2	立柱结合面预留钢筋重量偏差/%	7.18	0	0	0	0	1
B2.1.1.3	立柱结合面预留钢筋强度/%	>100	1	0	0	0	0
B2.1.2.1	立柱结合面混凝土氯离子含量/%	0.12	0	0	1	0	0
B2.1.2.2	立柱结合面混凝土碳化	0.3	0	1	0	0	0
B2.1.2.3	立柱结合面混凝土强度	91	0	1	0	0	0
B2.2.1.1	立柱钢筋间距偏差/mm	10	0	0	1	0	0
B2.2.1.2	立柱钢筋直径偏差/mm	0.8	0	0	0	0.333	0.667
B2.2.2.1	立柱混凝土氯离子含量/%	0.12	0	0	1	0	0
B2.2.2.2	立柱混凝土碳化	0.11	0.9	0.1	0	0	0
B2.2.2.3	立柱混凝土强度	92	0	1	0	0	0
B2.2.3.1	立柱尺寸偏差/mm	18	0	0	0	0.667	0.333
B2.2.3.2	立柱竖直度/%	0.09	0	1	0	0	0

续表

序号	底层指标	数据（均值）	I	II	III	IV	V
B2.2.4.1	立柱裂缝	91	0	1	0	0	0
B2.2.4.2	立柱剥落、露筋	93	0.25	0.75	0	0	0
B2.2.4.3	立柱蜂窝麻面	85	0	0.5	0.75	0	0
B2.3.1.1	系梁钢筋间距/mm	10	0	0	0	1	0
B2.3.1.2	系梁钢筋直径/mm	0.6	0	0	0	1	0
B2.3.2.1	系梁混凝土氯离子含量/%	0.14	0	0	1	0	0
B2.3.2.2	系梁混凝土碳化	0.12	0.8	0.2	0	0	0
B2.3.2.3	系梁混凝土强度	93	0	1	0	0	0
B2.3.3.1	系梁尺寸偏差/mm	20	0	0	0	1	0
B2.3.3.2	系梁顶面高程/mm	6	0	0	1	0	0
B2.3.4.1	系梁裂缝	90	0	1	0	0	0
B2.3.4.2	系梁混凝土剥落、露筋	90	0	1	0	0	0
B2.3.4.3	系梁表面蜂窝麻面	85	0	0.25	0.75	0	0
C1.1.1.1	台帽钢筋间距偏差/mm	11	0	0	0	0.5	0.5
C1.1.1.2	台帽钢筋直径偏差/mm	0.6	0	0	0	1	0
C1.1.2.1	台帽混凝土氯离子含量/%	0.15	0	0	1	0	0
C1.1.2.2	台帽混凝土碳化	0.34	0	0.6	0.4	0	0
C1.1.2.3	台帽混凝土强度	91	0.25	0.75	0	0	0
C1.1.3.1	台帽尺寸偏差/mm	21	0	0	0	1	0
C1.1.3.2	台帽顶面高程偏差/mm	8	0	0	0	1	0
C1.1.4.1	台帽裂缝	85	0	0.25	0.75	0	0
C1.1.4.2	台帽混凝土剥落、露筋	75	0	0	0	1	0
C1.1.4.3	台帽表面蜂窝麻面	65	0	0	0	0	1
C2.1.1.1	台身钢筋间距偏差/mm	12	0	0	1	0	0
C2.1.1.2	台身钢筋直径偏差/mm	0.7	0	0	0	1	0
C2.1.2.1	台身混凝土氯离子含量/%	0.12	0	0	1	0	0
C2.1.2.2	台身混凝土碳化	0.12	0.8	0.2	0	0	0
C2.1.2.3	台身混凝土强度	92	0	1	0	0	0
C2.1.3.1	台身尺寸偏差/mm	21	0	0	0	1	0
C2.1.3.2	台身竖直度偏差/%	0.08	0	1	0	0	0
C2.1.4.1	台身裂缝	80	0	0	1	0	0
C2.1.4.2	台身混凝土剥落、露筋	72	0	0	0	1	0

续表

序号	底层指标	数据(均值)	Ⅰ	Ⅱ	Ⅲ	Ⅳ	Ⅴ
C2.1.4.3	台身表面蜂窝麻面	65	0	0	0	0	1
D1.1.1.1	支座垫石尺寸偏差/mm	7	0	0	0	0	1
D1.1.1.2	支座垫石轴线偏位/mm	5.8	0	0	0	0.5	0.5
D1.1.2.1	支座垫石钢筋间距偏差/mm	10	0	0	0	1	0
D1.1.2.2	支座垫石钢筋直径偏差/mm	0.8	0	0	0	0.333	0.667
D1.1.3.1	支座垫石混凝土氯离子含量/%	0.12	0	0	1	0	0
D1.1.3.2	支座垫石混凝土碳化	0.3	0	1	0	0	0
D1.1.3.3	支座垫石混凝土强度	85	0	0.25	0.75	0	0
D1.1.4.1	支座垫石裂缝	75	0	0	0	1	0
D1.1.4.2	支座垫石混凝土剥落、露筋	70	0	0	0	1	0
D1.1.4.3	支座垫石表面蜂窝麻面	65	0	0	0	0	1

3) 模糊综合计算

指标权重和底层指标隶属度确定后,可根据式(2-8)~式(2-11)从底层指标对上层指标进行逐级加权平均计算,最终得出高速公路复工梁桥既有结构的质量评价结果,各层次指标模糊评价结果见表2-28~表2-70。

表 2-28　桩基结合面预留钢筋性能模糊综合评价结果

权重 ω_i	桩基结合面预留钢筋性能	实测值(均值)	模糊化结果	模糊评价结果
0.53	A2.2.1.1	149.8mm	(0,0,0.675,0.325,0)	
0.33	A2.2.1.2	7.28%	(0,0,0,0,1)	(0.14,0,0.356,0.172,0.333)
0.14	A2.2.1.3	100%	(1,0,0,0,0)	

表 2-29　桩基结合面混凝土性能模糊综合评价结果

权重 ω_i	桩基结合面混凝土性能	实测值(均值)	模糊化结果	模糊评价结果
0.59	A2.2.2.1	0.13%	(0,1,0,0,0)	
0.25	A2.2.2.2	0.33	(0,0.7,0.3,0,0)	(0,0,0.332,0.668,0)
0.16	A2.2.2.3	91	(0,1,0,0,0)	

表 2-30　桩基新旧结构结合面模糊综合评价结果

权重 ω_i	桩基新旧结构结合面	实测值（均值）	模糊化结果	模糊评价结果
0.67	A2.2.1	—	(0.14,0,0.356,0.172,0.333)	(0.093,0.111,0.46,0.114,0.222)
0.33	A2.2.2	—	(0,0,0.332,0.668,0)	

表 2-31　未建立柱桩基模糊综合评价结果

权重 ω_i	未建立柱桩基	实测值（均值）	模糊化结果	模糊评价结果
0.5	A2.1	—	(0,1,0,0,0)	(0.047,0.555,0.23,0.057,0.111)
0.5	A2.2	—	(0.093,0.111,0.46,0.114,0.222)	

表 2-32　桩基模糊综合评价结果

权重 ω_i	桩基	实测值（均值）	模糊化结果	模糊评价结果
0.33	A1	—	(0,1,0,0,0)	(0.031,0.703,0.153,0.038,0.074)
0.67	A2	—	(0.047,0.555,0.23,0.057,0.111)	

表 2-33　立柱钢筋性能模糊综合评价结果

权重 ω_i	立柱钢筋性能	实测值（均值）	模糊化结果	模糊评价结果
0.5	B1.1.1.1	10mm	(0,0,1,0,0)	(0,0,0.5,0.167,0.333)
0.5	B1.1.1.2	0.8mm	(0,0,0,0.333,0.667)	

表 2-34　立柱混凝土性能模糊综合评价结果

权重 ω_i	立柱混凝土性能	实测值（均值）	模糊化结果	模糊评价结果
0.59	B1.1.2.1	0.12%	(0,0,1,0,0)	
0.25	B1.1.2.2	0.11	(0.9,0.1,0,0,0)	(0.224,0.182,0.594,0,0)
0.16	B1.1.2.3	92	(0,1,0,0,0)	

表 2-35　立柱几何偏差模糊综合评价结果

权重 ω_i	立柱几何偏差	实测值（均值）	模糊化结果	模糊评价结果
0.5	B1.1.3.1	18mm	(0,0,0,0.667,0.333)	(0,0.5,0,0.333,0.167)
0.5	B1.1.3.2	0.09%	(0,1,0,0,0)	

表 2-36　立柱表观缺损模糊综合评价结果

权重 ω_i	立柱表观缺损	实测值（均值）	模糊化结果	模糊评价结果
0.53	B1.1.4.1	91	(0,1,0,0,0)	
0.33	B1.1.4.2	93	(0.25,0.75,0,0,0)	(0.083,0.812,0.105,0,0)
0.14	B1.1.4.3	85	(0,0.25,0.75,0,0)	

表 2-37　立柱模糊综合评价结果

权重 ω_i	立柱	实测值（均值）	模糊化结果	模糊评价结果
0.35	B1.1.1	—	(0,0,0.5,0.167,0.333)	
0.35	B1.1.2	—	(0.224,0.182,0.594,0,0)	(0.088,0.247,0.395,
0.19	B1.1.3	—	(0,0.5,0,0.333,0.167)	0.122,0.148)
0.11	B1.1.4	—	(0.083,0.812,0.105,0,0)	

表 2-38　盖梁钢筋性能模糊综合评价结果

权重 ω_i	盖梁钢筋性能	实测值（均值）	模糊化结果	模糊评价结果
0.5	B1.2.1.1	9mm	(0,0,0,1,0)	(0,0,0,1,0)
0.5	B1.2.1.2	0.6mm	(0,0,0,1,0)	

表 2-39　盖梁混凝土性能模糊综合评价结果

权重 ω_i	盖梁混凝土性能	实测值（均值）	模糊化结果	模糊评价结果
0.59	B1.2.2.1	0.14%	(0,0,1,0,0)	
0.25	B1.2.2.2	0.12	(0.8,0.2,0,0,0)	(0.199,0.207,0.594,0,0)
0.16	B1.2.2.3	92	(0,1,0,0,0)	

表 2-40　盖梁几何偏差模糊综合评价结果

权重 ω_i	盖梁几何偏差	实测值（均值）	模糊化结果	模糊评价结果
0.5	B1.2.3.1	21mm	(0,0,0,1,0)	(0,0,0.25,0.75,0)
0.5	B1.2.3.2	7mm	(0,0,0.5,0.5,0)	

表 2-41　盖梁表观缺损模糊综合评价结果

权重 ω_i	盖梁表观缺损	实测值（均值）	模糊化结果	模糊评价结果
0.53	B1.2.4.1	85	(0,0.25,0.75,0,0)	
0.33	B1.2.4.2	90	(0,1,0,0,0)	(0,0.464,0.535,0,0)
0.14	B1.2.4.3	83	(0,0,1,0,0)	

表 2-42　盖梁模糊综合评价结果

权重 ω_i	盖梁	实测值（均值）	模糊化结果	模糊评价结果
0.35	B1.2.1	—	(0,0,0,1,0)	
0.35	B1.2.2	—	(0.199,0.207,0.594,0,0)	(0.07,0.123,0.314,0.493,0)
0.19	B1.2.3	—	(0,0,0.25,0.75,0)	
0.11	B1.2.4	—	(0,0.464,0.535,0,0)	

表 2-43　系梁钢筋性能模糊综合评价结果

权重 ω_i	系梁钢筋性能	实测值（均值）	模糊化结果	模糊评价结果
0.5	B1.3.1.1	10mm	(0,0,0,1,0)	(0,0,0,1,0)
0.5	B1.3.1.2	0.6mm	(0,0,0,1,0)	

表 2-44　系梁混凝土性能模糊综合评价结果

权重 ω_i	系梁混凝土性能	实测值（均值）	模糊化结果	模糊评价结果
0.59	B1.3.2.1	0.14%	(0,0,1,0,0)	
0.25	B1.3.2.2	0.12	(0.8,0.2,0,0,0)	(0.199,0.207,0.594,0,0)
0.16	B1.3.2.3	93	(0,1,0,0,0)	

表 2-45　系梁几何偏差模糊综合评价结果

权重 ω_i	系梁几何偏差	实测值（均值）	模糊化结果	模糊评价结果
0.5	B1.3.3.1	20mm	(0,0,0,1,0)	(0,0,0.5,0.5,0)
0.5	B1.3.3.2	6mm	(0,0,1,0,0)	

表 2-46　系梁表观缺损模糊综合评价结果

权重 ω_i	系梁表观缺损	实测值（均值）	模糊化结果	模糊评价结果
0.53	B1.3.4.1	90	(0,1,0,0,0)	
0.33	B1.3.4.2	90	(0,1,0,0,0)	(0,0.895,0.105,0,0)
0.14	B1.3.4.3	85	(0,0.25,0.75,0,0)	

表 2-47　系梁模糊综合评价结果

权重 ω_i	系梁	实测值（均值）	模糊化结果	模糊评价结果
0.35	B1.3.1	—	(0,0,0,1,0)	
0.35	B1.3.2	—	(0.199,0.207,0.594,0,0)	(0.07,0.17,0.314,0.445,0)
0.19	B1.3.3	—	(0,0,0.5,0.5,0)	
0.11	B1.3.4	—	(0,0.895,0.105,0,0)	

表 2-48　已建盖梁桥墩模糊综合评价结果

权重 ω_i	已建盖梁桥墩	实测值（均值）	模糊化结果	模糊评价结果
0.5	B1.1	90	(0.088,0.247,0.395,0.122,0.148)	(0.079,0.197,0.355,0.295,0.074)
0.25	B1.2	90	(0.07,0.123,0.314,0.493,0)	
0.25	B1.3	85	(0.07,0.17,0.314,0.445,0)	

表 2-49　立柱结合面预留钢筋性能模糊综合评价结果

权重 ω_i	立柱结合面预留钢筋性能	实测值（均值）	模糊化结果	模糊评价结果
0.53	B2.1.1.1	300mm	(0,0,0.9,0.1,0,0)	
0.33	B2.1.1.2	7.18%	(0,0,0,0,1)	(0.14,0.475,0.053,0,0.333)
0.14	B2.1.1.3	100%	(1,0,0,0,0)	

表 2-50　立柱结合面混凝土性能模糊综合评价结果

权重 ω_i	立柱结合面混凝土性能	实测值（均值）	模糊化结果	模糊评价结果
0.59	B2.1.2.1	0.12%	(0,0,1,0,0)	
0.25	B2.1.2.2	0.3	(0,1,0,0,0)	(0,0.406,0.594,0,0)
0.16	B2.1.2.3	91	(0,1,0,0,0)	

表 2-51　立柱新旧结构结合面模糊综合评价结果

权重 ω_i	立柱新旧结构结合面	实测值（均值）	模糊化结果	模糊评价结果
0.67	B2.1.1	—	(0.14,0.475,0.053,0,0.333)	(0.093,0.452,0.233,0,0.222)
0.33	B2.1.2	—	(0,0.406,0.594,0,0)	

表 2-52　未建盖梁桥墩模糊综合评价结果

权重 ω_i	未建盖梁桥墩	实测值（均值）	模糊化结果	模糊评价结果
0.63	B2.1	—	(0.093,0.452,0.233,0,0.222)	
0.24	B2.2	—	(0.088,0.247,0.395,0.122,0.148)	(0.089,0.365,0.283,0.09,0.174)
0.14	B2.3	—	(0.07,0.17,0.314,0.445,0)	

表 2-53　桥墩模糊综合评价结果

权重 ω_i	桥墩	实测值（均值）	模糊化结果	模糊评价结果
0.33	B1	—	(0.079,0.197,0.355,0.295,0.074)	
0.67	B2	—	(0.089,0.365,0.283,0.09,0.174)	(0.085,0.309,0.307,0.158,0.141)

表 2-54　台帽钢筋性能模糊综合评价结果

权重 ω_i	台帽钢筋性能	实测值（均值）	模糊化结果	模糊评价结果
0.5	C1.1.1.1	11mm	(0,0,0,0.5,0.5)	(0,0,0,0.75,0.25)
0.5	C1.1.1.2	0.6mm	(0,0,0,1,0)	

表 2-55　台帽混凝土性能模糊综合评价结果

权重 ω_i	台帽混凝土性能	实测值（均值）	模糊化结果	模糊评价结果
0.59	C1.1.2.1	0.15%	(0,0,1,0,0)	
0.25	C1.1.2.2	0.34	(0,0.6,0.4,0,0)	(0.039,0.267,0.693,0,0)
0.16	C1.1.2.3	91	(0.25,0.75,0,0,0)	

表 2-56　台帽几何偏差模糊综合评价结果

权重 ω_i	台帽几何偏差	实测值（均值）	模糊化结果	模糊评价结果
0.5	C1.1.3.1	21mm	(0,0,0,1,0)	
0.5	C1.1.3.2	8mm	(0,0,0,1,0)	(0,0,0,1,0)

表 2-57　台帽表观缺损模糊综合评价结果

权重 ω_i	台帽表观缺损	实测值（均值）	模糊化结果	模糊评价结果
0.53	C1.1.4.1	85	(0,0.25,0.75,0,0)	
0.33	C1.1.4.2	75	(0,0,0,1,0)	(0,0.132,0.396,0.333,0.140)
0.14	C1.1.4.3	65	(0,0,0,0,1)	

表 2-58　台帽模糊综合评价结果

权重 ω_i	台帽	实测值（均值）	模糊化结果	模糊评价结果
0.35	C1.1.1	—	(0,0,0,0.75,0.25)	
0.35	C1.1.2	—	(0.039,0.267,0.693,0,0)	(0.014,0.108,0.286,0.489,0.103)
0.19	C1.1.3	—	(0,0,0,1,0)	
0.11	C1.1.4	—	(0,0.132,0.396,0.333,0.140)	

表 2-59　台身钢筋性能模糊综合评价结果

权重 ω_i	台身钢筋性能	实测值（均值）	模糊化结果	模糊评价结果
0.5	C2.1.1.1	12mm	(0,0,1,0,0)	
0.5	C2.1.1.2	0.7mm	(0,0,0,1,0)	(0,0,0.5,0.5,0)

表 2-60 台身混凝土性能模糊综合评价结果

权重 ω_i	台身混凝土性能	实测值 （均值）	模糊化结果	模糊评价结果
0.59	C2.1.2.1	0.12%	(0,0,1,0,0)	
0.25	C2.1.2.2	0.12	(0.8,0.2,0,0,0)	(0.199,0.207,0.594,0,0)
0.16	C2.1.2.3	92	(0,1,0,0,0)	

表 2-61 台身几何偏差模糊综合评价结果

权重 ω_i	台身几何偏差	实测值 （均值）	模糊化结果	模糊评价结果
0.5	C2.1.3.1	21mm	(0,0,0,1,0)	(0,0.5,0,0.5,0)
0.5	C2.1.3.2	0.08%	(0,1,0,0,0)	

表 2-62 台身表观缺损模糊综合评价结果

权重 ω_i	台身表观缺损	实测值 （均值）	模糊化结果	模糊评价结果
0.53	C2.1.4.1	80	(0,0,1,0,0)	
0.33	C2.1.4.2	72	(0,0,0,1,0)	(0,0,0.528,0.333,0.140)
0.14	C2.1.4.3	65	(0,0,0,0,1)	

表 2-63 台身模糊综合评价结果

权重 ω_i	台身	实测值 （均值）	模糊化结果	模糊评价结果
0.35	C1.1.1	—	(0,0,0.5,0.5,0)	
0.35	C1.1.2	—	(0.199,0.207,0.594,0,0)	(0.07,0.167,0.441,
0.19	C1.1.3	—	(0,0.5,0,0.5,0)	0.306,0.015)
0.11	C1.1.4	—	(0,0,0.528,0.333,0.140)	

表 2-64 桥台几何偏差模糊综合评价结果

权重 ω_i	桥台	实测值 （均值）	模糊化结果	模糊评价结果
0.5	C1.1	—	(0.014,0.108,0.286, 0.489,0.103)	(0.042,0.138,0.364, 0.397,0.059)
0.5	C2.1	—	(0.07,0.167,0.441, 0.306,0.015)	

表 2-65　支座垫石几何偏差模糊综合评价结果

权重 ω_i	支座垫石几何偏差	实测值（均值）	模糊化结果	模糊评价结果
0.33	D1.1.1.1	6mm	(0,0,0,0,1)	(0,0,0,0.333,0.667)
0.67	D1.1.1.2	5.8mm	(0,0,0,0.5,0.5)	

表 2-66　支座垫石钢筋性能模糊综合评价结果

权重 ω_i	支座垫石钢筋性能	实测值（均值）	模糊化结果	模糊评价结果
0.5	D1.1.2.1	10mm	(0,0,0,1,0)	(0,0,0,0.667,0.333)
0.5	D1.1.2.2	0.8mm	(0,0,0,0.333,0.667)	

表 2-67　支座垫石混凝土性能模糊综合评价结果

权重 ω_i	支座垫石混凝土性能	实测值（均值）	模糊化结果	模糊评价结果
0.59	D1.1.3.1	0.12%	(0,0,1,0,0)	(0,0.289,0.711,0,0)
0.25	D1.1.3.2	0.3	(0,1,0,0,0)	
0.16	D1.1.3.3	85	(0,0.25,0.75,0,0)	

表 2-68　支座垫石表观缺损模糊综合评价结果

权重 ω_i	支座垫石表观缺损	实测值（均值）	模糊化结果	模糊评价结果
0.53	D1.1.4.1	75	(0,0,0,1,0)	(0,0,0,0.86,0.14)
0.33	D1.1.4.2	70	(0,0,0,1,0)	
0.14	D1.1.4.3	65	(0,0,0,0,1)	

表 2-69　支座垫石模糊综合评价结果

权重 ω_i	支座垫石	实测值（均值）	模糊化结果	模糊评价结果
0.42	D1.1.1	—	(0,0,0,0.333,0.667)	(0,0.066,0.161,0.398,0.375)
0.23	D1.1.2	—	(0,0,0,0.667,0.333)	
0.23	D1.1.3	—	(0,0.289,0.711,0,0)	
0.12	D1.1.4	—	(0,0,0,0.86,0.14)	

表 2-70　高速公路复工梁桥既有结构模糊综合评价结果

权重 ω_i	高速公路复工梁桥既有结构	实测值（均值）	模糊化结果	模糊评价结果
0.42	A	—	(0.031,0.703,0.153,0.038,0.074)	(0.042,0.407,0.237,0.191,0.123)
0.23	B	—	(0.085,0.309,0.307,0.158,0.141)	
0.23	C	—	(0.042,0.138,0.364,0.397,0.059)	
0.12	D	—	(0,0.066,0.161,0.398,0.375)	

由上述计算结果可知，常权模糊综合评价结果为(0.042,0.407,0.237,0.191,0.123)，本节运用变权原理对指标权重进行修正，并根据修正后的权重值对桥梁既有结构进行评价，变权后的模糊评价结果为(0.032,0.338,0.224,0.222,0.184)。

4）评价结果分析

根据常权模糊评价结果(0.042,0.407,0.237,0.191,0.123)和基于变权原理的评价结果(0.032,0.338,0.224,0.222,0.184)，通过模糊数学中最大隶属度原则分析可知，常权分析结果取隶属度最大为 0.407，表明该桥既有结构质量为Ⅱ级。基于变权原理分析结果隶属度最大为 0.338，处于Ⅱ级。由以上结论可知，无论常权分析还是基于变权理论的分析结果，都表明该梁桥既有结构质量评价结果为Ⅱ级。

3. 突变级数综合评价

1）突变级数综合评价准备工作

突变级数综合评价前，需对底层指标规格化处理，采用式(2-13)和式(2-14)对各指标及指标等级分类标准进行规格化，定量指标的试验、检测数据及定性指标的评分见表 2-27。底层指标实测指标值的量纲一化值及等级分类标准见表 2-71。

表 2-71　底层指标实测指标值的量纲一化值及等级分类标准

序号	实测值	量纲一化	突变值	Ⅰ	Ⅱ	Ⅲ	Ⅳ	Ⅴ
A1.1	92	0.80	0.89	(0.88,1]	(0.75,0.88]	(0.5,0.75]	(0.25,0.5]	[0,0.25]
A2.1	91	0.78	0.92	(0.88,1]	(0.75,0.88]	(0.5,0.75]	(0.25,0.5]	[0,0.25]
A2.2.1.1	149.8	0.27	0.52	(0.75,1]	(0.5,0.75]	(0.3,0.5]	(0.15,0.3]	[0,0.15]

续表

序号	实测值	量纲一化	突变值	I	II	III	IV	V
A2.2.1.2	7.28	0	0	(0.86,1]	(0.64,0.86]	(0.43,0.64]	(0.21,0.43]	[0,0.21]
A2.2.1.3	99.5	0.93	0.98	(0.86,1]	(0.64,0.86]	(0.43,0.64]	(0.21,0.43]	[0,0.21]
A2.2.2.1	0.13	0.57	0.75	(0.8,1]	(0.6,0.86]	(0.4,0.64]	(0.2,0.43]	[0,0.2]
A2.2.2.2	0.33	0.73	0.9	(0.92,1]	(0.75,0.92]	(0.5,0.75]	(0.25,0.5]	[0,0.25]
A2.2.2.3	91	0.78	0.94	(0.88,1]	(0.75,0.88]	(0.5,0.75]	(0.25,0.5]	[0,0.25]
B1.1.1.1	10	0.60	0.84	(0.8,1]	(0.56,0.8]	(0.36,0.56]	(0.16,0.36]	[0,0.16]
B1.1.1.2	0.80	0.11	0.33	(0.89,1]	(0.67,0.89]	(0.44,0.67]	(0.22,0.44]	[0,0.22]
B1.1.2.1	0.12	0.60	0.77	(0.8,1]	(0.6,0.86]	(0.4,0.64]	(0.2,0.43]	[0,0.2]
B1.1.2.2	0.11	0.91	0.97	(0.92,1]	(0.75,0.92]	(0.5,0.75]	(0.25,0.5]	[0,0.25]
B1.1.2.3	92	0.8	0.95	(0.88,1]	(0.75,0.88]	(0.5,0.75]	(0.25,0.5]	[0,0.25]
B1.1.3.1	18	0.22	0.47	(0.87,1]	(0.65,0.87]	(0.43,0.65]	(0.22,0.43]	[0,0.22]
B1.1.3.2	0.09	0.80	0.93	(0.89,1]	(0.67,0.89]	(0.44,0.67]	(0.22,0.44]	[0,0.22]
B1.1.4.1	91	0.78	0.88	(0.88,1]	(0.75,0.88]	(0.5,0.75]	(0.25,0.5]	[0,0.25]
B1.1.4.2	93	0.83	0.94	(0.88,1]	(0.75,0.88]	(0.5,0.75]	(0.25,0.5]	[0,0.25]
B1.1.4.3	85	0.63	0.89	(0.88,1]	(0.75,0.88]	(0.5,0.75]	(0.25,0.5]	[0,0.25]
B1.2.1.1	9	0.40	0.74	(0.87,1]	(0.67,0.87]	(0.47,0.67]	(0.27,0.47]	[0,0.27]
B1.2.1.2	0.6	0.33	0.58	(0.89,1]	(0.67,0.89]	(0.44,0.67]	(0.22,0.44]	[0,0.22]
B1.2.2.1	0.14	0.53	0.73	(0.8,1]	(0.6,0.86]	(0.4,0.64]	(0.2,0.43]	[0,0.2]
B1.2.2.2	0.12	0.90	0.97	(0.92,1]	(0.75,0.92]	(0.5,0.75]	(0.25,0.5]	[0,0.25]
B1.2.2.3	92	0.83	0.95	(0.88,1]	(0.75,0.88]	(0.5,0.75]	(0.25,0.5]	[0,0.25]
B1.2.3.1	21	0.30	0.55	(0.83,1]	(0.63,0.83]	(0.430.63]	(0.23,0.43]	[0,0.23]
B1.2.3.2	7	0.53	0.81	(0.87,1]	(0.67,0.87]	(0.47,0.67]	(0.27,0.47]	[0,0.27]
B1.2.4.1	85	0.63	0.79	(0.88,1]	(0.75,0.88]	(0.5,0.75]	(0.25,0.5]	[0,0.25]
B1.2.4.2	90	0.75	0.91	(0.88,1]	(0.75,0.88]	(0.5,0.75]	(0.25,0.5]	[0,0.25]
B1.2.4.3	83	0.58	0.87	(0.88,1]	(0.75,0.88]	(0.5,0.75]	(0.25,0.5]	[0,0.25]
B1.3.1.1	10	0.33	0.69	(0.87,1]	(0.67,0.87]	(0.47,0.67]	(0.27,0.47]	[0,0.27]
B1.3.1.2	0.60	0.33	0.58	(0.89,1]	(0.67,0.89]	(0.44,0.67]	(0.22,0.44]	[0,0.22]
B1.3.2.1	0.14	0.53	0.73	(0.8,1]	(0.6,0.86]	(0.4,0.64]	(0.2,0.43]	[0,0.2]
B1.3.2.2	0.12	0.90	0.97	(0.92,1]	(0.75,0.92]	(0.5,0.75]	(0.25,0.5]	[0,0.25]
B1.3.2.3	93	0.83	0.95	(0.88,1]	(0.75,0.88]	(0.5,0.75]	(0.25,0.5]	[0,0.25]
B1.3.3.1	20	0.33	0.58	(0.83,1]	(0.63,0.83]	(0.430.63]	(0.23,0.43]	[0,0.23]

序号	实测值	量纲一化	突变值	I	II	III	IV	V
B1.3.3.2	6	0.60	0.84	(0.87,1]	(0.67,0.87]	(0.47,0.67]	(0.27,0.47]	[0,0.27]
B1.3.4.1	90	0.75	0.87	(0.88,1]	(0.75,0.88]	(0.5,0.75]	(0.25,0.5]	[0,0.25]
B1.3.4.2	90	0.75	0.91	(0.88,1]	(0.75,0.88]	(0.5,0.75]	(0.25,0.5]	[0,0.25]
B1.3.4.3	85	0.63	0.89	(0.88,1]	(0.75,0.88]	(0.5,0.75]	(0.25,0.5]	[0,0.25]
B2.1.1.1	300	0.53	0.73	(0.75,1]	(0.5,0.75]	(0.3,0.5]	(0.15,0.3]	[0,0.15]
B2.1.1.2	7.18	0	0	(0.86,1]	(0.64,0.86]	(0.43,0.64]	(0.21,0.43]	[0,0.21]
B2.1.1.3	99.50	0.93	0.98	(0.86,1]	(0.64,0.86]	(0.43,0.64]	(0.21,0.43]	[0,0.21]
B2.1.2.1	0.12	0.60	0.77	(0.8,1]	(0.6,0.86]	(0.4,0.64]	(0.2,0.43]	[0,0.2]
B2.1.2.2	0.30	0.75	0.91	(0.92,1]	(0.75,0.92]	(0.5,0.75]	(0.25,0.5]	[0,0.25]
B2.1.2.3	91	0.78	0.94	(0.88,1]	(0.75,0.88]	(0.5,0.75]	(0.25,0.5]	[0,0.25]
B2.2.1.1	10	0.60	0.84	(0.8,1]	(0.56,0.8]	(0.36,0.56]	(0.16,0.36]	[0,0.16]
B2.2.1.2	0.80	0.11	0.33	(0.89,1]	(0.67,0.89]	(0.44,0.67]	(0.22,0.44]	[0,0.22]
B2.2.2.1	0.12	0.60	0.77	(0.8,1]	(0.6,0.86]	(0.4,0.64]	(0.2,0.43]	[0,0.2]
B2.2.2.2	0.11	0.91	0.97	(0.92,1]	(0.75,0.92]	(0.5,0.75]	(0.25,0.5]	[0,0.25]
B2.2.2.3	92	0.80	0.95	(0.88,1]	(0.75,0.88]	(0.5,0.75]	(0.25,0.5]	[0,0.25]
B2.2.3.1	18	0.22	0.47	(0.87,1]	(0.65,0.87]	(0.43,0.65]	(0.22,0.43]	[0,0.22]
B2.2.3.2	0.09	0.80	0.93	(0.89,1]	(0.67,0.89]	(0.44,0.67]	(0.22,0.44]	[0,0.22]
B2.2.4.1	91	0.78	0.88	(0.88,1]	(0.75,0.88]	(0.5,0.75]	(0.25,0.5]	[0,0.25]
B2.2.4.2	93	0.83	0.94	(0.88,1]	(0.75,0.88]	(0.5,0.75]	(0.25,0.5]	[0,0.25]
B2.2.4.3	85	0.63	0.89	(0.88,1]	(0.75,0.88]	(0.5,0.75]	(0.25,0.5]	[0,0.25]
B2.3.1.1	10	0.33	0.69	(0.87,1]	(0.67,0.87]	(0.47,0.67]	(0.27,0.47]	[0,0.27]
B2.3.1.2	0.6	0.33	0.58	(0.89,1]	(0.67,0.89]	(0.44,0.67]	(0.22,0.44]	[0,0.22]
B2.3.2.1	0.14	0.53	0.73	(0.8,1]	(0.6,0.86]	(0.4,0.64]	(0.2,0.43]	[0,0.2]
B2.3.2.2	0.12	0.90	0.97	(0.92,1]	(0.75,0.92]	(0.5,0.75]	(0.25,0.5]	[0,0.25]
B2.3.2.3	93	0.83	0.95	(0.88,1]	(0.75,0.88]	(0.5,0.75]	(0.25,0.5]	[0,0.25]
B2.3.3.1	20	0.33	0.58	(0.83,1]	(0.63,0.83]	(0.430.63]	(0.23,0.43]	[0,0.23]
B2.3.3.2	6	0.60	0.84	(0.87,1]	(0.67,0.87]	(0.47,0.67]	(0.27,0.47]	[0,0.27]
B2.3.4.1	90	0.75	0.87	(0.88,1]	(0.75,0.88]	(0.5,0.75]	(0.25,0.5]	[0,0.25]
B2.3.4.2	90	0.75	0.91	(0.88,1]	(0.75,0.88]	(0.5,0.75]	(0.25,0.5]	[0,0.25]
B2.3.4.3	85	0.63	0.89	(0.88,1]	(0.75,0.88]	(0.5,0.75]	(0.25,0.5]	[0,0.25]
C1.1.1.1	11	0.28	0.52	(0.87,1]	(0.67,0.87]	(0.47,0.67]	(0.27,0.47]	[0,0.27]

续表

序号	实测值	量纲一化	突变值	Ⅰ	Ⅱ	Ⅲ	Ⅳ	Ⅴ
C1.1.1.2	0.6	0.33	0.69	(0.89,1]	(0.67,0.89]	(0.44,0.67]	(0.22,0.44]	[0,0.22]
C1.1.2.1	0.15	0.50	0.71	(0.8,1]	(0.6,0.86]	(0.4,0.64]	(0.2,0.43]	[0,0.2]
C1.1.2.2	0.34	0.72	0.89	(0.92,1]	(0.75,0.92]	(0.5,0.75]	(0.25,0.5]	[0,0.25]
C1.1.2.3	91	0.78	0.94	(0.88,1]	(0.75,0.88]	(0.5,0.75]	(0.25,0.5]	[0,0.25]
C1.1.3.1	21	0.30	0.55	(0.83,1]	(0.63,0.83]	(0.430.63]	(0.23,0.43]	[0,0.23]
C1.1.3.2	8	0.47	0.78	(0.87,1]	(0.67,0.87]	(0.47,0.67]	(0.27,0.47]	[0,0.27]
C1.1.4.1	85	0.63	0.79	(0.88,1]	(0.75,0.88]	(0.5,0.75]	(0.25,0.5]	[0,0.25]
C1.1.4.2	75	0.38	0.72	(0.88,1]	(0.75,0.88]	(0.5,0.75]	(0.25,0.5]	[0,0.25]
C1.1.4.3	65	0.13	0.59	(0.88,1]	(0.75,0.88]	(0.5,0.75]	(0.25,0.5]	[0,0.25]
C2.1.1.1	12	0.52	0.47	(0.8,1]	(0.56,0.8]	(0.36,0.56]	(0.16,0.36]	[0,0.16]
C2.1.1.2	0.70	0.22	0.80	(0.89,1]	(0.67,0.89]	(0.44,0.67]	(0.22,0.44]	[0,0.22]
C2.1.2.1	0.12	0.60	0.77	(0.8,1]	(0.6,0.86]	(0.4,0.64]	(0.2,0.43]	[0,0.2]
C2.1.2.2	0.12	0.90	0.97	(0.92,1]	(0.75,0.92]	(0.5,0.75]	(0.25,0.5]	[0,0.25]
C2.1.2.3	92	0.80	0.95	(0.88,1]	(0.75,0.88]	(0.5,0.75]	(0.25,0.5]	[0,0.25]
C2.1.3.1	21	0.30	0.55	(0.83,1]	(0.63,0.83]	(0.430.63]	(0.23,0.43]	[0,0.23]
C2.1.3.2	0.08	0.82	0.94	(0.89,1]	(0.67,0.89]	(0.44,0.67]	(0.22,0.44]	[0,0.22]
C2.1.4.1	80	0.50	0.71	(0.88,1]	(0.75,0.88]	(0.5,0.75]	(0.25,0.5]	[0,0.25]
C2.1.4.2	72	0.30	0.67	(0.88,1]	(0.75,0.88]	(0.5,0.75]	(0.25,0.5]	[0,0.25]
C2.1.4.3	65	0.13	0.59	(0.88,1]	(0.75,0.88]	(0.5,0.75]	(0.25,0.5]	[0,0.25]
D1.1.1.1	6	0.14	0.52	(0.86,1]	(0.64,0.86]	(0.43,0.64]	(0.21,0.43]	[0,0.21]
D1.1.1.2	5.80	0.17	0.41	(0.86,1]	(0.64,0.86]	(0.43,0.64]	(0.21,0.43]	[0,0.21]
D1.1.2.1	10	0.33	0.69	(0.87,1]	(0.67,0.87]	(0.47,0.67]	(0.27,0.47]	[0,0.27]
D1.1.2.2	0.80	0.11	0.37	(0.89,1]	(0.67,0.89]	(0.44,0.67]	(0.22,0.44]	[0,0.22]
D1.1.3.1	0.12	0.60	0.77	(0.8,1]	(0.6,0.86]	(0.4,0.64]	(0.2,0.43]	[0,0.2]
D1.1.3.2	0.30	0.75	0.91	(0.92,1]	(0.75,0.92]	(0.5,0.75]	(0.25,0.5]	[0,0.25]
D1.1.3.3	85	0.63	0.89	(0.88,1]	(0.75,0.88]	(0.5,0.75]	(0.25,0.5]	[0,0.25]
D1.1.4.1	75	0.38	0.62	(0.88,1]	(0.75,0.88]	(0.5,0.75]	(0.25,0.5]	[0,0.25]
D1.1.4.2	70	0.25	0.63	(0.88,1]	(0.75,0.88]	(0.5,0.75]	(0.25,0.5]	[0,0.25]
D1.1.4.3	65	0.25	0.59	(0.88,1]	(0.75,0.88]	(0.5,0.75]	(0.25,0.5]	[0,0.25]

　　底层指标规格化处理后,根据突变级数综合评价法原理,应该对评价指标体系中各层指标进行重要度排序。重要度排序主要通过专家评分法和规范中对指

标的权重规定。由于本节在模糊综合评价法中对各指标权重进行了分配,因此重要度排序主要依据各层指标所占权重值的大小对各层指标进行排序,权重大的排前,权重小的排后。

重要度排序完成后,即可对各层指标进行递阶归一计算。归一计算前必须运用互补及非互补原则对每层次各指标关系进行判断,该判断结果决定了该层对上级指标评价值的取值方法。高速公路复工梁桥既有结构质量评价指标体系各级指标重要度、评价准则及计算模型判断见表 2-72。

表 2-72　评价指标重要度、评价准则及计算模型

上级指标	下级指标(按重要度从大至小排列)				准则	归一模型
已建立柱桩基	桩检情况				—	折叠模型
未建立柱桩基	结合部位	桩检情况			非互补	尖点模型
桩　基	未建立柱桩基	已建立柱桩基			非互补	尖点模型
预留钢筋性能	钢筋长度	钢筋重量偏差	钢筋强度		互　补	燕尾模型
结合面混凝土性能	氯离子含量	混凝土碳化	混凝土强度		互　补	燕尾模型
新旧结构结合部位	预留钢筋性能	混凝土性能			非互补	尖点模型
钢筋性能	钢筋间距	钢筋直径			互　补	尖点模型
混凝土性能	氯离子含量	混凝土碳化	混凝土强度		互　补	燕尾模型
立柱桥台几何偏差	尺寸偏差	竖直度			互　补	尖点模型
支座垫石几何偏差	轴线偏位	尺寸偏差			互　补	尖点模型
其他结构几何偏差	尺寸偏差	顶面高程			互　补	尖点模型
表观缺损	裂　缝	混凝土剥落露筋	蜂窝麻面		互　补	燕尾模型
立　柱	钢筋性能	混凝土性能	几何偏差	表观缺损	互　补	蝴蝶模型
盖　梁	钢筋性能	混凝土性能	几何偏差	表观缺损	互　补	蝴蝶模型
系　梁	钢筋性能	混凝土性能	几何偏差	表观缺损	互　补	蝴蝶模型
已建盖梁桥梁	立　柱	盖　梁	系　梁		非互补	燕尾模型
未建盖梁桥墩	结合部位	立　柱	系　梁		非互补	燕尾模型
桥　墩	未建盖梁桥墩	已建盖梁桥墩			非互补	尖点模型
台　帽	钢筋性能	混凝土性能	几何偏差	表观缺损	互　补	蝴蝶模型
台　身	钢筋性能	混凝土性能	几何偏差	表观缺损	互　补	蝴蝶模型
桥　台	台　帽	台　身			非互补	尖点模型
支座垫石	尺寸偏差	钢筋性能	混凝土性能	表观缺损	互　补	蝴蝶模型
桥　梁	桩　基	桥　墩	桥　台	支座垫石	非互补	蝴蝶模型

2) 突变理论综合评价计算

通过完成底层指标规格化、指标等级分类标准的量纲一化、各级指标重要度

排序、评价准则确定和计算模型选择等准备工作，可依次对各级指标做出评价，基于突变级数综合评价结果可见表 2-73。

表 2-73　突变级数综合评价计算结果

整体	一级	突变值	指标值	二级	突变值	指标值	三级	突变值	指标值	四级	突变值	指标值	五级	突变值
				A1	0.96	0.89	A1.1	0.89	0.8					
							A2.1	0.92	0.78					
													A2.2.1.1	0.52
										A2.2.1	0.71	0.50	A2.2.1.2	0
A	0.96	0.92											A2.2.1.3	0.98
				A2	0.92	0.84	A2.2	0.84	0.71				A2.2.2.2	0.75
										A2.2.2	0.95	0.86	A2.2.2.2	0.90
													A2.2.2.3	0.94
										B1.1.1	0.77	0.59	B1.1.1.1	0.84
													B1.1.1.2	0.33
													B1.1.2.1	0.77
										B1.1.2	0.96	0.90	B1.1.2.2	0.97
													B1.1.2.3	0.95
							B1.1	0.95	0.91				B1.1.3.1	0.47
U										B1.1.3	0.91	0.70	B1.1.3.2	0.93
													B1.1.4.1	0.88
										B1.1.4	0.98	0.90	B1.1.4.2	0.94
													B1.1.4.3	0.89
	B	0.98	0.93	B1	0.98	0.95				B1.2.1	0.81	0.66	B1.2.1.1	0.74
													B1.2.1.2	0.58
													B1.2.2.1	0.73
										B1.2.2	0.96	0.88	B1.2.2.2	0.97
													B1.2.2.3	0.95
							B1.2	0.97	0.91				B1.2.3.1	0.55
										B1.2.3	0.91	0.68	B1.2.3.2	0.81
													B1.2.4.1	0.79
										B1.2.4	0.97	0.86	B1.2.4.2	0.91
													B1.2.4.3	0.87

续表

整体	一级	突变值	指标值	二级	突变值	指标值	三级	突变值	指标值	四级	突变值	指标值	五级	突变值
										B1.3.1	0.80	0.64	B1.3.1.1	0.69
													B1.3.1.2	0.58
													B1.3.2.1	0.73
										B1.3.2	0.96	0.88	B1.3.2.2	0.97
							B1.3	0.98	0.91				B1.3.2.3	0.95
										B1.3.3	0.92	0.71	B1.3.3.1	0.58
													B1.3.3.2	0.84
													B1.3.4.1	0.87
										B1.3.4	0.98	0.89	B1.3.4.2	0.91
													B1.3.4.3	0.89
													B2.1.1.1	0.73
										B2.1.1	0.76	0.57	B2.1.1.2	0
							B2.1	0.87	0.76				B2.1.1.3	0.98
													B2.1.2.1	0.77
										B2.1.2	0.96	0.87	B2.1.2.2	0.91
													B2.1.2.3	0.94
										B2.2.1	0.77	0.59	B2.2.1.1	0.84
													B2.2.1.2	0.33
													B2.2.2.1	0.77
										B2.2.2	0.96	0.90	B2.2.2.2	0.97
	B2	0.93	0.87	B2.2	0.97	0.91							B2.2.2.3	0.95
										B2.2.3	0.91	0.70	B2.2.3.1	0.47
													B2.2.3.2	0.93
													B2.2.4.1	0.88
										B2.2.4	0.98	0.90	B2.2.4.2	0.94
													B2.2.4.3	0.89
										B2.3.1	0.80	0.64	B2.3.1.1	0.69
													B2.3.1.2	0.58
							B2.3	0.98	0.91				B2.3.2.1	0.73
										B2.3.2	0.96	0.88	B2.3.2.2	0.97
													B2.3.2.3	0.95

整体	一级	突变值	指标值	二级	突变值	指标值	三级	突变值	指标值	四级	突变值	指标值	五级	突变值
										B2.3.3	0.92	0.71	B2.3.3.1	0.58
													B2.3.3.2	0.84
													B2.3.4.1	0.87
										B2.3.4	0.98	0.89	B2.3.4.2	0.91
													B2.3.4.3	0.89
								C1.1	0.94	0.89	C1.1.1	0.78	0.60	C1.1.1.1	0.52
													C1.1.1.2	0.69
													C1.1.2.1	0.71
										C1.1.2	0.95	0.85	C1.1.2.2	0.89
													C1.1.2.3	0.94
										C1.1.3	0.90	0.66	C1.1.3.1	0.55
													C1.1.3.2	0.78
													C1.1.4.1	0.79
C	0.99	0.94								C1.1.4	0.93	0.70	C1.1.4.2	0.72
													C1.1.4.3	0.59
										C2.1.1	0.80	0.64	C2.1.1.1	0.47
													C2.1.1.2	0.80
													C2.1.2.1	0.77
										C2.1.2	0.96	0.90	C2.1.2.2	0.97
							C2.1	0.97	0.90				C2.1.2.3	0.95
										C2.1.3	0.93	0.74	C2.1.3.1	0.55
													C2.1.3.2	0.94
													C2.1.4.1	0.71
										C2.1.4	0.92	0.66	C2.1.4.2	0.67
													C2.1.4.3	0.59
										D1.1.1	0.68	0.47	D1.1.1.1	0.52
D	0.97	0.84											D1.1.1.2	0.41
										D1.1.2	0.80	0.51	D1.1.2.1	0.69
													D1.1.2.2	0.37

续表

整体	一级	突变值	指标值	二级	突变值	指标值	三级	突变值	指标值	四级	突变值	指标值	五级	突变值
													D1.1.3.1	0.77
										D1.1.3	0.96	0.86	D1.1.3.2	0.91
													D1.1.3.3	0.89
													D1.1.4.1	0.62
										D1.1.4	0.91	0.62	D1.1.4.2	0.63
													D1.1.4.3	0.59

3）评价等级的确定

由表 2-73 各级指标综合评价结果可知,桩基突变值为 0.9576,桥墩突变值为 0.9769,桥台突变值为 0.9855,支座垫石突变值为 0.9654。根据非互补原则,取上述突变值最小值,可知桥梁总体突变评价值为 0.9576。

由于已知突变评价值仍不能确定桥梁最终评价等级,可进行变换建立隶属度值 $x_i(i=1,2,3,\cdots,n)$ 与综合评价值 $y_i(i=1,2,3,\cdots,n)$ 的对应关系表。设底层指标量纲一化后的评价值均为 $x_i(i=1,2,3,\cdots,n)$,对 x_i 在 $[0,1]$ 内,设 n 为 100,即以 0.01 为相邻评价值偏差进行赋值,最终可求得当评价值为 x_i 时所得的综合评价值 y_i,并可得出 x 和 y 对应关系,见表 2-74。

表 2-74　x-y 对应关系表

x	y	x	y	x	y	x	y	x	y	x	y
0	0	0.28	0.8994	0.47	0.9390	0.57	0.9542	0.76	0.9774	0.86	0.9875
0.10	0.8254	0.29	0.9020	0.48	0.9407	0.58	0.9556	0.77	0.9785	0.87	0.9885
0.20	0.8745	0.30	0.9045	0.49	0.9423	0.59	0.9570	0.78	0.9795	0.88	0.9894
0.21	0.8780	0.40	0.9265	0.50	0.9439	0.60	0.9583	0.80	0.9816	0.89	0.9903
0.22	0.8815	0.41	0.9284	0.51	0.9454	0.70	0.9707	0.81	0.9826	0.90	0.9913
0.23	0.8847	0.42	0.9303	0.52	0.9470	0.71	0.9719	0.82	0.9836	0.91	0.9922
0.24	0.8879	0.43	0.9321	0.53	0.9485	0.72	0.9730	0.83	0.9846	0.93	0.9940
0.25	0.8909	0.44	0.9339	0.54	0.9499	0.73	0.9741	0.84	0.9856	0.95	0.9957
0.26	0.8938	0.45	0.9356	0.55	0.9514	0.74	0.9752	0.85	0.9865	0.97	0.9975
0.27	0.8966	0.46	0.9373	0.56	0.9528	0.75	0.9763	0.85	0.9865	1.00	1

由表 2-74 可知,当评价值为 0.9576 时,x 为 0.59～0.60。由于 n 的值越大所得结果越精确,因此,在该范围内将 x 进行更精确的迭代计算,最终可得出当评

价值为 0.9576 时,x 为 0.5944。为了得出 x 所属的等级范围,参考评语集对评价值所属的评价等级进行判断。由于在突变级数评价法中只能得出底层指标的评语集,而且底层指标较多,各指标评价等级的标准不一致。因此,不能单一地依据某一个底层指标的评价等级对顶层和中间层指标的等级给予明确的分类。目前,顶层指标评价等级区间值的设定主要有三种方法。

(1) 基于规范中规定的评价等级,采用专家评分法确定顶层指标各评价等级区间的边界值。该方法中,各区间的阈值主要依据专家的经验,因此存在较大的主观性,可能存在赋值不准确的情况。

(2) 参考其他评价方法规定的顶层指标评价等级区间。由于不同评价方法的原理存在较大的区别,评语集的赋值也不一致,因而采用该方法确定的评价区间理论依据不够,也会对评价结果的准确性产生影响。

(3) 运用评价体系中底层指标评价等级对应的边界值,将该值代入评价模型中进行计算,所得的最终评价值即为顶层指标该等级的边界值。该方法能较好地对评价等级指标进行划分,相比上述两种方法更加准确。

因此,本节选择第三种方法对顶层指标评价等级区间值进行赋值。当各底层指标评价值为 1 时,综合评价值为 1;当各底层指标为 0 时,综合评价值为 0;再分别将各中间等级分类边界值分别代入评价模型中,计算可得出处于不同等级边界值的综合评价值,再按表 2-74 中 x-y 的关系对各综合评价值进行转换。由此,可得出各顶层指标等级为 Ⅰ、Ⅱ、Ⅲ、Ⅳ、Ⅴ 级的分类区间,见表 2-75。

表 2-75　高速公路复工梁桥既有结构总体突变级数评价等级标准

等级	突变评价等级分类区间	转换后评价等级分类区间
Ⅰ	(0.9889,1]	(0.875,1]
Ⅱ	(0.9763,0.9889]	(0.750,0.875]
Ⅲ	(0.9439,0.9763]	(0.500,0.750]
Ⅳ	(0.8909,0.9439]	(0.250,0.500]
Ⅴ	[0,0.8909]	[0,0.250]

由表 2-75 可知,评价值 0.5944 属于 Ⅲ 级的范围,因此可得出,突变级数综合评价法对该梁桥既有结构质量总体评价为 Ⅲ 级。

4. 基于突变理论的模糊综合评价

基于突变理论的模糊综合评价法中,评价体系的构建和底层指标规格化可参照模糊综合评价法底层指标的隶属度的结果,详细结果可见图 2-12 及表 2-27。底层指标规格化后即可对每层指标进行归一计算,归一计算突变模型的选择和各指标互补性的判断可参照表 2-76。完成以上步骤,即可对该梁桥既有结构从底层指标依次向上级指标进行评价,最终可得出顶层指标的评价值。由于在模糊综合评价和突变级数综合评价法中,对评价过程及数据都有详细的说明,采用本方法时,只对最终评价结果进行阐述,最终评价结果见表 2-76。

表 2-76　高速公路复工梁桥既有结构基于突变理论的模糊综合评价结果

指标	指标评价值	指标突变值	最终评价结果
A	(0.288,0.968,0.331,0.274,0.287)	(0.536,0.984,0.575,0.524,0.536)	
B	(0.817,0.922,0.915,0.806,0.611)	(0.935,0.972,0.971,0.931,0.849)	(0,0.737,0.575,
C	(0.393,0.620,0.635,0.826,0.591)	(0.792,0.887,0.893,0.953,0.877)	0.524,0.536)
D	(0,0.217,0.224,0.625,0.627)	(0,0.737,0.741,0.910,0.911)	

由表 2-76 可知,桩基、桥墩、桥台、支座垫石的评价值依次如下:

A＝{0.288,0.968,0.331,0.274,0.287};

B＝{0.817,0.922,0.915,0.806,0.611};

C＝{0.393,0.620,0.635,0.826,0.591};

D＝{0,0.217,0.224,0.625,0.627}。

将上述评价值根据蝴蝶突变模型归一公式计算,即可得到四个指标的突变值:

$A' = \{0.288^{1/2}, 0.968^{1/2}, 0.331^{1/2}, 0.274^{1/2}, 0.287^{1/2}\} = \{0.536, 0.984, 0.575, 0.524, 0.536\}$;

$B' = \{0.817^{1/3}, 0.922^{1/3}, 0.915^{1/3}, 0.806^{1/3}, 0.611^{1/3}\} = \{0.935, 0.972, 0.971, 0.931, 0.849\}$;

$C' = \{0.393^{1/4}, 0.620^{1/4}, 0.635^{1/4}, 0.826^{1/4}, 0.591^{1/4}\} = \{0.792, 0.887, 0.893, 0.953, 0.877\}$;

$D' = \{0^{1/5}, 0.217^{1/5}, 0.224^{1/5}, 0.625^{1/5}, 0.627^{1/5}\} = \{0, 0.737, 0.741, 0.910, 0.911\}$。

由于梁桥既有结构中的一级指标间不可以相互弥补不足,属于非互补性原则,按照该原则取各指标突变值的最小值作为既有结构的评价值,因此得出最终评价值为{0,0.737,0.575,0.524,0.536}。根据模糊数学中最大隶属度原则,最大值在Ⅱ级,值为 0.737,其次为Ⅲ级,值为 0.575。基于突变理论的综合评价结果可知,该梁桥既有结构质量评价等级为Ⅱ级。

5. 评价结果分析

根据模糊综合评价法、突变级数综合评价法以及基于突变理论的模糊综合评价法对该梁桥既有结构的质量评价结果可知,模糊综合评价法和基于突变理论的模糊综合评价法所得评价等级均为Ⅱ级,然而突变级数综合评价法结果为Ⅲ级。

由于各评价方法的原理不同,为了对评价结果进一步分析,组织调研小组对该梁桥既有结构进行现场踏勘。现场踏勘结果如下。

(1)从现场情况判断,该桥既有结构的主要薄弱部位为新旧结构结合部位,新旧结构结合部位的预留钢筋和混凝土性能都存在少量的病害。预留钢筋主要存在以下两个问题:第一,部分预留钢筋产生不同程度的锈蚀;第二,少量桩基顶面预留钢筋有盗取现象。通过现场检测发现,由于钢筋盗取情况导致新旧结构结合部位预留钢筋长度不足且超限的情况,主要发生在少量桩基顶面,立柱上并未发生,大部分新旧结构结合部位预留钢筋长度可满足规范焊接标准。

针对新旧结构结合部位预留钢筋的锈蚀情况,对不同锈蚀程度的锈蚀钢筋进行采样并进行物理力学试验。根据钢筋物理力学试验可知,锈蚀一般情况下,平均重量偏差为4.01%;锈蚀较严重的钢筋平均重量偏差为7.18%。由钢筋抗拉性能得出,屈服强度与极限抗拉强度均满足设计要求;现场钢筋锈蚀主要以锈蚀一般的情况为主。

新旧结构结合面混凝土的病害大部分是混凝土表面存在浮浆以及少量旧混凝土面层软化、风化、变质等情况,将以上面层进行凿除即可得到较坚实的混凝土面层。

综上所述,新旧结构结合部位材料性能有少量超限值,或不可使用,但大部分材料满足规范要求。

(2)由于长时间停工未对梁桥结构进行合理的防护,自然环境和人为因素造成既有桥台、桩基、立柱等少量结构局部出现表观缺损和污染等情况。较严重的主要是台身混凝土剥落、露筋、蜂窝麻面等病害;台帽部分主要是混凝土边缘有破损;未施工立柱的桩基有不同程度的掩埋、积水现象,但通过桩基检测,结果判断为桩基较完整;已施工的柱间系梁由于未架设上部结构,形成了多道雨痕。大部分支座垫石出现龟裂、尺寸偏差较大等病害。既有结构除去以上表观缺损、几何偏差等病害,结构整体功能良好。

根据上述现场踏勘结果并结合桥梁总体评价等级标准中各等级的描述,由表2-2桥梁既有结构总体评价等级可知,Ⅱ级描述为全部结构功能良好;材料性能有少量超限值;少量部件表观有局部缺损或污染;少量新旧结构结合面有轻度损伤,少量材料不可使用,少量部位复工前需凿除。Ⅲ级描述为少量结构出现轻度功能性病害,尚能维持正常使用;材料性能较多超限值;部件表观有较多缺损;新旧结构结合面有中度损伤,较多材料不可使用,较多部位复工前需凿除。

现场踏勘结果在材料性能、表观缺损等方面与总体评价等级中Ⅱ级描述的"少量"情况相吻合,但是由于新旧结构结合部位支座垫石病害较多,导致既有结构总体等级出现Ⅲ级描述的情况。

该结果与模糊综合评价法及基于突变理论的模糊综合评价方法所得结果相

吻合,因为上述两种方法评价结果中Ⅱ级的隶属度最大,其次为Ⅲ级,表明该梁桥既有结构中有少量构件出现Ⅲ级甚至以下等级的情况。但是与突变级数综合评价法所得结果Ⅲ级有差别,首先从指标评价等级集合方面来分析,由于突变级数综合评价法在评价等级确定上其底层指标等级集合属于经典集合,经典集合的特点是范围边界分明,指标评价值要么属于某一个等级区间,要么不属于该区间,即元素与集合的隶属关系只能从0和1上选择。相比经典集合,经典子集只是模糊子集的特例,模糊集合将经典集合中的隶属关系进行扩充,并通过隶属度函数反映了某个指标的评价值对经典子集的隶属程度,而不仅仅是属于与不属于的关系,元素与集合的隶属关系可以在单位区间[0,1]中任意取值。在模糊集合中,元素不能仅仅是否属于集合,只能说明元素是以多大程度隶属于模糊集合。因此,模糊集合比经典集合确定的评价等级更为精确。其次,突变级数法所得评价值需要通过变换才能确定评价等级,由于底层指标较多,各指标评价等级不一致,造成评价值通过变换后确定的评价等级不够精确。

　　模糊综合评价法与基于突变理论的模糊综合评价法所得结果较吻合,确切地说,基于变权原理的模糊综合评价法所得结果中Ⅱ级隶属度比常权分析结果较小,Ⅲ级隶属度较大,因为变权原理增大了个别出现严重缺陷的构件的权重,从而使得评价结果更偏向于Ⅲ级,这样也更符合现场踏勘中部分结构劣化较严重的评估结果。由于模糊综合评价法要求对指标权重进行恰当的分配,而权重的分配主要靠人的主观判断,因素太多时也难以判断准确,而且需要大量的评价样本作为权重的分配依据。因此,基于突变理论的模糊综合评价法应用于高速公路复工梁桥既有结构质量评价更为合适。

　　综上可知,通过比较分析三种评价方法的评价结果,基于突变理论的模糊综合评价方法适用性更强,评价结果更符合复工项目实际情况。因此,根据该方法评价结果,将该高速公路梁桥既有结构的总体质量评价等级划分为Ⅱ级。

2.6　本章小结

　　本章对停工复建高速公路桥涵既有结构的质量检测方法、质量评价指标体系、质量评价等级分类标准以及质量评价方法等方面展开了研究,主要取得了以下成果。

　　(1)在现有文献对桥涵结构常规病害及检测方法研究的基础上,结合某停工复建高速公路桥梁既有结构病害,归纳总结出停工复建高速公路桥梁既有结构病害的特殊性以及特殊病害存在的主要部位和类型,并将停工复建高速公路桥梁既有结构质量病害归类为桩基、新旧结构结合部位及常规部位三类。同时,针对特殊病害,阐述了新旧结构结合部位和常规部位的病害检测方法,提出了停工复建高速公路桥梁桩基和混凝土强度的检测方案。

（2）提出了停工复建高速公路桥涵既有结构质量评价指标的选择原则，通过比较分析现有桥涵质量评价指标体系构建方法，提出了一种基于层次分析法原理和现有规范的停工复建高速公路桥涵既有结构质量评价体系构建方法。采用该方法，结合停工复建高速公路桥涵结构实际情况和新建梁桥、旧桥质量评价指标体系的研究，针对评价指标的选择，咨询了院校、施工单位、设计单位及检测单位等多名专家意见。根据专家反馈意见，在现有规范和标准的基础上对指标进行优选，确定了合理的指标并建立了停工复建高速公路桥涵既有结构质量评价指标体系，该指标体系既体现了复工项目的特殊性，同时也对现有梁桥质量评价体系进行了优化。

（3）在分析现有国内外公路、桥梁规范和相关文献的基础上，提出将停工复建高速公路桥涵既有结构的总体评价等级分为Ⅰ（完好）、Ⅱ（较好）、Ⅲ（较差）、Ⅳ（差）、Ⅴ（危险）五级，并规定了各评价指标详细的等级分类原则。采用定性和定量分析的方法，将各底层指标等级统一划分为5级，并对各等级分类原则和划分区间提出详细的描述，建立了一套适用于停工复建高速公路桥涵既有结构的指标等级分类标准。

（4）通过总结分析现有桥涵结构质量评价方法理论，针对现有评价方法的优点与不足，提出可采用模糊综合评价法和突变级数综合评价法进行停工复建高速公路桥涵既有结构质量评价。对比分析了两种方法的原理和适用范围，并对两种方法加以改进，提出将基于突变理论的模糊综合评价法应用于停工复建高速公路桥涵既有结构的质量评价中，评价结果真实可靠，可较好地反映现场实际情况，为后续的复工设计、施工建设以及竣工验收提供了依据。

参 考 文 献

[1]《中国公路学报》编辑部. 中国桥梁工程学术研究综述[J]. 中国公路学报，2014，20(5)：1-90.

[2] ISE. Appraisal of Existing Structures[M]. London：The Institution of Structural Engineers，1980.

[3] 肖盛燮，黄卫东. 桥梁承载能力模糊性与随机性的综合评定法[J]. 重庆交通学院学报，1989，(1)：64-71.

[4] Brito J D，Branco F A，Tboft-Christensen P，et al. An expert system for concrete bridge management [J]. Engineering Structures，1997，19(7)：519-526.

[5] 李昌铸，王丽云，谢经纬，等. 特尔斐专家评估法在公路桥梁评价中的应用[J]. 中国公路学报，1993，6(2)：46-52.

[6] 陆亚兴，殷建军，姚祖康，等. 桥梁缺损状况评价方法[J]. 中国公路学报，1996，9(3)：55-61.

[7] 王永平，张宝银，张树仁. 桥梁使用性能模糊评估专家系统[J]. 中国公路学报，1996，9(2)：

62-67.

[8] 陈小佳. 既有桥梁技术状态的多层次灰色评判[J]. 交通运输工程学报,2002,2(1):55-59.

[9] 陈红梅. 钢筋混凝土桥梁病害分析及其维修加固[D]. 大连:大连理工大学,2011.

[10] 邵旭东. 桥梁工程[M]. 北京:人民交通出版社,2014.

[11] 张冠男. 既有桥梁桩基无损检测技术研究[D]. 广州:华南理工大学,2013.

[12] 孙美迪. 桩基检测技术在工程中应用和质量评价结果分析[D]. 长春:吉林大学,2009.

[13] Chai H Y,Phoon K K,Zhang D J. Effects of the source on wave propagation in pile integri-
ty testing[J]. Journal of Geotechnical and Geoenvironmental Engineering,2010,136(9):
1200-1208.

[14] 马晖,张理轻,杨宇. 在役桥梁桩基础低应变反射波法检测试验研究[J]. 世界地震工程,
2010,26(增刊):216-220.

[15] 刘敦文. 地下岩体工程灾害隐患雷达探测与控制研究[D]. 长沙:中南大学,2001.

[16] 王传坤. 混凝土氯离子侵蚀和碳化试验标准化研究[D]. 杭州:浙江大学,2010.

[17] 曾胜钟. 现场条件下混凝土碳化深度预测研究[D]. 长沙:中南大学,2013.

[18] 向洪,袁铜森. 钻芯法检测桥梁混凝土强度的评定方法探讨[J]. 公路工程,2013,38(3):
180-184.

[19] 于海锋. 基于模糊神经网络的在役钢筋混凝土桥梁耐久性评估方法研究[D]. 长春:吉林大
学,2013.

[20] 焦生军. 城市桥梁安全评价指标体系研究[D]. 重庆:重庆交通大学,2011.

[21] 付静. 钢筋混凝土桥梁耐久性的分析研究[D]. 西安:长安大学,2007.

[22] 申强. 混凝土梁式桥梁安全评估及系统研究[D]. 重庆:重庆交通大学,2012.

[23] 刘沐宇,袁卫国,任飞. 大跨度钢管混凝土拱桥安全性模糊综合评价[J]. 武汉理工大学学
报,2003,25(5):33-36.

[24] 陕西省公路局. 公路桥涵养护规范(JTG H11—2004)[S]. 北京:人民交通出版社,2004.

[25] 交通运输部公路科学研究院. 公路桥梁技术状况评定标准(JTG/T H21—2011)[S]. 北京:
人民交通出版社,2011.

[26] 交通运输部公路科学研究院. 公路工程质量检验评定标准(JTG F80/1—2004)[S]. 北京:
人民交通出版社,2005.

[27] 黄胜前. 预应力混凝土连续刚构桥综合评估系统研究[D]. 成都:西南交通大学,2007.

[28] 袁卫国. 基于模糊神经网络的钢管混凝土拱桥安全性评价方法研究[D]. 武汉:武汉理工大
学,2003.

[29] 刘文龙. 基于不确定型层次分析法桥梁安全评估研究[D]. 武汉:武汉理工大学,2005.

[30] 陕西省建筑科学研究院. 钢筋焊接及验收规程(JGJ 18—2012)[S]. 北京:中国建筑工业出
版社,2012.

[31] 中国国家标准化管理委员会. 钢筋混凝土用钢第二部分:热轧带肋钢筋(GB 1499.2—
2007)[S]. 北京:中国标准出版社,2007.

[32] AASHTO. AASHTO LRFD Bridge Design Specifications [S]. Washington D C:American

Association of State Highway and Transportation Officials,2007.

[33] AASHTO. Guide Manual for Condition Evaluation and Load Resistance Factor Rating (LRFR) of Highway Bridges[S]. Washington D C:American Association of State Highway and Transportation Officials,2003.

[34] 北京市市政工程管理处. 城市桥梁养护技术规范(CJJ 99—2003)[S]. 北京:中国建筑工业出版社,2003.

[35] 夏明进,霍达,滕海文. 现有桥梁的可靠性分析[J]. 北京工业大学学报,2004,30(1):89-92.

[36] 杨光强. 基于模糊理论的桥梁耐久性评估研究[D]. 成都:西南交通大学,2003.

[37] 中国建筑科学研究院. 建筑桩基检测技术规范(JGJ 106—2014)[S]. 北京:中国建筑工业出版社,2014.

[38] 中国建筑科学研究院. 混凝土结构设计规范(GB 50010—2011)[S]. 北京:化学工业出版社,2011.

[39] 王有志,王广洋,任锋,等. 桥梁的可靠性评估与加固[M]. 北京:中国水利水电出版社,2002.

[40] 张仁建,王磊. 既有钢筋混凝土桥梁构件承载力估算方法[J]. 中国公路学报,2006,9(2):49-55.

[41] 陕西省建筑科学研究院. 回弹法检测混凝土抗压强度技术规范(JGJ/T 23—2011)[S]. 北京:中国建筑工业出版社,2011.

[42] 朱星虎. 在役桥涵状况检测及量化评估研究[D]. 西安:长安大学,2010.

[43] 杨则英,曲建波,黄承逵. 基于模糊综合评判和层次分析法的桥梁安全性评估[J]. 天津大学学报,2004,38(12):1063-1067.

[44] 许树柏. 层次分析法原理[M]. 天津:天津大学出版社,1988.

[45] 伍华成,项贻强. 基于变权综合原理的斜拉桥索力、线形状态评估[J]. 中国铁道科学,2006,27(6):42-48.

[46] 侯福金,卢健,李军. 层次分析变权综合桥梁耐久性评估方法研究[J]. 公路交通科技,2010,27(9):67-70.

[47] 张丽芳. 基于变权的钢筋混凝土梁桥安全与使用性能评估研究[D]. 南京:南京航空航天大学,2009.

[48] 刘文奇. 均衡函数及其在变权综合中的应用[J]. 系统工程理论与实践,1997,(4):58-74.

[49] 范剑锋,袁海庆,刘文龙,等. 基于不确定型层次分析法的桥梁模糊综合评估[J]. 武汉理工大学学报,2005,27(4):54-57.

[50] 胡宝清. 模糊理论基础[M]. 武汉:武汉大学出版社,2010.

[51] 凌复华. 突变理论及其应用[M]. 上海:上海交通大学出版社,1987.

[52] 陶娟. 基于突变理论的近海船舶航行安全评价研究[D]. 秦皇岛:燕山大学,2011.

[53] 李思平,孙连英. 基于非线性理论的边坡稳定性评价模型[J]. 水文地质工程地质,2002,(2):11-14.

[54] Arnold V I. Catastrophe Theory[M]. Berlin:Springer-Wesley Publish Company,1977.

［55］Poson T，Lan S A. Catastrophe Theory and Application［M］. Lord：Pitman，1978.

［56］施玉群.关于突变评价法几个问题的进一步研究［J］.武汉大学学报：工学版，2003，36（4）：
　　　132-136.

第3章 停工复建高速公路路基
与边坡质量评定

目前,国内外在高速公路路基理论研究方面已经取得了相当丰硕的成就,并且大力推进了工程生产实际。但几乎所有的研究工作都集中在路基改建拓宽工程、特殊地质路基工程、高等级公路路基养护工程、路基加固维修工程、新老路基拼接技术等方面,研究的手段和方法大致可分为建立模型试验、进行数值模拟分析、数值分析法、半理论解析法、经验公式法、仪器检测监控法等。关于停工复建高速公路路基建设的研究并不多见,而且在停工复建高速公路路基工程中的设计、施工等相关规范和标准几乎为零,复工前既有路基结构的质量评价体系尚没有正式可供查阅的资料,为数不多的研究中只对特殊地质状况选取了少数指标进行评价,没有形成较为完善的指标体系和指标等级分类标准,同时,评价方法单一、缺乏可信度仍是普遍存在的问题。综上所述,本章以停工复建高速公路路基与边坡为研究对象,旨在解决复工前路基与边坡既有结构的质量评定问题,为后续的停工复建高速公路路基质量评定、复工设计和施工提供依据。

3.1 停工复建高速公路路基与边坡质量
评价指标体系构建

任何评价模型都是建立在评价因素集上,前人在研究复建高速公路评价时,对于指标体系的选取尚无一个通用的标准,需要依靠该领域内专家经验,再根据实际情况取舍。为了保证复建工程综合评价的客观性,必须建立一套相对合理规范的评价体系,根据高速公路复工建设特点和评价需要,构建复建指标体系。

另外,复建高速公路路基质量安全评价体系的研究是复建高速公路路基评价工作的重要组成部分。建立评价体系,不仅可以规范工程技术人员根据体系来确定研究区综合分析评价的各项指标及评价标准,还可以指导现场监测人员在调查时有目的地按照预定的标准进行有关基础数据的调查与收集。

3.1.1 构建评价体系的意义与原则

1. 构建评价体系的意义

建立评价体系是高速公路复工建设研究的前提和基础,只有全面系统地将主要影响因子考虑到评价体系中去,并根据高速公路复工建设的施工组织设计和病害综合分析形成相应的评价指标体系,这样的评价体系才科学合理,才能达到评价的目的。评价体系的意义可概括为以下几点[1]。

(1)定量评价和预测的基础。高速公路复工建设系统,既包含自然地质因素,又包含人类活动因素;不仅因素之间存在复杂的关联,而且因素的量值变化也无规律可循。对于灰类的评价体系,需深入分析,从主导因素着手,抓住实质,选取代表性的指标,建立评价体系及量化标准。

(2)管理和决策的依据。根据高速公路复工建设评价制定施工组织是管理部门的一项重要任务。管理决策的主要依据是反映高速公路复工建设的评价结果,企业根据评价结果选择合适的建设施工技术和方案。因此,建立规范化、标准化的评价体系是管理和决策必不可少的工具。

(3)信息共享与全民意识。高速公路复工建设的有关信息具有空间地理属性,是一种空间信息,在现代计算机网络技术的支持下,信息传输和信息资源共享已司空见惯。但是关于高速公路复工建设质量安全评价标准化无成文的研究成果,复建高速公路评价标准尚未形成。因此,需要建立一套高速公路复工建设评价体系以促进高速公路复工建设研究发展。

2. 构建评价体系的原则

对于评价体系建立的原则,已不再将系统性和普适性作为构建评价体系的首要原则,而是着重强调具体问题具体分析的基本准则,在普遍适应性的框架下充分考虑评价对象的具体情况。建立评价指标体系时应遵循以下几点原则。

(1)充分必要性原则。选择评价指标时,宜尽可能剔除那些对评价目标影响很小的评价指标。同时对评价目标的影响程度达到一定水平的评价指标,也不能忽略。

(2)阶段性和精度适应性原则。对于复建高速公路路基评价,针对不同的评价对象或工作阶段,研究工作的精度和深度不一样,指标体系的确定在一定程度上应能满足不同精度和不同阶段工作的需要。

(3)简明性和可操作性原则。指标的简明性和可操作性对复建高速公路路基评价尤为重要。简明性是指标应尽可能简单、明确,具有代表性;可操作性是评价指标的内容在实际工程中方便获取并实现。

通常采用层次分析方法建立评价指标体系,以解决指标体系选择过程中的简明性和可操作性问题。将目标分解,直到指标能够定量或定性地独立表征。总结研究成果,得知一般情况下可采用四层结构体系,即目标层、准则层、子准则层、指标层。

（4）独立性原则。指标选择时,应考虑问题的阶段性、针对性、代表性,避免指标之间的重叠交叉。指标间尽量相互独立,减少关联性。

3. 构建评价体系的注意事项

在子准则层和基础指标的选取和确定时,可采用该行业内集知识、经验、综合分析和判断能力于一身的工程人士,即通过德尔菲法确定系统评价的指标。用该方法确定评价指标,建立的评价体系具有集思广益、简单易行的特点,但应注意以下几点。

（1）子准则和基础指标的数量。指标类范围越广,指标数量越多,越有利于评价,但指标的可操作性和确定指标的相对重要程度也越困难,因而评价结果的可靠性也会相对减弱。

（2）冗余处理。在建立评价指标体系时,由于考虑的因素较多,但对具体问题、各指标对目标的影响程度是不同的,会出现冗余影响甚微的指标。因此,在系统评价前,应对指标按一定方法进行整理剔除,使评价体系客观、系统、简捷和规范。

（3）定性指标量化。从数值特征上看,指标可分为定量指标和定性指标。定性指标的取值比较复杂,需要指标的分级标准,然后根据某项指标对不同级别的相对贡献度取值,可以采用专家咨询法、统计分析法、层次分析法、模糊隶属度法等取值。本节采用专家咨询法和层次分析法相结合予以量化确定。

3.1.2 评价体系建立

1. 评价指标选取方法

1）专家咨询法

Delphi法主要采用征求意见表,专家对列出的评价指标进行评定,给出其具体意见,然后通过统计分析处理得到最终结果。假设第j个专家给出的m个指标的权重系数为$\{w_1,\cdots,w_m\}$,依据n个专家的意见选取权重系数较大的指标。

2）层次分析法

AHP[1,2]是一种简单、实用的系统分析方法,它不仅可用于定性评价,也可用于定量分析。对于复杂问题,首先将其分解为多个因素,然后按层次结构将这些因素进行分组,自上而下形成递阶有组织的层次模型,依据实际判断对每一层次因素进行定性或定量分析,以确定同一层次因素的重要程度,最终确定评价指标。

3) 主成分分析法

主成分分析法[3]（principal components analysis，PCA）是通过对评价指标进行筛选，对全部 m 个指标进行主成分分析得到 m 个已排序的主成分，最后一个主成分包含全部指标的评价信息最少，消除该主成分中系数绝对值最大的评价指标，对剩下的评价指标重复上述过程，最后得到主要成分，即主要的指标。

2. 路基评价指标体系建立

路基是按照路线位置和一定技术要求修筑的公路基础带状建筑物，它承受由路面传来的荷载。路基结构在车辆、自然因素、人为作用下会发生改变，其性能和质量随之发生变化，并逐渐出现破坏，长时间停工的复建路基在未完成之前更是经历了时间效应，使用性能方面大部分不能满足要求。复建的过程中，必须采取相应的处理改建措施，使路基的使用性能达到修建要求，质量安全得到保证，甚至提高。

路基的使用性能包括功能和结构两方面。路基功能是指路基作为路面的承载基础为道路使用者所提供的服务能力，包括路基土层的强度和稳定性、路基附属构造物的稳定性、排水、防护支挡能力。路基结构是指路基的物理状况，主要指路基的损坏程度。路基性能随着使用时间降低，经过修复后提升，使用过程中路基性能经过下降—修复—下降的循环过程，直至路基彻底损坏。相应规范中对路基功能检查评定的规定见表 3-1～表 3-3。

表 3-1 《公路养护质量检查评定标准》中路基功能检查内容

项目	检查内容	定义
路基构造物	路肩不整洁	路肩有杂物、垃圾、堆积物及 15cm 以上杂草
	路肩不整齐	路肩与路面衔接不平顺，低于路面 2cm 以上（硬化路肩低于 1cm）或高于路面；横坡小于路面坡度；不平整、不密实影响排水；路肩宽度小于设计宽度；路肩外缘不顺适，宽度差 20cm 以上突变
	水沟淤塞	边沟、截水沟、排水沟有淤积影响排水，以及应有边沟路段面无边沟
	构造物破坏	挖方边坡塌方 $3m^3$ 以上，填方边坡有冲沟、缺口宽度 30cm 以上；边坡坡度陡于设计坡度；挡墙等圬工体断裂、沉陷、倾斜、局部塌陷、松动，较大面积勾缝脱落

表 3-2　《高速公路养护质量检评方法》中路基功能检查内容

项目	检查内容	定义
路基	路肩不清洁、路肩损坏	路肩(包括土路肩、硬路肩和紧急停车带)和边沟(含边坡)有杂物、油渍、垃圾,堆积物有裂缝、坑槽、松散沉陷拥抱等,区分严重程度
	边坡坍塌、水毁冲沟	挖方路段边坡坍塌、填方路段边坡冲沟
	路基构造物损坏、路缘石缺损、路基整体沉降	路基构造物,如挡墙等圬工体断裂、沉陷、倾斜、局部坍塌、松动和较大面积勾缝脱落
	路基排水系统淤塞	边沟、排水沟和截水沟等排水系统淤积或者全面堵塞

表 3-3　《高速公路养护管理手册》中路基功能检查内容

项目	检查内容	程度	定义
路基	不清洁	轻	路肩上有少量杂物、垃圾或有<15cm 的杂草
		重	路肩上有少量杂物、垃圾或有≥15cm 的杂草
	不平整	轻	有<25cm 的浅度车辙、坑槽等变形,外缘不平顺,宽度差突变量≤20cm
		重	有≥25cm 的浅度车辙、坑槽等变形,外缘不平顺,宽度差突变量≥20cm
	接茬不平顺	轻	路肩与路面链接产生错台,错台量<2cm
		重	路肩与路面链接产生错台,错台量≥2cm
边坡	横向坡度不适	轻	横向坡度有轻度不适,影响了路面排水
		重	横向坡度不适或没有横坡,严重影响路面排水
	裂缝或剥落	轻	裂缝较窄<5mm,或很少有分支;剥落面积<1m²
		重	裂缝较窄≥5mm,或很少有分支;剥落面积>1m²
	边坡冲沟	轻	冲沟较轻,宽度<15cm,或急流槽出现轻度损坏
		重	冲沟较轻,宽度≥15cm,或急流槽出现严重损坏
	边坡坍塌	—	挖方塌方≥1m³,填方冲沟,宽度≥30cm
	坡度不适	—	边沟沟底纵坡小于规范值,不满足排水要求
水沟	水沟阻塞		边沟有淤塞,影响排水,以及应有边沟而没有
	泄水孔阻塞	轻	有阻塞现象,可能引起墙后积水
		重	严重阻塞,可能引起墙后大量积水,急需维修
挡墙	挡墙表面剥落	—	墙表面因风化等原因引起面层剥落
	挡墙损坏	—	出现裂缝、勾缝脱落、断裂、变形和坍塌等,区分严重程度

本节以某高速复建工程为背景,根据现场实际情况,从路基本体和路基附属物出发建立复建高速公路路基质量安全评价指标体系,体系指标结合路基现场病

害特征、病变严重程度、出现病害范围等指标选取,从既有路基、既有路基附属物 2 个准则层次展开构建评价体系。在子准则层分设填方路基、挖方路基、路基防护、路基边坡、排水设施、挡土墙 6 个子准则层,填方路基和挖方路基下各设 8 个相同指标,分别为清表厚度、路基宽度、纵断高层、压实度、弯沉值、承载力、中位线偏差、横坡率,其中填方路基和挖方路基评价指标相同,但各个指标在两种类型路基中权重不同;路基防护的类型有锚杆框架梁、浆砌片石、门式拱、人字骨架、土工格室、三维网、喷播植草,其表征指标为几何尺寸、表面平整度、砂浆(混凝土)强度、砂浆饱满度、锚杆长度、锚杆直径、锚杆抗拔力;表征边坡的指标有平顺度、坡度、边坡稳定系数;表征排水设施的指标为排水通畅度、沟渠尺寸、砂浆(混凝土)强度、砂浆饱满度、铺砌厚度;本项目中挡土墙主要是重力式挡土墙且其病变严重,其表征指标为砂浆(混凝土)强度、砂浆饱满度、竖直度、断面尺寸、表面平整度、泄水通畅度、墙背密实度。共 2 个准则层,4 个子准则层,39 个指标,其指标体系结构如图 3-1 所示。体系中某几个指标虽有重复,但隶属于不同准则层,是反映路基不同构件的重要表征因子。

3. 边坡评价指标体系建立

根据相关高速公路路基边坡稳定性评价指标体系[4],结合长时间停工高速公路路基边坡具有停工时间长、停工界面不合理、质量评价难度大、修复工程量大的特征,选取岩石质量指标 RQD、岩体结构特征、地应力、黏聚力、内摩擦角、坡高、日最大降水量、充填情况、地下水抽取度、车辆载荷强度、车辆载荷动态效应 11 个因素,作为复建高速公路路基边坡稳定性评价的影响因子。对岩石质量指标、岩体结构特征、地应力、黏聚力、内摩擦角、坡高、日最大降水量采用实测值进行评价,其分级标准见表 3-4;对充填情况、地下水抽取度、车辆载荷强度、车辆载荷动态效应用半定量化的方法进行赋值,其分级标准和取值情况见表 3-5。对各评价指标进行分级及取值,评判集为{C1,C2,C3,C4,C5},即 Ⅰ~Ⅴ 级,分别表示路基边坡稳定、较稳定、基本稳定、不稳定、极不稳定 5 个等级。

表 3-4　边坡稳定性影响因子分类标准

边坡稳定性分级	岩石质量指标	岩体结构特征	地应力/MPa	黏聚力/MPa	内摩擦角/(°)	坡高/m	日最大降水量/mm
稳定	>90	>90	<2	>2.1	>60	<5	<20
较稳定	75~90	75~90	2~8	1.5~2.1	50~60	5~10	20~40
基本稳定	50~75	50~75	8~14	0.7~1.5	40~50	10~15	40~60
不稳定	25~50	30~50	14~20	0.2~0.7	26~40	15~25	60~100
极不稳定	<25	<30	>20	<0.2	<26	>25	>100

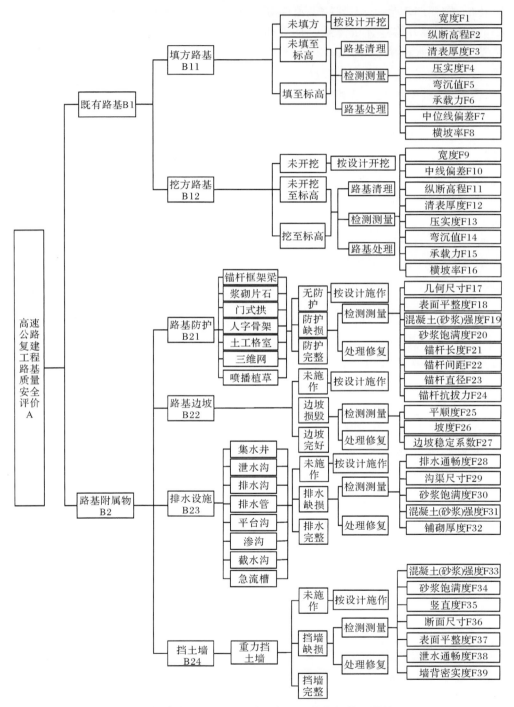

图 3-1　复建高速公路路基质量安全评价指标体系结构图

表 3-5　边坡稳定性评价的定性指标分级与赋值

影响程度分级	赋值	充填情况	地下水抽取度	车辆载荷强度	车辆载荷动态效应
Ⅰ级(C1)	1	无填补	无	小	弱
Ⅱ级(C2)	2	少数填补	少	较小	较弱
Ⅲ级(C3)	3	一半填补	一半	一般	一般
Ⅳ级(C4)	4	大部分填补	较大	较大	较强
Ⅴ级(C5)	5	全填补	大	大	强

3.2　停工复建高速公路路基与边坡质量评价指标权重确定

3.2.1　层次分析与专家咨询法确定权重

在评价过程中,为了对象科学、合理地评价,需对各个评价指标确定相应的权重,在关系到方案排序结果可靠性和正确性的多指标决策问题求解过程中,指标权重的确定是一项繁杂的工作。国内外部分学者已对指标权重的确定进行了相关研究,归纳总结其方法大概有三种:第一种是主观赋权法,即专家直接给出权重,如 Delphi 法、最小平方和法与特征向量法等;第二种是客观赋权法,即利用决策矩阵计算权重,如主成分分析法、熵值法和多目标最优化法、线性规划法、误差分析法等;第三种是主客观集成赋权法,该法综合了第一种方法与第二种方法的优点,综合计算权重,如线性加权单目标最优化法、熵系数综合集成法、基于粗集理论的综合权重求解法、基于模糊判断矩阵的专家法、组合赋权法、Frank-Wolfe 法等[5]。

常用的权重计算方法有几何平均法、算数平均法、特征向量法和最小二乘法。

1) 几何平均法(方根法)

计算表达式为

$$w_i = \frac{\left(\prod_{j=1}^{n} a_{ij}\right)^{\frac{1}{n}}}{\sum_{i=1}^{n}\left(\prod_{j=1}^{n} a_{ij}\right)^{\frac{1}{n}}} \tag{3-1}$$

计算步骤如下。

(1) 将判断矩阵 A 进行矩阵相乘得到新的向量。

(2) 将新向量的每个分量开 n 次方。

(3) 将所得向量归一化即为权重向量。

2）算术平均法（求和法）

将判断矩阵 A 中每一列当成某一指标的权重值，不同元素表示权值的不同分布，因此，可采用判断矩阵的列向量数值的算术平均值来估计权向量，即

$$w_i = \frac{1}{n} \frac{\sum_{j=1}^{n} a_{ij}}{\sum_{k=1}^{n} a_{kj}} \tag{3-2}$$

计算步骤如下。

（1）A 的元素按列归一化。

（2）对归一化后的各列求和。

（3）对和向量求平均，得出对应的权重向量。

3）特征向量法

将权重向量 W 右乘权重比矩阵 A，有 $AW = \lambda_{\max} W$。

$\lambda_{\max}$ 是矩阵 A 的最大特征值，存在且唯一，W 的分量均为正分量。最后将权重向量归一化处理所得到的向量即为权重值。

4）最小二乘法

用拟合回归的方法确定权重向量，使残差平方和为最小，求解公式如下：

$$\min Z = \sum_{i=1}^{n} \sum_{j=1}^{n} (a_{ij} w_j - w_i)^2 \tag{3-3}$$

$$\text{s. t.} \sum_{i=1}^{n} w_i, \quad w > 0, i = 1, 2, \cdots, n \tag{3-4}$$

利用层次分析法初步确定指标权重，其做法是将目标分解为几个层次和若干指标，根据专业人员比较判断指标之间的重要程度，建立判断矩阵，并计算该矩阵的最大特征值以及对应的特征向量，特征向量即为所求权重。为了得到指标的初步权重，本节在层次分析法的基础上采用专家咨询法进行指标初始量化。

根据前述分析评价对象、评价指标及评价体系结构，结合某高速公路复建工程，设计出表 3-6。其优点是进行两两比较时，划分比较级别容易，再根据比较级别及指标权重进行评价，容易实施，简单易懂。

表 3-6　比例标度的含义

标度	含义	标度	含义
1	具有同等重要性	7	前者比后者强烈重要
3	前者比后者稍微重要	9	前者比后者极端重要
5	前者比后者明显重要	2,4,6,8	上述相邻判断的中间值

层次分析法基本原理是把复杂系统分解成目标、准则、方案等层次，然后进行

定性和定量分析。其将决策思维过程层次化、数量化、模型化,并用数学手段为分析决策提供定量依据,是将定性事件定量化分析的手段,此方法特别适合目标因素结构复杂且缺少量化数据的情况。具体分析可以按如下 4 个步骤进行[2,6]。

(1) 建立递阶层次结构模型。

将不同属性的指标及相互关系按照不同的属性自上而下划分成若干层次。一般可分为目标层、准则层、子准则层、指标层 4 层,同一层次的各因素隶属于上一层的各因素,对上一层有作用,同时又支配下一层的各因素。递阶层次结构中的层次数与问题的复杂程度及需要分析的详尽程度有关,一般情况下层数不受限制,但每一层的下属元素一般少于 9 个。

(2) 构造层次判断矩阵。

在层次结构中,对于隶属于同一层的各因素进行两两评判,给出分值,并按事前规定的标度量化,构成矩阵形式,即判断矩阵。判断矩阵中各元素的数值采用 1/9 位标度法(见表判断矩阵标度定义)确定,主要是通过专家打分或由历史经验判断。

设有 m 个评价方案,方案集 $S = \{s_1, s_2, \cdots, s_n\}$,指标集 $P = \{p_1, p_2, \cdots, p_n\}$,判断矩阵 $\boldsymbol{A} = [a_{ij}]_{m \times n}$,$a_{ij}$ 是方案 s_i 在属性 p_j 下的评价值。判断矩阵 A 如下:

$$\boldsymbol{A} = \begin{bmatrix} a_{11} & \cdots & a_{1n} \\ \vdots & & \vdots \\ a_{m1} & \cdots & a_{mn} \end{bmatrix} \tag{3-5}$$

(3) 计算权向量。

计算判断矩阵中每个因素从属于上层次的相对权重。判断矩阵 $\boldsymbol{A}$ 的最大特征 λ_{max} 所对应的特征向量 $\boldsymbol{W}$,上一层次经归一化后得到同一层次相应因素对于某因素的相对权值。权重集合用 $\boldsymbol{W}$ 表示,$\boldsymbol{W} = \{w_1, w_2, \cdots, w_n\}^{\mathrm{T}}$,$\sum_{i=1}^{n} w_i = 1$,$w_i > 0$,$w_i$ 为单指标权重。

(4) 一致性检验。

为检验经专业人士打分得出的权向量是否符合针对同一层次因素逻辑正确性,需要对判断矩阵进行一致性检验,当满足层次逻辑合理时才能进行后续的分析计算。进行一致性检验需按照下面的公式逐一验算:

$$\mathrm{CR} = \frac{\mathrm{CI}}{\mathrm{RI}} \tag{3-6}$$

式中,CR(consistency ratio)为一致性比例,当 CR<0.10 时,认为判断矩阵的一致性符合要求,当 CR>0.10 时,说明判断矩阵中因素赋值存在逻辑不合理现象,应给予修正;RI(random index)为随机一致性指标,可查表 3-7 确定;CI(consistency index)为一致性指标,按式(3-7)计算。

$$CI = \frac{\lambda_{\max} - n}{n - 1} \qquad (3-7)$$

式中，$\lambda_{\max}$ 为判断矩阵的最大特征根；n 为比较因子的对数。

表 3-7　阶数判断矩阵所对应的 RI

阶数	1	2	3	4	5	6	7	8	9	10	11	12	13	14	15
RI	0	0	0.52	0.89	1.12	1.26	1.36	1.41	1.46	1.49	1.52	1.54	1.56	1.58	1.59

3.2.2　基于熵值法的权重修订

主观赋权法确定决策方案指标的权重，虽然反映了决策者的主观判断或经验，实施过程相对简单，但方案的排序可能有很大的主观臆断性，结果容易受决策者知识缺乏局限的影响。利用客观赋权法求解指标权重，虽然具有系统性、简洁性等优点，但仅用层次分析法确定指标权重有以下不足：一是层次分析法就其本质而言，仍然是一种主观赋权法，构造判断矩阵时，评价者往往根据个人对各指标的重视程度确定权重值，权重值赋予的好坏受评价者经验、知识、个人素质等影响较大；二是层次分析法确定的指标权重相对固定，容易忽视那些对决策者都很重要但在选择时所有决策方案对该指标的评价值都相似的情况，主观赋权接近一致的趋势使该指标的鉴别力大大降低，造成了评价指标有效性不足的缺陷；三是确定各评价指标权重时，指标的比较中"强烈大"、"极端大"、"明显大"的情况一般很少出现，各指标赋权重值的结果在"稍微大"附近浮动，凸显不出指标主次的权重值对梳理清楚主导次要因素有迷惑性，不利于研究。

为了克服层次分析法确定权重的不妥之处，引入熵值法对层次分析法的结果进行修正，将鉴别力不高的重要指标权重适当拉开层次，而把评价值相差悬殊的指标权重适当调小，实现静态赋权与动态赋权的结合，以提高评价的科学性和实用性。

在信息论中，信息熵是系统无序程度的度量[7]，其表达式为

$$H(x) = -\sum_{i=1}^{m} p(x_i) \ln p(x_i) \qquad (3-8)$$

式中，x_i 为第 i 个状态值（共有 m 个状态）；$p(x_i)$ 为出现第 i 个状态值的概率。

设有 m 个决策方案，n 项选择指标的指标数据矩阵为 $\boldsymbol{X} = (x_{ij})_{m \times n}$，对于某个指标 j，若待选方案的指标值 x_i 间距越大，信息熵就越小，则该指标在选择中所起的作用就越大，就应该用较大的权重值表示；反之亦然。所以，根据各项指标的重要程度差异，利用熵值法对用层次分析法确定的各指标的权重进行调整是一种行之有效的方法。

3.2.3　熵值法权重的确定

熵值法对权重的调整步骤[7,8]如下。

（1）计算指标值 x_{ij} 在指标 j 下的权重 $p(x_{ij})$：

$$p(x_{ij}) = \frac{x_{ij}}{\sum\limits_{i=1}^{n} x_{ij}} \tag{3-9}$$

（2）计算指标 j 的熵值 e_j：

$$e_j = -k \sum_{i=1}^{m} p(x_{ij}) \ln p(x_{ij}) \tag{3-10}$$

式中，$k>0$，$e_j \geqslant 0$，对于第 j 个指标，当 x_{ij} 全部相等时，$p(x_{ij}) = \dfrac{x_{ij}}{\sum\limits_{i=1}^{n} x_{ij}} = \dfrac{1}{m}$，此时 e_j 为极大值，即 $e_j = k \ln m$。

（3）计算指标 j 的差异性因数 g_j。

对于给定的指标 j，x_{ij} 的差异性越小，则 e_j 越大；当 x_{ij} 全部相等时，$e_j = e_{\max} - 1$。此时指标 j 没有作用；当各指标值相差越大时，e_j 越小，该指标所起的作用越大。

设定 $\boldsymbol{G} = (g_1, g_2, \cdots, g_n)$ 为差异性因数向量，其中，$g_j = 1 - e_j$，当 g_j 越大时，该指标越重要。

（4）权重的调整。

通过 AHP 方法得到各指标的权重后，利用差异性因数 g_j 修正已有权重。

$$a_j = b_j g_j$$

$$w_j = \frac{a_j}{\sum\limits_{j=1}^{n} a_j}, \quad j = 1, 2, \cdots, n \tag{3-11}$$

指标体系的各级权重和结构权重分布见表 3-8。

表 3-8　复建高速公路路基质量安全评价各层指标及权重表

一级指标		二级指标		三级指标	
指标	权重	指标	权重	指标	权重
既有路基 B1	0.6667	填方路基 B11	填/未填至 标高 0.4025	纵断高程 C1	0.1157
				清表厚度 C2	0.0428
				压实度 C3	0.2260
				弯沉值 C4	0.2080
				承载力 C5	0.1026
				宽度 C6	0.1558
				中位线偏差 C7	0.0958
				横坡率 C8	0.0533

续表

一级指标		二级指标			三级指标	
指标	权重	指标		权重	指标	权重
既有路基 B1	0.6667	挖方路基 B12	挖/未挖至标高	0.2012	纵断高程 C9	0.1069
					清表厚度 C10	0.0327
					压实度 C11	0.2283
					弯沉值 C12	0.1639
					承载力 C13	0.0902
					宽度 C14	0.2399
					中位线偏差 C15	0.0814
					横坡率 C16	0.0567
既有路基防护支挡 B2	0.3333	路基防护 B21		0.1571	几何尺寸 C17	0.2006
					表面平整度 C18	0.0322
					砂浆强度 C19	0.1328
					砂浆饱满度 C20	0.0594
					锚杆长度 C21	0.1739
					锚杆直径 C22	0.1836
					锚杆间距 C23	0.0735
					锚杆抗拔力 C24	0.1440
		路基边坡 B22		0.1183	边坡稳定性 C25	0.5936
					坡度 C26	0.2493
					平顺度 C27	0.1571
		排水设施 B23		0.0856	排水通畅度 C28	0.3657
					砂浆强度 C29	0.3338
					砂浆饱满度 C30	0.0496
					铺砌厚度 C31	0.0772
					沟渠尺寸 C32	0.1736
		挡土墙 B24		0.0355	砂浆强度 C33	0.3151
					砂浆饱满度 C34	0.0372
					泄水孔通畅度 C35	0.0920
					竖直度或坡度 C36	0.0616
					断面尺寸 C37	0.2726
					表面平整度 C38	0.0485
					墙背回填密实度 C39	0.1730

3.3　评价数据标准化

数据标准化是将属性数据按映射关系缩放,通过函数将给定属性的整个值域映射到无量纲的值域中,每个旧的属性值都被一个新的无属性数值替代。标准化达到了改造数据关系模式的目的,通过分解关系模式消除其中不合适的数据依赖,以解决插入异常、删除异常、更新异常和数据冗余等问题。

数据标准化最常用的就是数据归一化处理,即将数据映射到[0,1]区间上,整理归纳得知,常见的数据归一化的方法有 3 种[9]。

1) min-max 标准化(min-max normalization)

$$\overline{a_i} = \frac{|a - \min_a|}{\max_a - \min_a} \tag{3-12}$$

式中,$\overline{a_i}$ 为无量纲规范化值;$\min_a$ 为指标 a 的最小值;$\max_a$ 为指标 a 的最大值;a 为指标 a_i 的具体值。

2) lg 函数转换

通过以 10 为底的对数函数将指标数据进行转换,表达式为

$$\overline{a_i} = \frac{\lg a_i}{\lg \max_a} \tag{3-13}$$

转换结果不一定落到[0,1]区间内,并且所有的指标数据都要大于等于 1。

3) arctan 函数转换

用反正切函数实现数据的归一化,其转化公式为

$$\overline{a_i} = a\tan a_i \frac{2}{\pi} \tag{3-14}$$

大于等于 0 的数据映射结果区间为[0,1],小于 0 的数据映射结果区间为[−1,0]。

4) z-score 标准化(zero-mean normalization)

Z 标准化法是最常见的标准化方法,经过处理的数据符合均值为 0、标准差为 1 的标准正态分布,因此,也叫标准差标准化,处理公式为

$$\overline{a_i} = \frac{a_i - \mu}{\sigma} \tag{3-15}$$

式中,μ 为所有样本数据的均值;σ 为所有样本数据的标准差。

评价指标体系中指标较多,为消除不同单位的数据参与计算分析时产生不同的变异而使评价过程发生困难或者产生无意义的结果,在评价过程中按评价需求处理,当需要数据标准化时采用 min-max 标准化法,不需要时无需标准化处理。

3.4　评价等级分类标准

　　路基质量安全受多种因素的影响,复建工程路基更是如此,必须从体系结构层次分析出发,选取影响和控制路基质量安全最为重要的表征指标。在评价过程中,多种因素构成的指标经常包含一定的相关性,可能造成评价指标选取独立性和代表性不强,因此,本章在系统分析复建工程路基可能的质量不安全因素的基础上,剔除一些相关性较大的评价指标,尽量涵盖不同质量指标,并且根据评价体系框架中指标创建规范评价等级标准。

　　在综合研究标准规范《高速公路养护质量检评方法》(试行)、《公路工程技术标准》(JTG B01—2014)、《公路工程质量检验评定标准》(JTG F80/1—2012)、《公路路基施工技术规范》(JTG F10—2006)、《公路土工试验规程》(JTG E40—2007)、《公路养护技术规范》(JTG H10—2009)、《公路路基路面现场测试规程》(JTG E60—2008)、《公路沥青路面设计规范》(JTG D50—2006)、《建筑边坡工程技术规范》(GB 50330—2013)以及其他学者关于高速公路路基检评标准办法的基础上,再结合某高速公路工程施工设计文件、勘察文件及现场实况调研,本章设影响集因素 $c=\{c_1,c_2,c_3,c_4,c_5\}$,即划分为 5 个等级,其结果分别对应优(Ⅰ)、良(Ⅱ)、中(Ⅲ)、次(Ⅳ)、差(Ⅴ)5 个级别,具体级别对应取值范围见表 3-9。

3.5　停工复建高速公路路基质量评价方法及应用

3.5.1　工程实例

　　某高速公路复工项目于 2006 年 7 月完成设计工作,2006 年 10 月开工建设,于 2007 年下半年停工,至今已停工近 7 年之久。项目组于 2012 年 3 月进行了现场踏勘调查,发现由于长时间停工,环境影响和人为破坏等对项目已施工程造成了非常大的影响。

　　1. 路基现状

　　路基大部分路段已经施工,停工后由于部分填筑路基及开挖路堑长时间暴露在自然环境中,受雨水冲刷及人为活动(在边坡上肆意开挖取土、路基上随意倾倒垃圾、水毁冲沟等)的影响,路基呈现诸多病害。路基范围内杂草丛生,堆满了大量未摊铺的土石方以及生活垃圾等,边坡冲刷严重,路基积水翻浆,挖方边坡常年受雨水冲刷、坍塌失稳。

表 3-9　复建高速公路路基质量安全评价等级标准

序号	评价指标	评定级别				
		优（Ⅰ）	良（Ⅱ）	中（Ⅲ）	次（Ⅳ）	差（Ⅴ）
1	宽度（偏差）/mm	0~50	50~100	100~150	150~250	>250
2	纵断高程（偏差）/mm	0~5	5~10	10~20	20~30	>30
3	清表厚度 /%	0.97~1	0.90~0.97	0.80~0.90	0.70~0.80	0~0.70
4	压实度 /%	98~100	96~98	94~96	93~94	0~93
5	弯沉值 /0.01mm	0~20	20~45	45~70	70~100	>100
6	CBR 值	>8	5~8	4~5	3~4	0~3
7	中位线（偏差）/mm	0~15	15~25	25~35	35~50	>50
8	横坡率 /%	0.0~0.05	0.05~0.15	0.15~0.25	0.25~0.30	0.30~1.0
9	宽度（偏差）/mm	0~50	50~100	100~150	150~250	>250
10	纵断高程（偏差）/mm	0~5	5~10	10~20	20~30	>30
11	压实度 /%	98~100	96~98	94~96	94~93	94~93
12	弯沉值 /0.01mm	0~20	20~45	45~70	70~100	>100
13	CBR 值	>8	5~8	4~5	3~4	0~3
14	中位线（偏差）/mm	0~15	15~25	25~35	35~50	>50
15	横坡率 /%	0.18~0.30	0.06~0.18	-0.06~0.06	-0.18~-0.06	-0.30~-0.18
16	几何尺寸（偏差）/mm	0~5	5~10	10~20	20~30	>30
17	表面平整度（偏差）/mm	0~5	5~20	20~30	30~50	>50
18	混凝土/砂浆强度（折减系数）/MPa	0.98~1	0.95~0.98	0.93~0.95	0.85~0.93	0~0.85
19	砂浆饱满度 /%	0.95~1	0.90~0.95	0.85~0.95	0.70~0.85	0~0.70

续表

序号	评价指标	评定级别				
		优（Ⅰ）	良（Ⅱ）	中（Ⅲ）	次（Ⅳ）	差（Ⅴ）
20	锚杆拉杆长度（偏差）/m	0.92~1	0.85~0.92	0.75~0.85	0.6~0.75	0~0.6
21	锚杆直径（损失）/%	0~1.5	1.5~3.0	3.0~6.0	6.0~10.0	>10.0
22	锚杆拉杆间距（偏差）/mm	0~5	5~10	10~15	10~20	>20
23	锚杆抗拔力系数	0.90~1	0.85~0.90	0.75~0.85	0.6~0.75	0~0.6
24	平顺度	0~5	5~20	20~30	30~50	>50
25	垂直度或坡度（偏差）/%	0~0.5	0.5~1.0	1.0~2.0	2.0~3.0	>3
26	边坡稳定系数	>1.35	1.30~1.35	1.25~1.30	1.10~1.25	0~1.10
27	排水通畅度	0.90~1	0.85~0.90	0.75~0.85	0.50~0.75	0~0.50
28	沟渠尺寸（偏差）/mm	0~5	5~10	10~15	15~20	>20
29	砂浆饱满度/%	0.95~1	0.90~0.95	0.85~0.95	0.70~0.85	0~0.70
30	混凝土/砂浆强度（系数）	0.98~1	0.95~0.98	0.93~0.95	0.85~0.93	0~0.85
31	铺砌厚度（偏差）/mm	0~20	20~50	50~80	80~100	>100
32	混凝土/砂浆强度（系数）	0.98~1	0.95~0.98	0.93~0.95	0.85~0.93	0~0.85
33	砂浆饱满度/%	0.95~1	0.90~0.95	0.85~0.95	0.70~0.85	0~0.70
34	竖直度或坡度（偏差）/%	0~0.5	0.5~1.0	1.0~2.0	2.0~3.0	>3
35	断面尺寸偏差/mm	0~3	3~5	5~7	7~10	>10
36	墙面平整度/mm	0~5	5~8	8~10	10~15	>15
37	泄水孔通畅度/%	0.93~1	0.85~0.93	0.70~0.85	0.45~0.70	0~0.45
38	距面板1m内压实度/%	90	88~90	85~88	80~85	0~80

2. 路基技术标准

本项目采用双向四车道高速公路标准,主线设计速度 100km/h。整体式路基断面宽度 26m,布置如下:中央分隔带宽 2.0m,左侧路远带宽 2×0.75m,行车道宽 2×2×3.75m,硬路肩宽 2×3.0m,土路肩宽 2×0.75m。结合地形地质情况,路基采用上下行分离路基及高低分幅路基等形式。路基布置如图 3-2～图 3-6 所示。路基设计按最大填土高度不大于 20m、最大挖深(边坡)不大于 40m 进行控制。

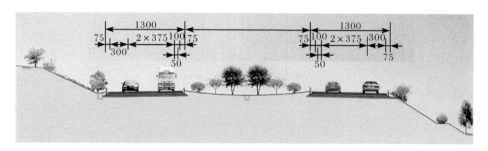

图 3-2　分离式路基标准横断面图(单位:cm)

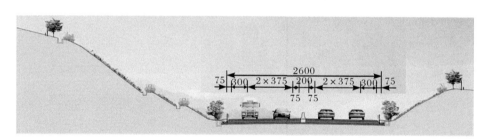

图 3-3　整体式路基标准横断面图(单位:cm)

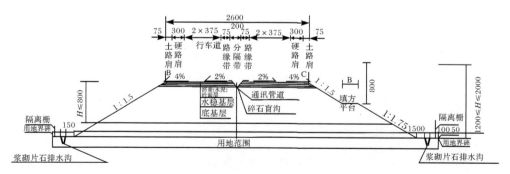

图 3-4　填方路基断面图(单位:cm)

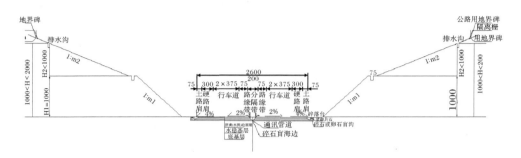

图 3-5　挖方路基断面图(单位:cm)

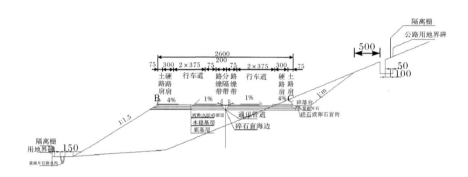

图 3-6　半填半挖路基断面图(单位:cm)

3.5.2　灰色聚类评价

停工复建高速公路路基质量安全评价的研究尚处在开始阶段,没有系统的研究成果和模式,可借鉴路面质量安全评价的方法。由于长期停工、自然侵蚀作用、荷载、环境因素以及路基层本身结构的复杂性,在评价路基质量安全时,存在着多种因素叠加且辨识困难等现象,因而复建路基质量安全评价具有明显的"灰色"特征,可以利用灰色聚类法进行评价。采用灰色聚类评估精度更高、误差易于控制。路基质量安全灰色聚类评价是影响路基性能的各种因素的综合评估,通过对设计的指标进行数据采集、处理、定性和定量,以灰数的白化权函数生成为基础,将路基质量安全指标值作为聚类对象分散信息,按照灰类进行归纳,判断聚类对象所属的灰类来实现路基质量安全评价。

1. 建立灰色聚类评价矩阵

进行工程质量安全评价需建立在可靠的数据基础之上,本节开展的综合质量安全评价是根据某复建高速公路典型路段路基状况采取的原始数据,然后进行提取运算。数据来源于现场检测测量、停工前存留的部分资料、勘察文件、复工设计文件、相关构件的工程力学实验、相关工程人员打分等。考虑到待评指标所指的路基损毁状况必定不会发生在同一点，即不会在同一路段发生所有病害，所以在数据采集时既要选择某种病害严重的典型路段，又要满足归属于该准则层的其他指标数据采集之需。具体实施时每个准则层选取 5 里程点进行数据采集，不同准则层选取不同路段。所有指标项均以量化数据表示，以提供评价之用，其数据见表 3-10。

根据表 3-10 中的原始数据，提取 5 个典型里程段的各项检测数据按照待评矩阵理论形成 5 个类的待评矩阵，分别用 R_0、R_1、R_2、R_3、R_4、R_5 表示，其对应准则层填方路基节域用 R_p 表示。

$$R_0 = \begin{bmatrix} 97 & 6 & 0.94 & 96 & 28 & 7 & 24 & 0.1 \\ 80 & 7 & 0.96 & 97 & 47 & 8 & 23 & 0.08 \\ 77 & 8 & 0.95 & 96 & 40 & 6 & 20 & 0.07 \\ 55 & 9 & 0.96 & 97 & 22 & 8 & 16 & 0.11 \\ 65 & 6 & 0.94 & 98 & 49 & 7 & 27 & 0.08 \end{bmatrix}$$

$$R_1 = \begin{bmatrix} 96 & 7 & 0.94 & 95 & 43 & 8 & 26 & 0.09 \\ 85 & 8 & 0.97 & 96 & 28 & 7 & 28 & 0.07 \\ 77 & 7 & 0.95 & 96 & 35 & 8 & 17 & 0.081 \\ 56 & 9 & 0.96 & 95 & 36 & 8 & 15 & 0.12 \\ 72 & 9 & 0.91 & 95 & 27 & 7 & 21 & 0.78 \end{bmatrix}$$

$$R_2 = \begin{bmatrix} 0.99 & 0.93 & 0.89 & 2.1 & 9 & 0.86 & 18 \\ 0.97 & 0.93 & 0.88 & 1.8 & 8 & 0.85 & 17 \\ 0.95 & 0.94 & 0.87 & 2.3 & 8 & 0.87 & 10 \\ 0.98 & 0.90 & 0.86 & 1.5 & 6 & 0.87 & 11 \\ 0.95 & 0.91 & 0.85 & 2.2 & 7 & 0.85 & 14 \end{bmatrix}, \quad R_3 = \begin{bmatrix} 6 & 0.7 & 1.36 \\ 12 & 0.98 & 1.45 \\ 18 & 0.86 & 1.37 \\ 10 & 0.72 & 1.30 \\ 8 & 0.93 & 1.29 \end{bmatrix}$$

$$R_4 = \begin{bmatrix} 60.93 & 0.9538 & 0.95 \\ 60.91 & 0.9542 & 0.96 \\ 70.91 & 0.9635 & 0.94 \\ 70.92 & 0.9723 & 0.93 \\ 70.94 & 0.9540 & 0.96 \end{bmatrix}, \quad R_5 = \begin{bmatrix} 0.96 & 0.91 & 0.6 & 5 & 7 & 0.89 & 90 \\ 0.96 & 0.94 & 0.6 & 3 & 7 & 0.91 & 88 \\ 0.95 & 0.93 & 0.6 & 5 & 6 & 0.88 & 87 \\ 0.97 & 0.93 & 0.9 & 4 & 5 & 0.91 & 89 \\ 0.96 & 0.95 & 0.7 & 4 & 5 & 0.93 & 86 \end{bmatrix}$$

表 3-10　路基质量安全检查数据表

检查项	检查内容	检测数值				
填方路基	里程	K12+260	K12+300	K12+360	K13+280	K13+450
	宽度/m	16.750/13.000	16.750/13.000	18.704/13.000	16.750/13.000	13.000/13.000
	纵断高程差/m	0.420/−0.367	0.420/−0.368	0.479/−0.368	−0.255/−0.349	−0.361/−0.325
	清表厚度/%	98	97	98	99	100
	压实度/%	92	95	93	95	97
	弯沉值/(×10⁻²mm)	88	134	116	424	254
	承载力/kN	13.85	9.8	13.85	13.85	9.8
	中线偏差/mm	8.7	23.2	11.3	7.9	18.4
	横坡率/%	0.95	0.95	0.95	−2	−0.8
挖方路基	里程	K12+540	K12+600	K12+680	K13+080	K13+600
	宽度/m	13.000/13.000	13.000/13.000	13.000/13.000	13.000/15.594	13.000/15.361
	纵断高程/m	0.307/−0.367	0.307/−0.367	0.307/−0.367	0.307/−0.445	−0.313/−0.033
	清表厚度/%	99	98	100	99	100
	压实度/%	94	91	96	95	96
	弯沉值/(×10⁻²mm)	263	160	196	460	534
	承载力/kN	13.85	13.85	9.8	13.85	13.85
	中线偏差/mm	13.7	33.6	9.6	5.9	7.4
	横坡率/%	0.95	−2	−2	−2	−0.8
路基防护	里程	K18+700	K19+885	K20+150	K21+500	K22+350
	几何尺寸/m	16.4	16.4	16.0	16.2	16.4
	表面平整度/cm	+8	+3	0	−5	−4

续表

检查项	检查内容	检测数值				
路基防护	框格锚杆	砂浆强度(M7.5)/MPa	7.4	7.6	8.1	7.2	7.3
		砂浆饱满度/%	96	95	98	97	96
		锚杆长度/m	3.7/5.2	8.2/10.2	5.2/5.0	10.0/10.2	5.3/10.9
		锚杆直径(Φ25)/mm	24.67	24.35	24.51	24.22	24.19
		锚杆间距/m	1.8	1.8	1.8	1.8	1.8
		锚杆抗拔力偏差/%	+1.9	+2.5	-1.4	-0.73	+2.3
	门式	混凝土强度(C20)/MPa	21.7	20.3	22.8	19.7	19.3
	拱	强度(C20)/MPa	16.8	15.7	14.3	14.8	17.2
		砂浆强度(M10)/MPa	11.3	10.5	12.4	10.9	9.9
	喷播植草	里程	K18+700	K19+885	K20+150	K21+500	K22+350
		锚杆直径(Φ14)/mm	13.58	13.67	13.64	13.83	13.62
		铁丝直径(Φ2.6)/mm	2.52	2.39	2.43	2.29	2.50
	土工格室	锚杆直径(Φ18)/mm	17.65	17.38	17.57	17.20	17.41
路基边坡		里程	K12+160	K12+300	K12+360	K12+580	K13+450
		坡度	1:0.750/1:0.750	1:1.500/1:1.500	1:1.500	1:0.750	1:1.500
		平顺度/cm	+4	-2	-6	+3	-2
		边坡稳定系数	1.023	1.040	1.169	0.960	0.843

续表

检查项	检查内容	检测数值				
排水设施	里程	K10+050	K10+960	K11+340	K11+750	K12+110
	排水通畅度/%	75	75	80	80	75
	砂浆强度(M7.5)/MPa	8.2	7.3	7.8	8.2	8.5
	混凝土强度(C15)/MPa	16.7	15.6	17.4	14.8	15.3
	砂浆饱满度/%	98	98	100	99	97
	浆砌片石厚度/m	0.3	0.3	0.3	0.3	0.3
	沟渠尺寸(高×宽)/m×m	0.6×0.5	0.6×0.5	0.6×0.5	0.6×0.5	0.6×0.5
挡土墙	里程	K19+337	K19+300	K19+420	K19+460	K19+500
	砂浆强度(M7.5)/MPa	8.0	8.3	7.4	7.7	7.2
	砂浆饱满度/%	99	98	100	97	98
	泄水孔通畅度/%	70	83	80	75	75
	断面尺寸(高×长×宽)/(m×m×宽)	11.42×15×	12.58×15×	13.74×15×	11.46×15×	12.68×15×
	表面平整度/cm	3.1	3.3	3.55	3.4	3.8
	墙背回填压实度/%	+3	+1	+2	-2	0
	竖直度	95	98	96	95	96
	稳定系数 滑动/(k_{c1}/k_{c2})	1:0.28	1:0.25	1:0.25	1:0.25	1:0.25
	稳定系数 倾覆系数	2.30/1.87	2.49/1.98	2.69/2.09	2.15/1.79	2.26/1.86
		2.18	2.36	2.52	2.25	2.53

$$R_p = \begin{bmatrix} P \\ c_1(0,1) \\ c_2(0,1) \\ \vdots \\ c_{n-1}(0,1) \\ c_n(0,1) \end{bmatrix}$$

2. 建立白化函数

以评价矩阵数据为基础,分析数据的累积百分频率,绘制累积百分频率曲线,确定出灰类白化值 A_1、A_2、A_3、A_4、A_5,再将其代入相应的白化权函数,得到相应的特征值。根据参考文献[10]评价指标对应的 4 灰类白化权函数表达式,再结合统计数据,确定该公路路基的安全评价等级分为 5 个灰类 5 个等级,建立白化函数如下:

$$f_j^1(d_{ij}) = \begin{cases} d_{ij}/90, & d_{ij} \in (0,90] \\ 1, & d_{ij} \in (90,100] \\ 0, & d_{ij} \in (100,\infty) \end{cases} \tag{3-16}$$

$$f_j^2(d_{ij}) = \begin{cases} d_{ij}/85, & d_{ij} \in (0,85] \\ (90-d_{ij})/7, & d_{ij} \in (85,90] \\ 0, & d_{ij} \in (90,\infty) \end{cases} \tag{3-17}$$

$$f_j^3(d_{ij}) = \begin{cases} d_{ij}/70, & d_{ij} \in (0,70] \\ (85-d_{ij})/7, & d_{ij} \in (70,85] \\ 0, & d_{ij} \in (85,\infty) \end{cases} \tag{3-18}$$

$$f_j^4(d_{ij}) = \begin{cases} d_{ij}/60, & d_{ij} \in (0,60] \\ (70-d_{ij})/7, & d_{ij} \in (60,70] \\ 0, & d_{ij} \in (70,\infty) \end{cases} \tag{3-19}$$

$$f_j^5(d_{ij}) = \begin{cases} 1, & d_{ij} \in (0,55] \\ (60-d_{ij})/7, & d_{ij} \in (55,60] \\ 0, & d_{ij} \in (60,\infty) \end{cases} \tag{3-20}$$

白化权函数图像如图 3-7 所示,累积百分频率曲线如图 3-8 所示。

3. 灰色聚类系数的求解

灰类聚类权 η_{jk} 采用前述经过熵值法修正的权值,利用公式 $\sigma_{ik} = \sum\limits_{j=1}^{m} f_j^k(d_{ij})\eta_{jk}$ 计算得到如下灰色聚类系数矩阵:

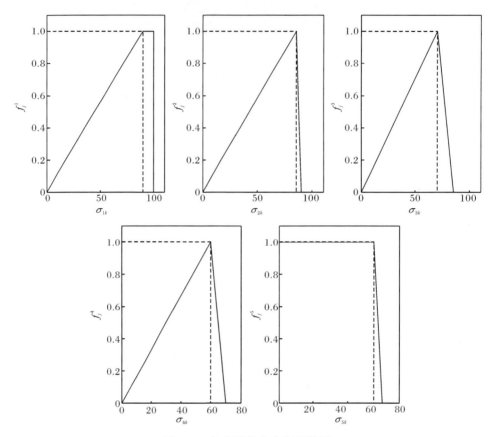

图 3-7　灰色聚类白化权函数图

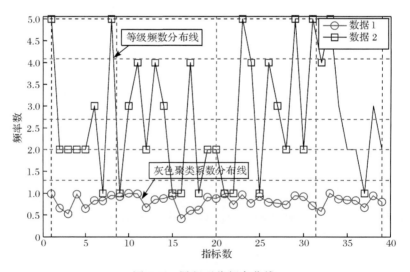

图 3-8　累积百分频率曲线

$$(\sigma_{8\times5})_1 = \begin{bmatrix} 0.6820 & 0.1499 & 0.8253 & 0.3993 & 0.9841 \\ 0.0424 & 0.6596 & 0.0835 & 0.5269 & 0.1672 \\ 0.0714 & 0.5186 & 0.1332 & 0.4168 & 0.1062 \\ 0.5216 & 0.9730 & 0.1734 & 0.6569 & 0.3724 \\ 0.0967 & 0.6490 & 0.3909 & 0.6280 & 0.1981 \\ 0.8181 & 0.8003 & 0.8314 & 0.2920 & 0.4897 \\ 0.8175 & 0.4538 & 0.8034 & 0.4317 & 0.3395 \\ 0.7224 & 0.4324 & 0.0605 & 0.0155 & 0.9516 \end{bmatrix}$$

$$(\sigma_{8\times5})_2 = \begin{bmatrix} 0.9203 & 0.9831 & 0.1280 & 0.3689 & 0.4283 \\ 0.0527 & 0.3015 & 0.9991 & 0.4607 & 0.4820 \\ 0.7379 & 0.7011 & 0.1711 & 0.9816 & 0.1206 \\ 0.2691 & 0.6663 & 0.0326 & 0.1564 & 0.5895 \\ 0.4228 & 0.5391 & 0.5612 & 0.8555 & 0.2262 \\ 0.5479 & 0.6981 & 0.8819 & 0.6448 & 0.3846 \\ 0.9427 & 0.6665 & 0.6692 & 0.3763 & 0.5830 \\ 0.4177 & 0.1781 & 0.1904 & 0.1909 & 0.2518 \end{bmatrix}$$

$$(\sigma_{8\times5})_3 = \begin{bmatrix} 0.2904 & 0.5841 & 0.0225 & 0.5985 & 0.3196 \\ 0.6171 & 0.1078 & 0.4253 & 0.4709 & 0.5309 \\ 0.2653 & 0.9063 & 0.3127 & 0.6959 & 0.6544 \\ 0.8244 & 0.8797 & 0.1615 & 0.6999 & 0.4076 \\ 0.9827 & 0.8178 & 0.1788 & 0.6385 & 0.8200 \\ 0.7302 & 0.2607 & 0.4229 & 0.0336 & 0.7184 \\ 0.3439 & 0.5944 & 0.0942 & 0.0688 & 0.9686 \\ 0.6753 & 0.3868 & 0.4624 & 0.7702 & 0.4714 \end{bmatrix}$$

$$(\sigma_{3\times5})_4 = \begin{bmatrix} 0.0067 & 0.9160 & 0.4243 & 0.3225 & 0.0358 \\ 0.6022 & 0.0012 & 0.4609 & 0.7847 & 0.1759 \\ 0.7218 & 0.1917 & 0.7655 & 0.6834 & 0.6790 \end{bmatrix}$$

$$(\sigma_{5\times5})_5 = \begin{bmatrix} 0.4735 & 0.7384 & 0.1887 & 0.5466 & 0.6358 \\ 0.1527 & 0.2428 & 0.2875 & 0.4257 & 0.9452 \\ 0.3411 & 0.9174 & 0.0911 & 0.6444 & 0.2089 \\ 0.6074 & 0.2691 & 0.5762 & 0.6476 & 0.7093 \\ 0.2362 & 0.3502 & 0.5822 & 0.6456 & 0.5225 \end{bmatrix}$$

$$
(\sigma_{7\times5})_6 =
\begin{bmatrix}
0.1194 & 0.6620 & 0.5407 & 0.4795 & 0.9937 \\
0.6073 & 0.4162 & 0.8699 & 0.6393 & 0.2187 \\
0.4501 & 0.8419 & 0.2648 & 0.5447 & 0.1058 \\
0.4587 & 0.8329 & 0.3181 & 0.6473 & 0.1097 \\
0.6619 & 0.2564 & 0.1192 & 0.5439 & 0.0636 \\
0.7703 & 0.6135 & 0.9398 & 0.7210 & 0.4046 \\
0.8004 & 0.8029 & 0.6670 & 0.7643 & 0.7982
\end{bmatrix}
$$

4. 灰色聚类评价等级确定

若 σ_{ij} 满足

$$\sigma_{ij} = \max\{\sigma_{ik}\} = \max\{\sigma_{i1}, \sigma_{i2}, \cdots, \sigma_{ik}\} \tag{3-21}$$

式中，$i=1,2,\cdots,n$；$k=1,2,\cdots,k$，则称聚类对象 i 属于第 k 类别，即在聚类行向量 $\sigma_{ij} = \{\sigma_{i1}, \sigma_{i2}, \cdots, \sigma_{ik}\}$ 中找出最大聚类系数 σ_{ij}，该最大聚类系数所对应的灰类 k 就是该聚类对象 i 所属的类别。

从计算结果矩阵中依次整理出每行聚类系数最大值 $\max\{\sigma_{ik}\}$ 及其对应指标所处的质量安全等级列表，结果见表 3-11。

表 3-11　灰色聚类系数分布表

序号	$\max\sigma$ 值	对应等级 k	评价结果	序号	$\max\sigma$ 值	对应等级 k	评价结果
1	0.9841	5	差	17	0.5985	4	次
2	0.6596	2	良	18	0.6171	1	优
3	0.5186	2	良	19	0.9063	2	良
4	0.9730	2	良	20	0.8797	2	良
5	0.6490	2	良	21	0.9827	1	优
6	0.8314	3	中	22	0.7302	1	优
7	0.8175	1	优	23	0.9686	5	差
8	0.9516	5	差	24	0.7702	4	次
9	0.9203	1	优	25	0.9160	1	优
10	0.9991	3	中	26	0.7847	4	次
11	0.9816	4	次	27	0.7655	3	中
12	0.6663	2	良	28	0.7384	2	良
13	0.8555	4	次	29	0.9452	5	差
14	0.8819	3	中	30	0.9174	2	良
15	0.9427	1	优	31	0.7093	5	差
16	0.4177	1	优	32	0.5822	4	次

序号	maxσ 值	对应等级 k	评价结果	序号	maxσ 值	对应等级 k	评价结果
33	0.9937	5	差	37	0.6619	1	优
34	0.8699	3	中	38	0.9398	3	中
35	0.8419	2	良	39	0.8029	2	良
36	0.8329	2	良				

利用灰色聚类法计算得知该高速公路典型路段路基的质量安全等级,结果统计见表 3-12,分布图如图 3-9 和图 3-10 所示。

表 3-12　灰色聚类评价结果统计表

安全等级	优(Ⅰ)	良(Ⅱ)	中(Ⅲ)	次(Ⅳ)	差(Ⅴ)
统计项数	9	12	6	6	6
所占比例/%	23.07	30.79	15.38	15.38	15.38

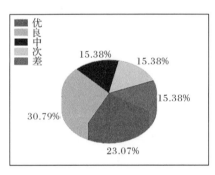

图 3-9　灰色聚类评价等级饼状分布图

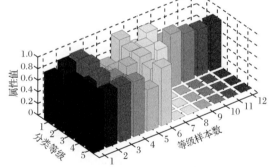

图 3-10　灰色聚类评价结果空间分布图

从评价结果可知,该高速公路路基质量安全等级离散分布,大部分路基及附属设施处在良、中等级之内,良占据 30.79%,中、次、差均匀分布,由 $\sigma = \max \sum_{i=1}^{n} \sigma_i$ 得知,该路基质量安全处于Ⅱ级(良)状态,将灰色聚类评估结果与现场检测资料进行对比,可以看出两者的对应率相当高,且符合现场实际情况。

追查评价等级较低项指标,发现主要是路基边坡冲沟损毁,原有保护措施损毁,路基压实度未达到要求,以及挡墙因年久失修强度大大减弱和防护能力缺失造成的,需要对未处理的路基边坡防护采取必要的安全措施,并且对高填方路基加强压实和边坡加强防护。

3.5.3　物元可拓模型评价

可拓学是以广东工业大学蔡文研究员为首的中国学者创立的新科学,横跨哲学、数学与工程应用,由物元理论与可拓理论相结合而成,是从定性与定量两方面来研究解决问题的一种工具。特别是近些年来,该方法在工程领域内的应用得到极大推广。可拓方法利用多指标建立评价模型,完整地评价事物,能有效地将矛盾转化为相容问题。

1. 路基质量安全评价等级经典域、节域和待评物元

依据复建高速公路路基质量安全评价等级标准表,选择表中的路基评价等级的隶属范围作为经典域与节域;再根据上述表中计算得出的权重 R_w,利用物元可拓方法进行评价。则其经典域 $R_i(i=0,1,2,3,4,5)$、节域 R_p 为

$$
R_0 = \begin{bmatrix}
 & p_1 & p_2 & p_3 \\
c_1 & (0,5) & (5,7) & (7,10) \\
c_2 & (0,5) & (5,10) & (10,20) \\
c_3 & (0.97,1) & (0.90,0.97) & (0.80,0.90) \\
c_4 & (98,100) & (96,98) & (94,96) \\
c_5 & (0,20) & (20,45) & (45,70) \\
c_6 & (8,\infty) & (5,8) & (4,5) \\
c_7 & (0,15) & (15,25) & (25,35) \\
c_8 & (0.18,0.30) & (0.06,0.18) & (-0.06,0.06)
\end{bmatrix}
$$

$$
\begin{bmatrix}
p_4 & p_5 \\
(10,12) & (12,\infty) \\
(20,30) & (30,\infty) \\
(0.70,0.80) & (0,0.70) \\
(94,93) & (93,0) \\
(70,100) & (100,\infty) \\
(3,4) & (0,3) \\
(35,50) & (50,\infty) \\
(-0.18,-0.06) & (-0.30,-0.18)
\end{bmatrix}
$$

$$R_1 = \begin{bmatrix} & p_1 & p_2 & p_3 & p_4 & p_5 \\ c_{17} & (0,5) & (5,10) & (10,20) & (20,30) & (30,\infty) \\ c_{18} & (0,5) & (5,20) & (20,30) & (30,50) & (50,\infty) \\ c_{19} & (0.98,1) & (0.95,0.98) & (0.93,0.95) & (0.85,0.93) & (0,0.85) \\ c_{20} & (0.95,1) & (0.90,0.95) & (0.85,0.90) & (0.70,0.85) & (0,0.70) \\ c_{21} & (0.92,1) & (0.85,0.92) & (0.75,0.85) & (0.60,0.75) & (0,0.60) \\ c_{22} & (0.90,1) & (0.85,0.90) & (0.75,0.85) & (0.60,0.75) & (0,0.60) \\ c_{23} & (0,5) & (5,10) & (10,15) & (10,20) & (20,\infty) \end{bmatrix}$$

$$R_2 = \begin{bmatrix} & p_1 & p_2 & p_3 & p_4 & p_5 \\ c_{17} & (0,5) & (5,10) & (10,20) & (20,30) & (30,\infty) \\ c_{18} & (0,5) & (5,20) & (20,30) & (30,50) & (50,\infty) \\ c_{19} & (0.98,1) & (0.95,0.98) & (0.93,0.95) & (0.85,0.93) & (0,0.85) \\ c_{20} & (0.95,1) & (0.90,0.95) & (0.85,0.90) & (0.70,0.85) & (0,0.70) \\ c_{21} & (0.92,1) & (0.85,0.92) & (0.75,0.85) & (0.60,0.75) & (0,0.60) \\ c_{22} & (0.90,1) & (0.85,0.90) & (0.75,0.85) & (0.60,0.75) & (0,0.60) \\ c_{23} & (0,5) & (5,10) & (10,15) & (10,20) & (20,\infty) \end{bmatrix}$$

$$R_3 = \begin{bmatrix} & p_1 & p_2 & p_3 & p_4 & p_5 \\ c_{24} & (0,5) & (5,20) & (20,30) & (30,50) & (50,\infty) \\ c_{25} & (0,0.5) & (0.5,1) & (1,2) & (2,3) & (3,\infty) \\ c_{26} & (1.35,1) & (1.30,1.35) & (1.25,1.30) & (1.10,1.25) & (0,1.10) \end{bmatrix}$$

$$R_4 = \begin{bmatrix} & p_1 & p_2 & p_3 & p_4 & p_5 \\ c_{27} & (0.90,1) & (0.85,0.90) & (0.75,0.85) & (0.50,0.75) & (0,0.50) \\ c_{28} & (0,5) & (5,10) & (10,15) & (15,20) & (20,\infty) \\ c_{29} & (0.95,1) & (0.90,0.95) & (0.85,0.90) & (0.70,0.85) & (0,0.70) \\ c_{30} & (0.98,1) & (0.95,0.98) & (0.93,0.95) & (0.85,0.93) & (0,0.85) \\ c_{31} & (800,\infty) & (600,800) & (500,600) & (400,500) & (0,400) \end{bmatrix}$$

$$R_5 = \begin{bmatrix} & p_1 & p_2 & p_3 & p_4 & p_5 \\ c_{32} & (0.98,1) & (0.95,0.98) & (0.93,0.95) & (0.85,0.93) & (0,0.85) \\ c_{33} & (0.95,1) & (0.90,0.95) & (0.85,0.95) & (0.70,0.85) & (0,0.70) \\ c_{34} & (0,0.5) & (0.5,1.0) & (1.0,2.0) & (2.0,3.0) & (3,\infty) \\ c_{35} & (0,3) & (3,5) & (5,7) & (7,10) & (10,\infty) \\ c_{36} & (0,5) & (5,8) & (8,10) & (10,15) & (15,\infty) \\ c_{37} & (0.93,1) & (0.85,0.93) & (0.70,0.85) & (0.45,0.70) & (0,0.45) \\ c_{38} & (90,100) & (88,90) & (85,88) & (80,85) & (0,80) \end{bmatrix}$$

$$R_p = \begin{bmatrix} P \\ c_1(0,1.0) \\ c_2(0,1.0) \\ \vdots \\ c_{n-1}(0,1.0) \\ c_n(0,1.0) \end{bmatrix}$$

2. 简单关联函数值与初等关联函数值计算

根据第 1 章式(1-43)～式(1-45)分别计算出该高速复工路基评价指标的简单初等关联函数值与指标关联度函数值,其计算结果分别列于表 3-13 和表 3-14,初等关联函数值曲线如图 3-11 所示,类别关联度函数值曲线如图 3-12 所示。

表 3-13　路基质量安全评价指标的初等关联函数值

评价指标 \ 安全等级	I	II	III	IV	V
C1	0.335	−0.665	−0.833	−0.888	−0.933
C2	−0.469	−0.434	−0.348	−0.230	0.0132
C3	−0.471	−0.386	−0.206	0.300	−0.100
C4	−0.375	−0.167	0.500	−0.167	−0.286
C5	−0.436	−0.328	−0.170	0.400	−0.120
C6	0.006	−0.297	−0.390	−0.416	−0.440
C7	0.420	−0.420	−0.652	−0.751	−0.826
C8	−4.000	−0.286	0	0	−0.167
C9	0.374	−0.626	−0.813	−0.875	−0.925
C10	−0.464	−0.421	−0.313	−0.156	0.00701
C11	−0.455	−0.308	0.200	−0.100	−0.400
C12	−0.375	−0.167	0.500	−0.167	−0.286
C13	−0.460	−0.399	−0.323	−0.202	0.0378
C14	0.00181	−0.155	−0.329	−0.372	−0.410
C15	−0.261	0.180	−0.072	−0.337	−0.536
C16	−0.357	−0.100	0.250	−0.250	−0.436
C17	−0.410	−0.281	0.360	−0.180	−0.453
C18	−0.271	0.200	−0.600	−0.733	−0.840
C19	−0.250	0.333	−0.400	−0.571	−0.800

安全等级 评价指标	I	II	III	IV	V
C20	0.400	−0.600	−0.800	−0.867	−0.933
C21	−0.167	0.286	−0.333	−0.600	−0.750
C22	0.133	−0.867	−0.933	−0.967	−0.980
C23	−0.429	−0.333	−0.200	0	0
C24	−0.188	0.400	−0.133	−0.480	−0.675
C25	−0.273	0.200	−0.600	−0.733	−0.840
C26	0.120	−0.880	−0.940	−0.970	−0.980
C27	0.261	0.0357	0.200	0.160	1.900
C28	−0.344	−0.222	0.400	−0.160	−0.580
C29	−0.429	−0.333	−0.200	0	0
C30	0.200	−0.200	−0.600	−0.733	−0.867
C31	0.500	−0.500	−0.800	−0.857	−0.933
C32	−0.167	0.167	−0.500	−0.688	−0.750
C33	−0.333	0.333	−0.200	−0.429	−0.733
C34	0	0	0	−0.667	−0.833
C35	0.200	−0.200	−0.600	−0.800	−0.867
C36	−0.384	−0.273	−0.111	0.333	−0.200
C37	−0.333	−0.167	0	0	−0.333
C38	−0.370	−0.105	0.133	−0.433	−0.691
C39	0.400	−0.600	−0.667	−0.733	−0.800

表 3-14　路基质量安全评价指标的关联度

等级 关联度	I	II	III	IV	V
$K_j(v_{w1})$	0.0522	−0.104	−0.130	−0.138	−0.145
$K_j(v_{w2})$	−0.0543	−0.0502	−0.0402	−0.0266	0.00153
$K_j(v_{w3})$	−0.0201	−0.0165	−0.00881	0.0128	−0.00428
$K_j(v_{w4})$	−0.0848	−0.0377	0.113	−0.0377	−0.0646
$K_j(v_{w5})$	−0.0901	−0.068	−0.0353	0.083	−0.0250
$K_j(v_{w6})$	0.000605	−0.0305	−0.0400	−0.0426	−0.0451
$K_j(v_{w7})$	0.0402	−0.0402	−0.0625	−0.0720	−0.0791
$K_j(v_{w8})$	−0.213	−0.0152	0	0	−0.00888

等级 关联度	I	II	III	IV	V
$K_j(v_{w9})$	0.0897	−0.150	−0.195	−0.209	−0.222
$K_j(v_{w10})$	−0.0496	−0.0450	−0.0335	−0.0167	0.000749
$K_j(v_{w11})$	−0.0149	−0.0101	0.00654	−0.00327	−0.0131
$K_j(v_{w12})$	−0.0856	−0.0381	0.114	−0.0381	−0.0652
$K_j(v_{w13})$	−0.0753	−0.0654	−0.0530	−0.0332	0.00619
$K_j(v_{w14})$	0.000164	−0.0139	−0.0300	−0.0335	−0.0370
$K_j(v_{w15})$	−0.0213	0.0147	−0.00587	−0.027	−0.0436
$K_j(v_{w16})$	−0.0203	−0.00567	0.0142	−0.0142	−0.0248
$K_j(v_{w17})$	−0.0823	−0.0563	0.0722	−0.0361	−0.0909
$K_j(v_{w18})$	−0.00878	0.00644	−0.0193	−0.0236	−0.0270
$K_j(v_{w19})$	−0.0332	0.0443	−0.0531	−0.0759	−0.106
$K_j(v_{w20})$	0.0238	−0.0356	−0.0475	−0.0515	−0.0554
$K_j(v_{w21})$	−0.0290	0.0497	−0.0580	−0.104	−0.130
$K_j(v_{w22})$	0.0245	−0.159	−0.171	−0.177	−0.180
$K_j(v_{w23})$	−0.0315	−0.0245	−0.0147	0	0
$K_j(v_{w24})$	−0.027	0.0576	−0.0192	−0.0691	−0.0972
$K_j(v_{w25})$	−0.04284	0.0314	−0.0943	−0.115	−0.132
$K_j(v_{w26})$	0.0299	−0.219	−0.234	−0.242	−0.244
$K_j(v_{w27})$	0.155	0.0212	0.119	0.0950	1.128
$K_j(v_{w28})$	−0.126	−0.0813	0.146	−0.0585	−0.212
$K_j(v_{w29})$	−0.0744	−0.0579	−0.0347	0	0
$K_j(v_{w30})$	0.00992	−0.00992	−0.0298	−0.0364	−0.0430
$K_j(v_{w31})$	0.167	−0.167	−0.267	−0.286	−0.312
$K_j(v_{w32})$	−0.0129	0.0129	−0.0386	−0.0531	−0.0579
$K_j(v_{w33})$	−0.105	0.105	−0.0630	−0.135	−0.23
$K_j(v_{w34})$	0	0	0	−0.0248	−0.0310
$K_j(v_{w35})$	0.0123	−0.0123	−0.0370	−0.0493	−0.0534
$K_j(v_{w36})$	−0.105	−0.0743	−0.0303	0.0909	−0.0545
$K_j(v_{w37})$	−0.0162	−0.00808	0	0	−0.0162
$K_j(v_{w38})$	−0.0341	−0.00968	0.0123	−0.0399	−0.0636
$K_j(v_{w39})$	0.0692	−0.104	−0.115	−0.128	−0.138

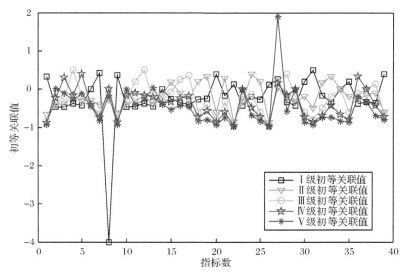

图 3-11　初等关联函数值曲线图

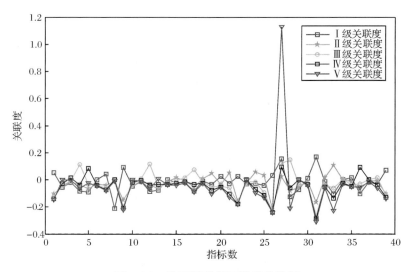

图 3-12　类别关联度函数值曲线图

3. 路基质量安全等级确定

路基等级由各评价指标关联度的最大值决定,由表 3-14 中关联度值得
$$K_{j0}(p)=K_{2}(p)=-0.7834$$
可知该复建路基质量安全等级为Ⅱ级。

为了更精确地确定其等级,本节计算了等级变量特征值 $j^{*}=2.5277$,见

表 3-15。由此可知,路基质量安全等级属于Ⅱ级,但偏向于Ⅲ级,即其实际等级为
2.5277 级,与直接得到的等级Ⅱ级相比,其评价结果更精确、更与实际情况相符。

表 3-15　物元可拓法路基评价结果

各等级可拓关联度	$K_1(p)$	$K_2(p)$	$K_3(p)$	$K_4(p)$	$K_5(p)$	max	j^0	j^*
待评复工路基	-1.3668	-0.7834	-1.3637	-2.1168	-1.9176	-0.7834	2	2.5277

3.5.4　粒子群优化的支持向量机评价

1. 粒子群优化的支持向量机评价参数

PSO-SVM 算法评价过程如下[11~15]。

(1) 获取学习样本(x_i, y_i),$i = 1, 2, \cdots, l$,其中,$x_i \in R_n$,$y_i \in \{-1, 1\}^l$,对样本
进行预处理。

(2) 选择进行非线性变换的核函数及惩罚因子 c。

(3) 利用粒子群算法(PSO)对核参数 c、γ 进行选优。

(4) 获得 a、a^* 及 b_0 的值,代入方程中,获得分类函数拟合的支持向量机。

(5) 将待分类的数据代入支持向量机计算其分类结果。

根据已建立的某高速公路路基质量安全评价体系,以各个评价指标为因素
集,质量安全等级仍然分为 5 级,目标输出模式对应Ⅰ、Ⅱ、Ⅲ、Ⅳ、Ⅴ 5 个级别。

采用一对余(1-a-r)分类器,分类流程如图 3-13 所示。根据需要划分为Ⅰ、
Ⅱ、Ⅲ、Ⅳ、Ⅴ 5 类,在设置训练集时,依次设置Ⅰ所对应的向量作为正集,其余所对
应的向量作为负集;Ⅱ所对应的向量作为正集,其余所对应的向量作为负集,依次
循环直到Ⅴ所对应的向量为正集,其余所对应的向量作为负集。对 5 个训练集分

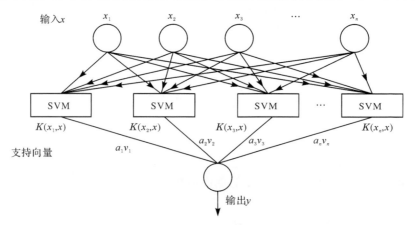

图 3-13　路基质量安全评级支持向量机网络模型

别进行训练得到 5 个分类器。然后,利用 5 个已训练好的分类器对测试集数据进行测试,每次测试都有测试结果 f_1、f_2、f_3、f_4、f_5,选出 $\max f_i$ 所对应的类别即是指标所处的评价等级。

　　将 5 个里程段的路基质量安全指标数据分成两组,一组作为训练样本,另一组作为测试样本。编写 PSO-SVM 算法程序,进行训练测试,指标因素的量值、训练测试样本数据见表 3-10。在 MATLAB 2012b 平台下编写 PSO-SVM 程序,首先采用粒子群优化算法进行支持向量机参数选优。

　　利用粒子群优化算法确定支持向量机的最优核参数,得到粒子群适应度与训练集进化代数的变化关系。参考相关研究结果及文献[16,17],c_1、c_2 值在 $1.0 \sim 2.0$ 内选取,经过数次运算调试得到核参数最优值。当核参数取最优值时,其优选设置为 $c_1 = 1.5$,$c_2 = 1.7$,种群规模 sizepop $= 20$,进化次数 maxgen $= 200$,粒子向量维数为 8,核参数达到最优值,训练集具有最大可分性,核参数适应度最高。RBF 核参数寻优过程如图 3-14~图 3-17 所示。

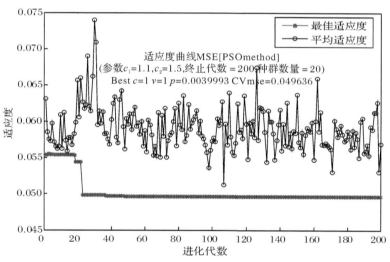

图 3-14　粒子参数 $c_1 = 1.1$、$c_2 = 1.5$ 时适应度曲线

2. PSO-SVM 评价等级确定

　　按照算法流程运行,当 $c_1 = 1.5$、$c_2 = 1.7$ 时搜索完毕,得到 SVM 最优参数 $c = 1.000$,核参数 $\gamma = 2.9723$;最小误差均方差 mse $= 0.040059$,依据填方路基、挖方路基、路基防护、路基边坡、排水设施、挡土墙 6 项准则,运用 PSO-SVM 安全评价模型对该高速复建路基系统进行类别评判。图 3-18~图 3-20 为选取准则层 B11 既有路基-填方路基数据运用该模型进行运算得到的路基数据样本 3D 视图、PSO-SVM 评价样本属性值图和 PSO-SVM 测试集分类图。

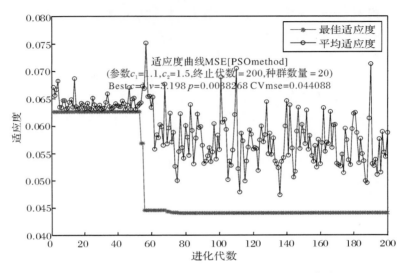

图 3-15　粒子参数 $c_1 = 1.3$、$c_2 = 1.5$ 时适应度曲线

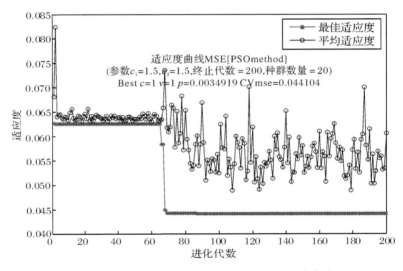

图 3-16　粒子参数 $c_1 = 1.5$、$c_2 = 1.5$ 时适应度曲线

　　本次实验选取研究对象为准则层既有路基-填方路基 B11,该准则层有 8 个指标,分别为纵断高程、清表厚度、压实度、弯沉值、承载力、宽度、中位线偏差、横坡率。获取 5 个里程共 50 个样本数据,其中 25 个作为训练样本,25 个作为测试样本,在 MABLAB R2012b 平台下编写相关程序,运用 libsvm 工具箱运行该程序,运行结束该分类结果显示分类准确率高达 Accuracy $= 92\%$（23/25）(classification),本次实验的结果可信度为 96.53%,显示出支持向量机优越的分类评价性能。

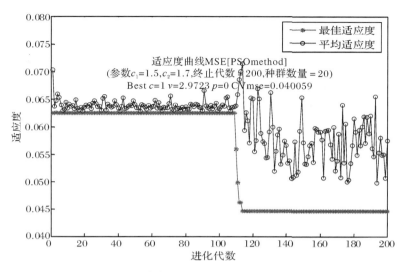

图 3-17　粒子参数 $c_1=1.5$、$c_2=1.7$ 时适应度曲线

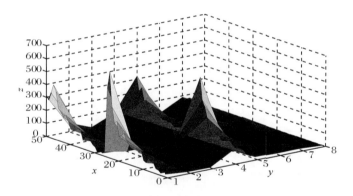

图 3-18　路基评价数据 3D 视图

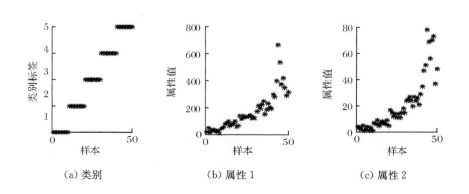

（a）类别　　　　　　　　　（b）属性 1　　　　　　　　　（c）属性 2

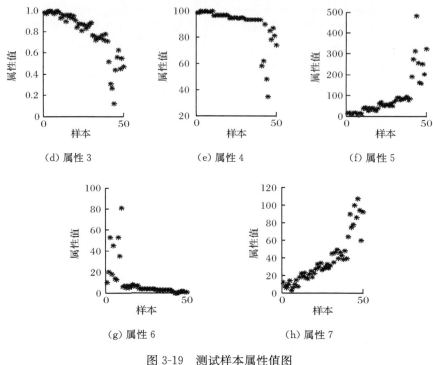

(d) 属性3　　　　　　　　(e) 属性4　　　　　　　　(f) 属性5

(g) 属性6　　　　　　　　　　(h) 属性7

图 3-19　测试样本属性值图

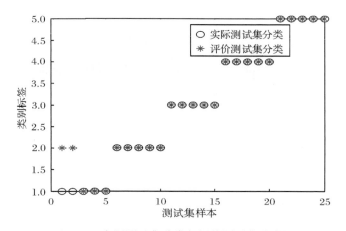

图 3-20　实际测试集分类与评价测试集分类图

　　从运行结果图中可以看到,25 个实际分类测试样本中 23 个分类正确,2 个 1 级样本错分为 2 级样本,由于该测试数据样本量小,分类正确率亦受影响,由支持向量机分类性能可知,若样本数据量增大则分类正确率会随之提升,所以本次实验的评价分类结果达到了满意的程度。

　　准则层路基附属物-路基防护 B21 计算结果如图 3-21～图 3-23 所示,该准则层有 8 个指标,分别为几何尺寸、表面平整度、混凝土/砂浆强度、砂浆饱满度、锚杆拉杆长度、锚杆直径、锚杆拉杆间距、锚杆抗拔力。获取 5 个里程共 50 个样本数据,其中 25 个作为训练样本,25 个作为测试样本,运用前述方法进行计算,运行结果显示分类准确率高达 Accuracy=100%(25/25)(classification),实验结果可信度为 97.18%。

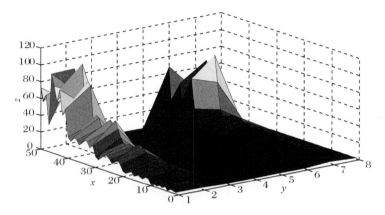

图 3-21　路基评价数据 3D 视图

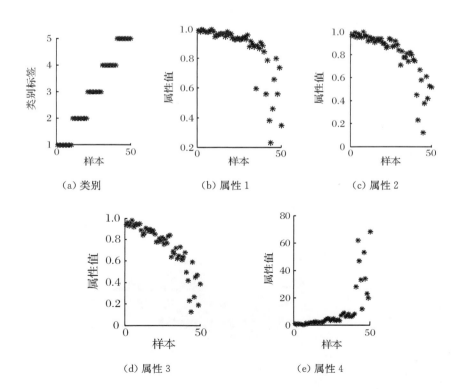

（a）类别　　　　　　　　（b）属性 1　　　　　　　　（c）属性 2

（d）属性 3　　　　　　　　　　　（e）属性 4

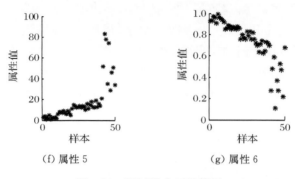

（f）属性 5　　　　　　　　（g）属性 6

图 3-22　测试样本属性值图

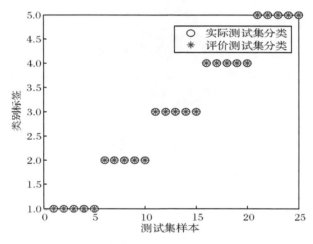

图 3-23　实际测试集分类与评价测试集分类图

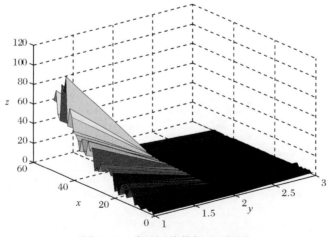

图 3-24　路基评价数据 3D 视图

准则层路基附属物-路基边坡 B22 计算结果如图 3-24～图 3-26 所示,该准则层有 3 个指标,分别为平顺度、垂直度或坡度、边坡稳定系数,5 个里程共 50 个样本数据,25 个作为训练样本,25 个作为测试样本,运行结果显示分类准确率高达 Accuracy=92%(23/25)(classification),实验结果可信度为 96.53%。25 个实际分类测试样本有 23 个分类正确。

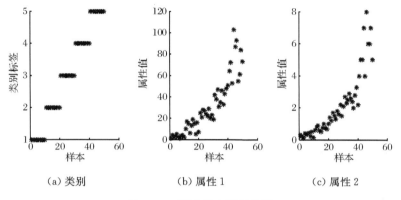

(a) 类别　　　　　　　(b) 属性 1　　　　　　　(c) 属性 2

图 3-25　测试样本属性值图

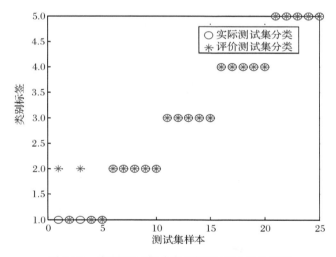

图 3-26　实际测试集分类与评价测试集分类图

准则层路基附属物-排水设施 B23 计算结果如图 3-27～图 3-29 所示,该准则层有 5 个指标,分别为排水通畅度、沟渠尺寸、砂浆饱满度、混凝土(砂浆)强度、铺砌厚度,5 个里程共 50 个样本数据,25 个作为训练样本,25 个作为测试样本,运行结果显示分类准确率 Accuracy=88%(22/25)(classification),实验结果可信度为 94.98%。25 个实际分类测试样本 22 个分类正确。

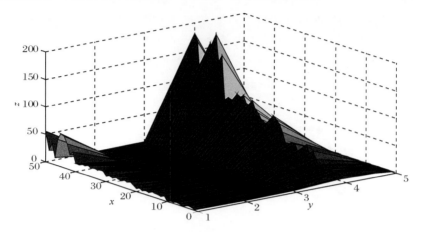

图 3-27　路基评价数据 3D 视图

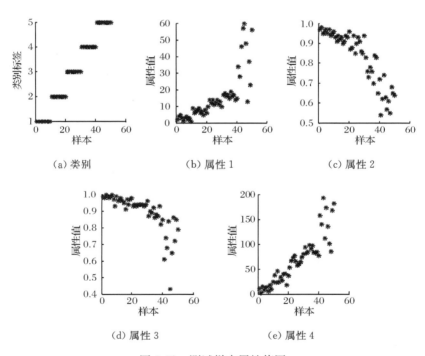

（a）类别　　　　　　（b）属性 1　　　　　　（c）属性 2

（d）属性 3　　　　　　（e）属性 4

图 3-28　测试样本属性值图

准则层路基附属物-挡土墙 B24 计算结果如图 3-30～图 3-32 所示,该准则层有 7 个指标,分别为砂浆饱满度、混凝土(砂浆)强度、竖直度、断面尺寸、表面平整度、泄水通畅度、墙背密实度,50 个样本数据,25 个作为训练样本,25 个作为测试样本,Accuracy=80%(20/25)(classification),实验结果可信度为 89.36%,25 个实际分类测试样本 20 个分类正确。

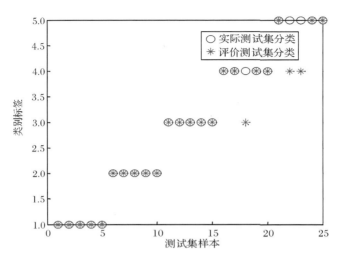

图 3-29　实际测试集分类与评价测试集分类图

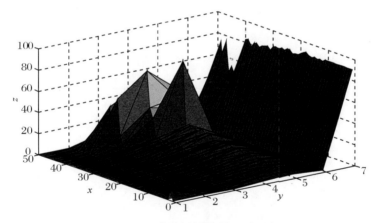

图 3-30　路基评价数据 3D 视图

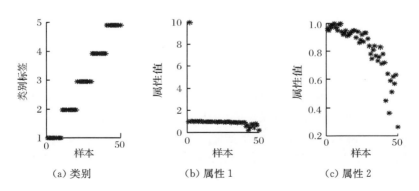

(a) 类别　　　　　　　(b) 属性 1　　　　　　　(c) 属性 2

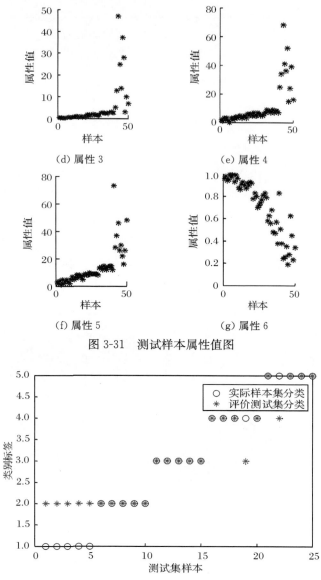

图 3-31 测试样本属性值图

图 3-32 实际测试集分类与评价测试集分类图

对填方路基 B11、挖方路基 B12、路基防护 B21、路基边坡 B22、排水设施 B23、挡土墙 B24,6 个准则层 39 个指标 300 个样本数据作为训练样本,5 个里程段的检测数据作为评价测试样本,计算结果如图 3-33~图 3-35 所示。运行结果显示分类准确率 Accuracy=80%(20/25)(classification),实验结果可信度为 89.36%,5 个测试样本有 4 个分类正确,分类结果显示该样本评价指标处于Ⅱ级范围内,该路基状态属于"良"。

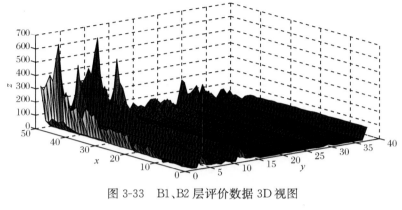

图 3-33　B1、B2 层评价数据 3D 视图

(a) 类别

(b) 属性 1

(c) 属性 2

(d) 属性 3

(e) 属性 4

(f) 属性 5

(g) 属性 6

(h) 属性 7

(i) 属性 8

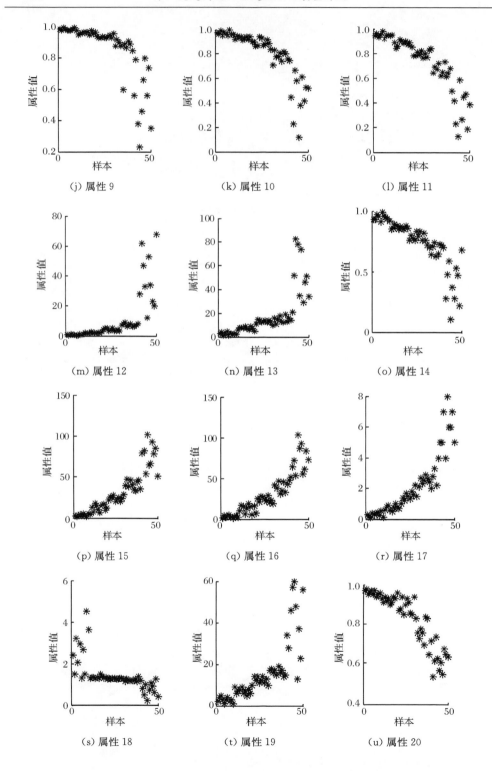

(j) 属性 9　　　　　　(k) 属性 10　　　　　　(l) 属性 11

(m) 属性 12　　　　　(n) 属性 13　　　　　(o) 属性 14

(p) 属性 15　　　　　(q) 属性 16　　　　　(r) 属性 17

(s) 属性 18　　　　　(t) 属性 19　　　　　(u) 属性 20

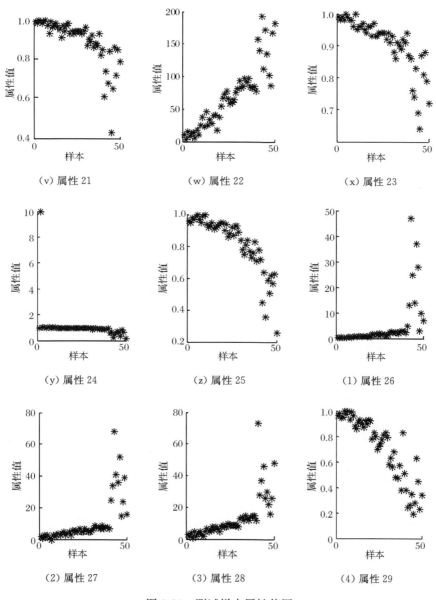

(v) 属性 21　　　　　　　(w) 属性 22　　　　　　　(x) 属性 23

(y) 属性 24　　　　　　　(z) 属性 25　　　　　　　(1) 属性 26

(2) 属性 27　　　　　　　(3) 属性 28　　　　　　　(4) 属性 29

图 3-34　测试样本属性值图

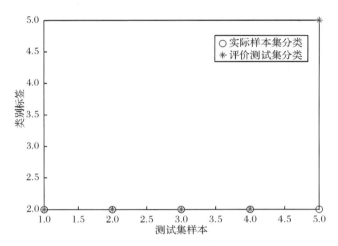

图 3-35　准则层 B1、B2 实际测试集分类与评价测试集分类图

3.6　停工复建高速公路边坡质量评价方法及应用

3.6.1　工程实例

某复建高速公路第 A5 施工标段,受地质构造作用主线区节理发育,地表主要为 1.5～9.0m 的碎石土,岩层软硬相间,地下水较发育,地表于 K13＋900～K14＋300 段平行于路线有由北向南流的常年性溪水,水深 0.3～0.6m,宽 2.0～3.5m,对路基边坡影响较大。

由于停工跨越时间较长,原来未完成的路基边坡出现了严重的病害和缺陷。K13＋300～K13＋540 段左侧填方路基,二级护坡道平台外边坡超宽 5m,平台里边坡欠填 5.8m;K13＋580～K13＋680 段右侧边坡一级平台超挖 80cm,二级边坡超挖 90cm;其中 ZK8＋770～ZK8＋790 因人为采石,下边坡被掏空,挖方路基设计标高超挖 1m;ZK8＋800～ZK8＋900 路基高度和宽度整体比原设计差 2m;ZK9＋000～ZK9＋050 二级护坡塌方且有重度冲沟。

根据现有资料统计,该工程公路主线需要修复的路基边坡数量达 155 处,复建完工后的主要病害表现为因边坡下沉而导致的路面纵向裂缝,裂缝最长达 20m,最宽处达 0.5m。结合该复建高速公路主线的水文地质条件、充填情况及病害方式,笔者选取 10 处路基边坡,分别对各影响因子进行量化赋值,其参数见表 3-16。

表 3-16　边坡稳定性评价指标调查统计表

编号	边坡稳定性评价指标										
	x_1	x_2	x_3	x_4	x_5	x_6	x_7	x_8	x_9	x_{10}	x_{11}
1	74	19	0.93	0.15	22	12	110	3	1	3	3
2	59	25	1.2	0.2	20	20	120	2	2	3	4
3	65	20	0.82	0.16	18	15	105	1	1	3	2
4	70	18	1.12	0.1	26	9	100	2	1	2	3
5	78	20	0.18	0.3	35	5	90	1	2	2	2
6	50	15	1.5	0.13	24	18	120	2	3	4	3
7	67	24	1.73	0.16	30	10	110	2	2	2	2
8	75	26	1.62	0.12	24	8	110	2	2	3	3
9	80	40	0.98	0.18	40	4	120	2	2	2	2
10	55	27	1.32	0.18	32	6	106	2	1	3	2

3.6.2　构建单指标测度函数

根据单指标测度函数的基本定义,构建单指标测度函数以便求得各评价指标的测度值。相关单指标测度函数如图 3-36 所示。

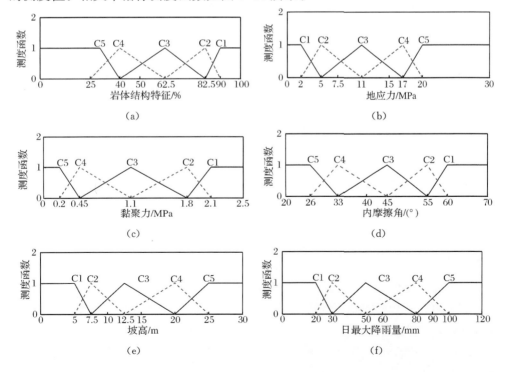

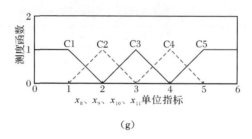

(g)

图 3-36　相关单指标测度函数

由表 3-16 中因素的取值,结合以上单指标测度函数,求得 10 处路基边坡的单指标测度评价矩阵。以编号为 1 的路基边坡为例,选取表 3-16 中 11 个影响因素的值,代入图 3-36 的单指标测度函数,计算得知编号为 1 的边坡单指标评价矩阵为

$$
\mu_{1jk} = \begin{bmatrix}
0 & 0.575 & 0.425 & 0 & 0 \\
0 & 0 & 0 & 0 & 1 \\
1 & 0 & 0 & 0 & 0 \\
1 & 0 & 0 & 0 & 0 \\
0 & 0 & 0 & 0 & 1 \\
0 & 0.1 & 0.9 & 0 & 0 \\
0 & 0 & 0 & 0 & 1 \\
0 & 0 & 1 & 0 & 0 \\
1 & 0 & 0 & 0 & 0 \\
0 & 0 & 0 & 1 & 0 \\
0 & 0 & 1 & 0 & 0
\end{bmatrix} \tag{3-22}
$$

3.6.3　计算多指标测度评价矩阵

根据熵值法确定各影响因子评价指标权重,编号 1 的评价指标权重为 {0.0495,0.0973,0.0973,0.0973,0.0973,0.0745,0.0973,0.0973,0.0973,0.0973,0.0973}。由单指标矩阵求得编号 1 的多指标综合测度评价向量为 {0.2920,0.0359,0.3801,0,0.2920}。

3.6.4　置信度识别

设定置信度值为 0.6,根据多指标综合测度评价向量和置信度评价准则,从 C1～C5 得知,编号 1 的稳定性等级为Ⅲ级;从 C5～C1 得知,编号 1 的稳定性等级也为Ⅲ级。可见两次判别的结果一致,可充分判定编号 1 路基边坡的稳定性等级为Ⅲ级,即稳定性等级属"基本稳定"。同理可对编号 2～10 进行评价,现将评价

结果列入表 3-17,并将模糊数学综合评价法所得判别结果与现场实际情况进行
比较。

表 3-17　未确知测度模型评价结果与现场情况比较

边坡编号	综合未确知测度					本章方法判别结果	模糊数学判别结果	现场实际情况
	C1	C2	C3	C4	C5			
1	0.2920	0.0359	0.3801	0	0.2920	Ⅲ级	Ⅲ级	基本稳定
2	0.0934	0.1868	0.1502	0.1960	0.3736	Ⅳ级	Ⅲ级	出现沉降
3	0.2921	0.1062	0.1946	0.0175	0.3895	Ⅳ级	Ⅳ级	明显沉降
4	0.1984	0.2567	0.1482	0	0.3967	Ⅲ级	Ⅲ级	基本稳定
5	0.3216	0.3764	0.0258	0.1091	0.1671	Ⅱ级	Ⅱ级	较稳定
6	0.0992	0.0992	0.2386	0.0671	0.4960	Ⅴ级	Ⅳ级	纵向裂缝
7	0.1039	0.4561	0.0756	0.0295	0.3349	Ⅲ级	Ⅲ级	基本稳定
8	0.0972	0.2931	0.2209	0	0.3888	Ⅲ级	Ⅲ级	路面倾斜
9	0.1953	0.4529	0.0379	0.1184	0.1953	Ⅱ级	Ⅱ级	较稳定
10	0.2361	0.2256	0.1423	0.0789	0.3171	Ⅲ级	Ⅲ级	基本稳定

3.6.5　评价结果分析

从表 3-17 可知,10 处复建路基边坡未确知测度的评价结果与现场实际情况
的吻合度为 90%,对第 8 处边坡评价时,本章方法判别结果为Ⅲ级(基本稳定),而
现场实际情况为路面倾斜,出现偏差的原因可能是车辆载荷强度、车辆载荷动态
效应等外部因素突然增强;以最大隶属度为识别准则的模糊数学综合评价法的判
别结果与现场实际情况的吻合度只有 70%,编号为 2、6、8 的 3 组数据评价结果分
别为Ⅲ级、Ⅳ级、Ⅲ级,而现场情况为出现沉降、纵向裂缝、路面倾斜,其等级为Ⅳ
级、Ⅴ级、Ⅳ级。通过分析可知,以信息熵理论来确定权重的未确知测度评价结果
更为合理有效,减少了人为因素的影响,让权重更加客观真实。

3.7　本 章 小 结

本章通过现场调研、咨询业内专家和查阅文献资料的方法,对停工复建高速
公路路基及边坡展开了研究,主要取得了以下成果。

(1)通过采用专家咨询和层次分析方法,确定了停工复建高速公路路基和边
坡的质量评价指标体系。其中,路基质量评价指标体系由既有路基、既有路基附
属物 2 个准则层,填方路基、挖方路基、路基防护、路基边坡、路基排水、挡墙 6 个子
准则层,39 个指标构成。其次,边坡质量评价指标体系选取岩石质量指标(rock

quality designation，RQD)、岩体结构特征、地应力、黏聚力、内摩擦角、坡高、日最大降雨量、充填情况、地下水抽取度、车辆载荷强度、车辆载荷动态效应 11 个因素,作为复建高速公路路基边坡稳定性评价的影响因子。

(2) 根据高速公路路基和边坡质量评价现有标准和规范,建立了路基及边坡质量评价标准,评价标准分为优(Ⅰ)、良(Ⅱ)、中(Ⅲ)、次(Ⅳ)、差(Ⅴ)5 个等级。结合层次分析法及专家咨询法对该质量评价指标体系的指标赋予权重,针对层次分析法及专家咨询具有个人主观不足的缺陷,引进熵值法对初步权重进行优化,得到了更科学合理的权重体系。

(3) 利用优选的灰色聚类评价法、物元可拓评价法、粒子群优化的支持向量机(PSO-SVM)评价法,对某停工复建高速公路路基和边坡的质量进行全面的评价,路基评价结果均为良(Ⅱ)级,边坡质量评价结果为中(Ⅲ)级,评价结果能真实反映现场实际情况。

参 考 文 献

[1] 刘涛.基于交通冲突技术的西安市长安区十字交叉口安全评价研究[D].西安:长安大学,2012.

[2] 王小群,张兴容.模糊聚类层次分析法在建筑施工安全评价中的应用[J].上海应用技术学院学报:自然科学版,2011,11(2):155-158.

[3] 李波,韩森,徐欧明,等.基于主成分分析法的沥青路面使用性能评价[J].长安大学学报:自然科学版,2009,29(3):15-18.

[4] 翟友成,曹文贵,王江营,等.基于不确定型层次分析法的边坡稳定模糊评判方法[J].岩土力学,2011,32(2):539-543.

[5] 王羽,刘会,杨转运,等.基于模糊综合评判的路基易滑岩层优势结构面研究[J].岩土力学,2011,32(4):1169-1174.

[6] 刘歆宏.基于模糊可拓的高速公路项目社会经济环境影响评价[D].长沙:长沙理工大学,2012.

[7] 贾武菊,郑锦荣.基于熵值法的淡水产品供应商选择研究[J].中国农学通报,2014,30(5):68-73.

[8] 张新铭,王德华,洪光,等.应用热力学分析方法与 AHP 熵值法对 ORC 的工质比较及优化[J].热能动力工程,2014,29(2):145-150.

[9] 李光,吴祈宗.基于结论一致的综合评价数据标准化研究[J].数学的实践与认识,2011,41(3):72-77.

[10] 李申慧.高速公路原有路基检测与评价方法研究[D].武汉:华中科技大学,2005.

[11] 金珠.改进的支持向量机分类算法及其在煤矿人因事故安全评价中的应用[D].北京:中国矿业大学,2011.

[12] 陈熠.高等级公路路侧容错环境评价[D].长沙:中南大学,2011.

[13] 余辉,赵晖.支持向量机多类分类算法新研究[J].计算机工程与应用,2008,44(7):185-189.

[14] 郑一华.基于支持向量机的水质评价和预测研究[D].南京:河海大学,2006.

[15] 冯胜洋,魏丽敏,郭志广.基于最小二乘支持向量机的高速铁路路基沉降预测[J].中国铁道科学,2012,33(6):6-10.

[16] 冯宝俊,刘敦文,褚夫蛟.基于 PSO-SVM 模型的隧道水砂突涌量预测研究[J].中国安全生产科学技术,2014,10(7):123-129.

[17] 宋志宇,李俊杰.基于微粒群算法的大坝材料参数反分析研究[J].岩土力学,2007,28(5):991-994.

第 4 章　停工复建高速公路隧道质量评定

隧道发展及应用已有千年历史,特别是近年来,全球经济的迅速发展,隧道需求与日俱增。随着大量的新材料、新工艺、新技术的引入及应用,我国的隧道工程建设取得了空前的进展。隧道工程一般具有投资大、周期长、技术难度大、质量控制难度大、环境干扰因素多、不可预见因素多等特点,而隧道质量保证是保障国家基础建设战略和国民经济发展战略的基本保证,不同历史阶段的施工方式、施工技术、施工标准各不相同,隧道质量的问题显现方式各不相同。目前,国内外大量学者对隧道缺陷因素、质量评价方法进行了大量的深入调查研究,但是针对停工复建高速公路隧道质量评价的研究较少。本章基于停工复建高速公路隧道展开研究,针对复建前老旧支护的质量进行评价工作。

4.1　停工复建隧道既有结构质量评价指标体系研究

4.1.1　概述

停工复建高速公路隧道进行复工前,掌握已建工程的质量状态是该工程复建方案的设计基础,将直接影响建成隧道的质量。由于复建前,既有结构处于无人监管的停工状态,工程未经过竣工验收,之前部分施工误差和施工缺陷并未得到有效的处理,加之隧道衬砌材料的劣化、荷载的变化,且隧道长时间处于停工无人管理养护,缺陷和病害显现。隧道停工时,可能处于不同的施工界面,针对该特点可将复建前质量评价划分为几个阶段,以全面评价整个隧道的质量状态。

将停工复建高速公路隧道既有结构按空间结构划分为已完成二衬部分质量状态和只完成初衬部分质量状态两个部分,确定这两部分质量影响指标,分别建立两部分质量评价指标体系,从而为进行综合评价打下基础。为了准确地评价和描述隧道的质量状态,应该选择能够真实反映隧道质量影响因素的合理指标,合理地运用定性或定量的方法对指标进行评价。为了使评价结果具有更高的实用性、合理性和可靠性,影响质量状态因素和指标的选取应遵循一定的原则[1~3]。

1. 科学性原则

应该根据复建隧道的情况,明确复建前隧道质量评价指标的概念,指标的选取应符合实际,能客观地、科学地、准确地反映出复建前隧道质量状态。

2. 完备性原则

由于隧道施工的地质条件的不确定性和施工过程的隐蔽性等特征,选取评定指标很难做到全面、完整,但应该保证选取的指标尽可能全面、完整地反映出隧道现有的质量状态,即指标的完备性。

3. 简洁性原则

由于隧道自身特点,评定指标可能具有种类多、不确定因素多等特点,为方便计算和分析,在选取时应在确保不遗漏其重要的影响因素和特征的前提下,尽可能地将具有代表性的、典型的影响因素指标选择出来进行评价,以减少评价指标和指标体系的复杂程度。

4. 独立性原则

各指标应当具有明确的内涵,尽量避免指标内容之间出现较强的兼容或交叉,保证评定指标之间的相互独立,使评定的结果避免交叉评估的误差。

5. 层次性原则[4]

应将选取的复建隧道质量评价指标按照一定的规律划分成若干层次,要注意上一层次要素对下一要素有支配关系,同一层次的各相互比较元素之间的影响程度不能相差太大。层次数的确定应综合考虑评价目标的复杂程度和对目标需要分析的详尽程度而确定。层次结构的合理划分将对评价结果起着十分关键的作用。

6. 可操作性原则

选取的指标在评价的过程中需要的定性或定量的数据和评价标准,应该在满足工程需要情况下,通过已有的、可靠的、经济的、可行的手段和方法进行获取和度量。

4.1.2　已完成二衬部分指标选取

隧道产生病害的原因是多方面的,大体可分为外因(外力和环境等外部因素)和内因(材料、设计、施工等结构上的因素)两大原因。因此在确定质量影响因素指标时,可按此思路进行调查归纳。由于已完成二衬部分属于土建工程已完成部分,对其进行评价可根据隧道建设特点,参考运营隧道质量评价指标和停建工程现场病害情况进行确定。本章对隧道质量进行评价主要是为后续施工提供依据,对一些不影响结构质量的表面外观质量缺陷(蜂窝、麻面、析出等表观病害)不予考虑。将从衬砌材质劣化,衬砌施工缺陷,衬砌变形、移动、沉降,衬砌裂缝,渗漏水,衬砌剥落起层6个方面评价。

1. 衬砌材质劣化

衬砌材质劣化是在假设之前正常施工程序的状况下,经过长时间的停工搁置、自然腐蚀及围岩荷载的重新分布和变化,考虑到隧道停工复建的特点,总结出复建隧道衬砌材质的劣化主要体现在钢材腐蚀、混凝土强度不足、混凝土碳化几个方面。

1) 钢材腐蚀

在隧道土建工程中钢筋的应用十分广泛,其作用也十分关键,钢材一旦腐蚀将从物理力学机理和化学机理两方面对结构安全和耐久性产生巨大危害,一方面因为其腐蚀降低了原有承载力,另一方面由于腐蚀的化学机理,在钢材腐蚀的过程中,生成铁锈会导致体积膨胀2~4倍,从而会对包裹钢材的混凝土产生力的作用,导致混凝土发生开裂、剥落等病害,同时也会降低钢材与混凝土之间的黏结力,随着时间的推移,各种锈蚀病害机理叠加会进一步增加锈蚀速度,使结构质量进一步恶化。在复建工程中,停工隧道可能会因为地下水处理尚未完善、排水设施的失效而出现积水,增加了锈蚀的可能性,根据现场调查发现钢筋锈蚀成为一个典型的质量病害因素。对已完成二衬阶段的工程部分来说,在隧道建设周期过程中,其土建工程部分基本完成,在复建前对其进行评价,应该在充分调查检测的基础上,考虑其锈蚀的可能性和锈蚀程度,通过定性或定量的方法对指标进行评价,定量评价可以通过截面损失率、锈蚀电位来评定。

2) 混凝土强度不足

隧道施工原料质量不合格、不稳定或存放不规范,混凝土未按设计配比搅拌,以及在施工过程中未采取有效的施工方式和措施,都可能导致混凝土质量达不到设计要求,另外隧道衬砌混凝土结构经过长时间处于富含腐蚀性介质环境中,会受到腐蚀作用,分为物理性腐蚀和化学性腐蚀两类。衬砌结构腐蚀会使混凝土强度下降,降低隧道的承载力,腐蚀严重甚至会导致结构溃散。我国公路隧道所处的地质环境千差万别,可能遇到多种腐蚀性环境,复工隧道可能的工况种类更是复杂,根据现场调研观察,由于无人维护管理、排水设施失效等原因,隧道积水可能性很大,有些隧道衬砌表面甚至生长大量苔藓,对隧道混凝土结构强度产生影响,因此在研究隧道复建前质量状态时应充分考虑隧道衬砌混凝土强度这一指标因素。综上可知,隧道混凝土强度的降低是多方面因素综合造成的,在本章中,将混凝土强度不足归纳为衬砌材质劣损这一准则层中。

3) 混凝土碳化

衬砌混凝土长期暴露在空气中,其中的水化产物会与空气中的二氧化碳发生物化反应,生产硬度较大的碳酸盐和其他物质,使衬砌表面硬度增高,对采用回弹法检测衬砌强度的结果会产生显著的影响;同时混凝土材料的碱度会因混凝土的碳化作用而降低,使得钢材表面起保护作用的钝化膜受到破坏,增大了钢材锈蚀的可能性。由于混凝土碳化对结构的影响与混凝土强度不足和钢材锈蚀这两个影响因素存在交叉相关,不符合指标因素选取的独立性原则,因此,不把混凝土碳化作为单独指标进行考虑。

2. 衬砌施工缺陷

隧道工程建设作业环境相对较为封闭,主体结构多为隐蔽性工程,作业过程具有较强的连续性和循环性,在监管过程中难度较大,容易出现盲点。同时,在施工过程中,隧道地质条件和围岩力学状态随时都在发生变化,但由于缺少地质判识技术人员,"动态设计"和"动态施工"的理念往往成为纸上谈兵,由于现场检测技术还不完善,检测范围还不全面,部分关键性隐蔽工程往往缺少工后质量检测程序,造成施工质量缺陷。复工项目在停工前尚未经过竣工验收,因此和运营隧道质量的评价具有一定的区别,施工缺陷问题相对比较突出。本章在文献调查和现场调研基础上,选取衬砌不密实、空洞、钢支撑间距与设计偏差、衬砌厚度不足以及错台等施工缺陷作为质量影响因素。

1) 衬砌不密实

衬砌不密实多数是施工过程中操作不当导致的,很多原因与空洞形成原因类似,该类病害较隐晦,在雷达扫描无损检测中辨别难度相对较高,容易引起应力集中,不密实部分积水,可能腐蚀衬砌材料,也可能受冻融影响导致衬砌开裂等现象。根据不密实的本身特点和可检测性,将通过定性描述和定量相结合来对其进行衡量。

2) 空洞

施工过程中,导致空洞产生的原因主要有两个:混凝土收缩和混凝土浇筑工艺不当。混凝土收缩包括干缩、塑性收缩、自生收缩、碳化收缩,将导致混凝土结构体积变形,形成空洞。导致混凝土收缩引起空洞产生的主要因素包括:水泥标号、品种和用量,骨料种类,外加剂种类,水灰比,外界环境,振捣工艺和时间,养护方式等。在混凝土浇筑过程中,混凝土流动性不足、泵机泵送口角度调整不当或选择不合理、泵送压力不足以及封口不当都可能导致浇筑时空洞的形成。空洞的存在会导致隧道支护结构承受不对称的偏压荷载,偏压的存在会使隧道衬砌结构受到不均衡力的作用,很小的偏压荷载作用也可能导致隧道开裂、错台,在特殊的地质环境中极易导致局部压溃或隧道变形。空洞的种类很多,根据其特点可能会导致地层下沉、松弛地压、承载力不足等,这些都会对隧道结构安全产生巨大的影响。空洞的存在也可能导致其上部岩块突然掉落,冲击衬砌结构,造成危害。何川和佘健[5]针对空洞对隧道衬砌结构承载力的影响做了室内模型试验研究,研究发现空洞位置不同、所处地应力环境不同,对结构承载力影响是明显的,但表现方式不同;空洞在以水平应力为主应力时,位于拱顶的空洞产生的影响大于位于拱腰的空洞,空洞对水平应力较为敏感。日本学者也做了大量的模型试验,结果表明空洞的横向尺寸大小对承载力的差异影响不大,仅在 12% 左右,在现有的成熟检测技术中,空洞的横向尺寸不易获取,同时,纵向尺寸在考虑空洞深度时,也是其中参考指标,根据指标选取的科学性、简洁性、独立性、可操作性原则,将空洞深度和空洞位置作为影响因素。

3) 钢支撑间距与设计偏差

在公路隧道建设技术中,在围岩条件不利的情况下,常根据具体情况设计钢支撑来支护洞体,钢支撑将作为隧道的永久支护结构。常见的有型钢拱架支撑、钢格栅、钢管支撑等类型。钢支撑的效果能否发挥,达到设计效果,与施工能否按照设计完成有密切关系。由于不同级别的围岩钢支撑的设计安装间距有所不同,根据以往工程实践经验,在施工过程中经常出现私自加大钢拱架间距的现象,《公路隧道施工技术规范》(JTG F60—2009)中,将钢架安装间距、净保护层厚度、倾斜度、(横、竖向)安装偏差、拼装偏差作为质量检查项目。由于本章是针对停工复建项目,二衬已经完成,但尚未经过竣工验收,考虑到指标选取的基本原则,本章只选择钢架的安装间距偏差这一对结构质量影响较大的因素作为因素指标。

4) 衬砌厚度不足

隧道工程中衬砌厚度不足,导致在此处形成结构薄弱面而产生应力集中,降低整体承载力。何川和佘建[5]通过试验研究了不同主应力场和不同围岩情况下,不同衬砌裂化厚度的衬砌位移曲线和衬砌结构产生病害和破坏时的变形情况,研究表明,衬砌裂化厚度(无裂化、裂化 1/3、裂化 1/2 衬砌厚度)越大,破坏荷载越小。李明[6]通过结合工程实际,进行相似模型试验,对衬砌劣化厚度不足的情况下隧道结构的承载能力和破坏规律进行了研究,结果表明隧道厚度减薄量越大,隧道压入量越大,结构的承载力也随之下降,但隧道相应部位柔韧性增大,造成内侧被压溃,外侧受拉,形成裂纹,逐渐恶化贯通,降低隧道结构的安全系数。因此,衬砌厚度应作为衬砌裂化的指标加以考虑。由于不同隧道在不同地质环境中所受的主应力不同,所以,裂化位置影响程度会受到主应力影响,在考虑指标时不将位置作为评价指标。

5) 错台

二次衬砌错台是影响隧道衬砌外观质量的重要部分,将直接影响工程的验收。台车结构的设计不合理、安装操作不当和混凝土注浆工艺的不合理都可能导致错台的发生。错台的发生可能会对隧道整体性、结构的稳定性和结构的防水性能产生极大的影响,甚至影响隧道的整体质量效果和使用寿命。

3. 衬砌变形、移动、沉降

隧道在穿越破碎带、地下水发育地段以及断层等特殊地质环境,在荷载和地质环境的共同影响下,会因为埋深、围岩特点和隧道结构特点产生应力集中,可能会发生变形、移动、沉降等不良现象。复工前隧道发生变形,在后期的施工过程中可能会重新改变应力的状态,加剧隧道的变形。目前,对隧道衬砌变形、移动、沉降的研究多是基于运营隧道的状态进行的,通过长期连续地监控拱顶下沉、周边收敛、深部位移数据,通过下沉量、下沉速度、收敛量、收敛速度、位移量、位移速度等指标参数来进行研究,而在复工隧道复工前质量状态的研究中,这些指标数据是无法获得的。因此,只能根据复工隧道的特点,采取定性或定量的方法来进行研究。在定量的研究方法中,可选取相对变形量、变形量与内限距比值或相对位移量来进行研究。内限距即为隧道内轮廓到结构限界的距离;相对位移量即为隧道结构的位移量与隧道跨度的比值;变形量可以通过激光断面仪对隧道进行检测。

4. 衬砌裂缝

建(构)筑物发生破坏和垮塌一般都是从裂缝的发展开始的,因此,人们对建(构)筑物的裂缝发展比较重视。对于一些重要的工程结构,严格意义上是不允许出现裂缝的。然而,工程上的结构裂缝却常常不可避免地发生,裂缝在适当的范围内存在是不会影响结构的安全和稳定的,在实施过程中,过分地追求某些建(构)筑物无裂缝,反而会造成巨大的经济浪费。隧道衬砌结构的裂缝,根据其走向与隧道进深方向的位置关系,可分为纵向裂缝、斜向裂缝和环向裂缝,环向裂缝对衬砌结构的承载能力影响较小,边墙和拱部的斜向及纵向裂缝对衬砌结构的整体承载力影响较大,危害较大;裂缝在长度、深度和宽度上决定着裂缝的尺度,不同尺度裂缝的量化将增加对衬砌质量的评价准确性;裂缝可能会使持续的过程发生恶化,而在进行病害调查时只是静态数据。因此,在评价裂缝因素的影响时,应充分考虑裂缝的发展趋势,将裂缝的部位和走向、裂缝尺度、裂缝的发展趋势作为衬砌裂缝评价指标。

5. 渗漏水

隧道渗漏水的存在将对衬砌混凝土的风化、剥蚀等作用产生促进效果,加速结构破坏;渗漏水还会导致围岩产生软化效果,从而导致围岩性质改变,在力学条件下发生围岩变形;含有侵蚀性介质的渗漏水会造成衬砌结构材料的腐蚀损坏,降低结构的承载力;在寒冷、严寒等特殊地区还会引起冻害等灾害的发生,在日后投入使用时还会对其他设备的正常使用产生不利影响;严重的渗漏水可能会扰动周围地下水环境,导致自然环境灾害的发生。由隧道结构的特殊性和渗漏水的复杂性可知,不同渗漏水的部位、流量、形式对结构安全的影响不同,因此,在对渗漏水病害进行评估时应充分考虑这些因素,将渗漏水的部位、流量、范围、pH 作为评价指标。

6. 衬砌起层、剥落

衬砌起层、剥落是指隧道衬砌表面混凝土发生起层、剥落、鼓出和剥离等情况。一般情况下,如果混凝土表层品质较差,可能会发生砂浆流失和骨料裸露,这种现象即为剥落。混凝土结构表面出现片状或块状的混凝土缺失,即为剥离。剥离的面积一般比剥落稍大一些。鼓出是指隧道表面混凝土内部出现空隙,表现为表面混凝土向外凸出,进一步即发展为剥离。由于有些情况只是有发生起层、剥落的趋势,因此在对这一指标进行定量研究时,应分为两种情况考虑,即可能发生的用发生的可能性来度量,可能性的判断可以用敲击衬砌的声音特点来确定;已经发生起层、剥落等病害的用几何参数来度量,包括直径、深度等参数。由于隧道结构受力的特点,此类病害发生的位置不同对隧道整体的影响作用不同,因此应该增加其部位以增强评价的合理性、准确性。综上所述,衬砌起层、剥落准则层的指标应该包括发生的可能性、位置或发生该类病害的几何参数和位置。

4.1.3 仅完成初衬部分指标的选取

复建隧道、运营隧道和按正常程序修建的隧道的质量评价内容上有所不同,存在许多特殊的病害,不能纯粹按照建成隧道的评价指标体系进行评价,需要充分考虑其特点进而对隧道已建的工程结构进行评价。因此,本节将介绍仅完成初衬支护部分的指标体系的评价指标的选取。部分指标与 4.1.2 节中已完成二衬段质量评价的指标内容相似,本节将不再赘述。

1. 钢材劣化

隧道停建前,部分工程只完成初衬,经过长时间搁置,缺乏养护,初衬材料长期暴露在空气中会导致衬砌质量劣化,对于只完成初衬部分工程结构的劣化将参考已完成二衬段,选取钢材腐蚀评价指标。这里钢材腐蚀的评价将根据现场情况划分为两类,即隧道支护中已按程序完成混凝土覆盖程序的钢筋和因施工程序尚未完成而造成的裸露钢筋的腐蚀状态,因施工工序尚未完成部分裸露钢筋缺陷,主要是矮边墙预留外露搭接钢筋缺陷。根据常见的三台阶、两台阶隧道开挖支护法的特点,在隧道建设过程中,有部分仅完成仰拱回填,但尚未进行二次衬砌的施工部分,本章将这部分的质量评价划分到仅完成初衬段中。这部分工程中,矮边墙会预留搭接钢筋,受到停工的影响,钢筋会长时间裸露,在恶劣环境中会严重锈蚀。经过现场勘查统计发现,矮边墙搭接钢筋外露是非常显著的一项缺陷,因此,将其作为一个单独的指标进行评价。

2. 衬砌施工缺陷

仅完成初衬段在正常施工程序中只是以隧道建设过程中的一个短暂的中间工序存在,因隧道停建的特殊性,对其施工缺陷进行评价,应把握住可能会影响隧道后期建成后隧道的整体质量和使用耐久性的关键指标来进行评价,同时应该考虑指标获取的原则。根据现场经验和文献资料调研,本章选取衬砌强度不足、衬砌不密实、空洞、钢支撑间距偏差、钢支撑悬空、钢支撑连接几个指标进行评价。

3. 衬砌变形、侵限

初次衬砌完成后由于其承载力尚未达到隧道整体设计承载力大小,停工周期内长期承载隧道围岩的全部应力,因此,极有可能发生变形侵限,甚至蠕变溃塌,一旦发生溃塌,整个隧道质量等级将是"差";对尚未发生溃塌的工程结构,将通过其侵入二衬结构的量进行评价。因此,衬砌变形、侵限的评价将通过侵限量进行评价。

4. 衬砌裂缝

参考 4.1.2 节中的指标选取进行评价,即将选取裂缝的部位和走向、裂缝尺度、裂缝的发展趋势作为衬砌裂缝评价指标。

5. 渗漏水

参考 4.1.2 节中的指标选取进行评价,即选取渗漏水的部位、流量、范围、pH 作为评价指标。

6. 衬砌起层、剥落

初次衬砌隧道起层、剥落可能是隧道应力荷载变化引起的或劣化引起的,对其进行评价,将从侧面反映支护应力状态或隧道后续施工的安全性,本章将参考 4.1.2 节中的指标选取进行评价,将选取可能性、位置或发生该类病害的几何参数和位置作为评价指标。

7. 锚杆锚固效果

在围岩质量较差的工程地质条件下,在隧道的建设、设计中会通过增设锚杆来加固围岩,在现场施工中,若锚杆没有按照设计施工,锚杆的加固效果难以实现,可能导致隧道支护承受的荷载增大,导致局部变形、溃塌等现象,影响锚杆锚固效果的因素包括锚杆数量、孔径、钻孔深度、孔位、抗拔力、倾角、方向、注浆质量、锚杆垫板等。本章将选取影响锚杆质量的几个主要因素,包括锚杆密度(数量)、抗拔力、锚杆长度几个指标对锚杆锚固质量进行评价。

8. 超前支护锚杆锚固效果

在地层结构松散、地质围岩岩体软弱破碎、稳定性差等地质环境中开挖隧道时,为了使隧道在一定时间和阶段过程中能够保持整体的稳定性,在设计阶段通常会根据具体的地质环境情况设计超前支护锚杆来加强临时支护,超前锚杆与普通锚杆所起的作用不同。与普通锚杆的安装程序不同是超前锚杆区别于普通锚杆的最基本区别。超前锚杆是在开挖之前就已经安装就位,以增强岩体的力学性质,超前锚杆可以使围岩表现出更好的柔韧性,增强岩体的稳定性,保证在后续施工的过程中能够起到保证隧道在建设过程中的稳定性和安全性。经过长时间停工,复建前应该对超前支护的质量进行评估,以保证在后续施工过程中结构的稳定性。影响超前支护效果的因素很多,本章根据前述的指标因素的选取原则,选取了数量偏差(密度偏差)、注浆饱满度和超前锚杆长度作为评价指标。

4.1.4　公路隧道停工复建前质量状态评价指标体系

1. 已完成二衬部分隧道支护结构质量评价指标体系

根据 4.1.2 节的介绍,将已完成二衬部分隧道支护结构质量的影响因素按照一定的层次建立层次分析体系,如图 4-1 所示。

2. 只完成初衬部分隧道支护结构质量评价指标体系

根据 4.1.3 节的介绍,将仅完成初衬部分隧道支护结构质量的影响因素按照一定的层次建立一个层次分析体系,如图 4-2 所示。

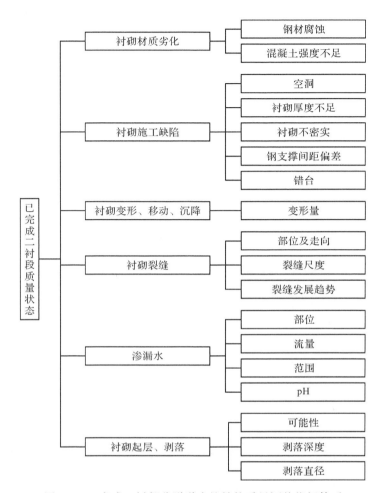

图 4-1　已完成二衬部分隧道支护结构质量评价指标体系

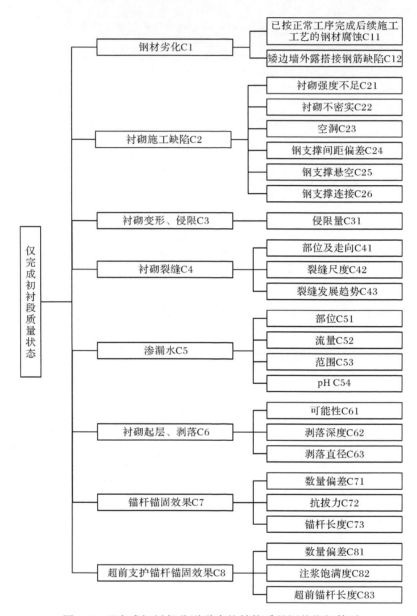

图 4-2　只完成初衬部分隧道支护结构质量评价指标体系

4.2　停工复建高速公路隧道质量评价指标等级分类标准

4.2.1　概述

隧道在复工前,由于长时间缺乏维护保养,可能并发很多病害,影响整个隧道的质量性态,这些影响因素包括自然因素、环境因素、施工前的人为因素等。为了能够提出对隧道复工前质量状态进行综合评价的较准确的评价方法,需要对隧道可能出现的病害因素进行单因素评定,因此,应保证这些单因素评价指标的等级划分标准的准确性和实用性。本章基于公路隧道多项规范和条例,借鉴资料文献中相关的标准划分方法,结合复工隧道特点和指标自身特点,将采用定性和定量的办法,或者定性、定量相结合的办法将各因素指标分为四个等级。分别表示各单因素指标的质量性态为差(3A)、较差(2A)、一般(1A)、较好(B),或者表示对其相应的准则层的影响程度为很大、较大、一般和较小,在评估中将这四个等级划分量化为1、2、3、4。每个指标在评价时,不可能完全准确地归属这四个指标值,因此在实际评价中,应根据具体情况和标准的划分,在相应的区间中进行取值,这样才能更准确地保证指标评价结果的准确性。

4.2.2　已完成二衬部分指标等级划分

1. 衬砌材质劣化

1)钢材腐蚀等级划分

钢材腐蚀的指标等级划分可以分为定性划分和定量划分,定性标准包括基于截面损失率、基于锈蚀电位和基于锈蚀率 I_c 的评价标准。我国在《公路隧道养护技术规范》(JTG H12—2015)中定量的判定标准与日本的相关标准基本一致,见表4-1。

表4-1　《公路隧道养护技术规范》中钢材锈蚀判定标准

主要原因	判定			
	判定方法	B	1A	2A
酸(碱)化、渗漏水、盐害	锈蚀程度定性描述	表面或小面积腐蚀	浅孔蚀或钢筋全周生锈	钢材断面减小程度明显,钢结构功能受损

用截面损失率来定量描述衬砌结构中钢筋的锈蚀情况时,可通过现场取样检测测定和裂缝经验观察法来获取截面损失率。裂缝宽度和钢筋锈蚀率的经验公式如下:

$$\lambda = \begin{cases} 507\mathrm{e}^{0.007a} f_{\mathrm{CH}}^{-0.09} d^{-1.76}, & 0 \leqslant b < 0.2\mathrm{mm} \\ 232\mathrm{e}^{0.008a} f_{\mathrm{CH}}^{-0.567} d^{-1.08}, & 0.2 \leqslant b < 0.4\mathrm{mm} \end{cases} \tag{4-1}$$

针对隧道钢筋锈蚀的判断,目前还没有明确的关于锈蚀电位定量的等级标准,但在桥梁承载力检测评定的相关规程和标准中,已有相关的评定标准,并介绍了基于锈蚀率 I_c 锈蚀状态的评价标准。

本章通过参考其他学者的研究成果和相关的规范,结合前面的等级划分情况,将给出定性和定量的等级划分方法,在实际应用时,可选取其中一个指标或者多个指标进行综合考虑,对钢筋锈蚀情况进行分级量化,见表 4-2。

表 4-2　钢筋锈蚀等级划分标准

等级	判定			
	3A	2A	1A	B
定性	钢材断面减小程度明显,钢结构功能受损	浅孔蚀或钢筋全周生锈	表面或小面积腐蚀	无明显锈蚀
截面损失率	大于 25%	10%~25%	3%~10%	小于 3%
锈蚀电位/mV	$I < -500$	$-500 \leqslant I < -400$	$-400 \leqslant I < -300$	$I \geqslant -300$
锈蚀率	<0.2	0.2~1.0	1.0~10	>10

2) 混凝土强度的等级划分

混凝土强度作为整个隧道最基本的指标之一,在国内外相关技术标准规范中都有划分标准,日本《公路隧道维持管理便览》和我国《公路隧道养护技术规范》(JTG H12—2015)中的定性等级划分标准基本一致,见表 4-3。

表 4-3　衬砌混凝土强度定性判定标准

判定	衬砌断面强度降低情况描述
3A	由于材料劣化等原因,断面强度明显下降,结构功能损害明显
2A	由于材料劣化等原因,断面强度有相当程度下降,结构功能受到一定损害
1A	由于材料劣化等原因,断面强度明显下降,结构功能可能受到损害
B	存在材料劣化,但对断面强度几乎没有影响

我国相关文献中均介绍了采用衬砌"实测强度与设计强度"或采用衬砌"有效厚度/设计厚度"的比值来衡量衬砌的强度状态的划分标准。表 4-4 为我国公路隧道衬砌强度判定标准。

表 4-4　我国公路隧道衬砌强度判定标准

实际强度/设计强度	有效厚度/设计厚度	判定
$<1/2$	$<1/2$	2A
$1/2\sim2/3$	$1/2\sim2/3$	1A
$>2/3$	$>2/3$	B

　　工程中常用的衬砌强度检测方法受到表面混凝土碳化等假象的干扰,且衬砌有效厚度在检测获取中难度较大。因此,为了准确并方便地对不同衬砌设计强度状态进行统一衡量,以下介绍基于混凝土强度匀质系数的指标评价标准。

　　式(4-2)为推定强度匀质系数的计算方式。

$$K = \frac{R_{it}}{R} \tag{4-2}$$

式中,K 为推定强度匀质系数;R_{it} 为实测混凝土强度的推定值,该推定值是为减少混凝土碳化因素所造成干扰而进行修正后的强度值,Pa;R 为强度设计值,Pa。

　　根据本章的指标等级划分要求,总结提出的 3 种划分标准,可以根据实际数据获取情况,选择相应标准或综合考虑确定强度状态指标(表 4-5)。

表 4-5　混凝土强度状态指标等级划分

等级		判定			
		3A	2A	1A	B
定性		混凝土强度下降显著,隧道支护结构损害明显	混凝土强度下降到一定程度,给隧道支护结构造成一定的损害	混凝土强度有所下降,可能会影响隧道结构性能	结构混凝土强度几乎不受影响
定量	实际强度/设计强度	0～0.6	0.6～0.75	0.75～0.9	0.9～1.0
	有效厚度/设计厚度	0～0.65	0.65～0.75	0.75～0.85	0.85～1
	推定强度匀质系数 K	0～0.7	0.7～0.8	0.8～0.9	0.9～1.0

2. 衬砌施工缺陷

1) 衬砌不密实等级划分

　　本章以任意 100m 隧道长度,混凝土衬砌不密实段检测长度值总和最大值为指标,对衬砌不密实等级进行划分,并对其进行量化赋值,见表 4-6。

表 4-6 衬砌不密实等级划分

等级		判定			
		3A	2A	1A	B
定性		雷达扫描图像颜色变化大,存在大量阴影,衬砌存在大量不密实情况	雷达扫描图像颜色变化较大,阴影部分较多,衬砌存在较多不密实情况	雷达扫描图像颜色基本一致,现少量阴影,衬砌存在少量不密实	雷达扫描图像颜色一致,无阴影,衬砌密实
定量	不密实段检测长度值总和 L/m	$L>15$	$9<L\leqslant15$	$3<L\leqslant9$	$L\leqslant3$

注:当衬砌不密实部位位于拱角以上1m范围时,衬砌质量降低一级。

2)空洞等级划分

空洞等级定性评价标准在文献中的内容基本一致,我国公路隧道的相关标准中关于空洞评定的内容见表 4-7。适当时可采用定性的方法对空洞状态进行评价。

表 4-7 空洞的定性等级划分

等级	判定			
	3A	2A	1A	B
定性描述	衬砌拱部背面存在较大空洞,衬砌厚度较薄,空腔上部可能掉落至拱背	拱部背面存在较大空洞,上部落石可能掉落至拱背	衬砌侧面存在空隙,估计今后由于地下水的作用,空隙会扩大	—

对空洞进行定量评价时,本章在 4.1.2 节已介绍,考虑的因素包括空洞位置和空洞深度,综合考虑这两个因素的定量等级划分标准见表 4-8。

表 4-8 空洞的定量等级划分

判定		空洞深度/mm			
		>500	100~500	0~100	—
空洞位置	拱顶处	3A	3A	1A	B
	侧壁处	3A	2A	1A	B
	侧壁脚处	3A	2A	1A	B

3)钢支撑间距与设计偏差等级划分

公路隧道相关的质量评定规范中,针对钢支撑质量做出了相应的要求,安装间距允许偏差是 50mm。陈菡清[7]提出了三级划分标准。本章在综合大量文献相关内容的基础上,确定了钢支撑间距与设计偏差的等级标准,见表 4-9。

表 4-9　钢支撑间距偏差等级划分

等级	判定			
	3A	2A	1A	B
定量指标:安装间距 与设计间距之差 D-value/mm	D-value$>$100	50$<$$D$-value$\leqslant$100	20$<$$D$-value$\leqslant$50	D-value$\leqslant$20

4) 衬砌厚度不足等级划分

在我国《公路隧道养护技术规范》(JTG H12—2015)中,提出了以有效厚度与设计厚度之比作为评价指标,而在工程实际中,实际厚度比有效厚度获得的更容易些,所以,有些学者提出了以实际厚度与设计厚度的比值作为衬砌厚度的评价指标,并划分相应的等级标准。本章介绍了基于复工隧道特点的相关标准,见表 4-10。

表 4-10　衬砌厚度不足等级划分

等级	判定			
	3A	2A	1A	B
实际厚度/有效厚度	$<$0.65	0.65$\sim$0.80	0.8$\sim$0.9	$>$0.9

5) 错台等级划分

衬砌发生错台后将降低隧道整体外观质量,严重影响隧道结构整体的使用寿命,针对错台的特点,将主要从错台的长度和宽度大小对错台等级状态进行划分,见表 4-11。

表 4-11　错台等级划分

等级	判定			
	3A	2A	1A	B
状态描述	错台长度$>$10m, 宽度$>$5mm	错台长度$\geqslant$5m, $\leqslant$10m,宽度$\geqslant$5mm	开裂错台长度$<$5m, 且宽度$\geqslant$3mm,$\leqslant$5mm	错台长度$<$5m, 且宽度$<$3mm

3. 衬砌变形、移动、沉降等级划分

对于隧道变形、移动、沉降的等级划分,目前大量标准文件和文献中,相关的划分方法包括定性划分和定量划分。其中,定性划分内容基本相同,定量划分指标多是基于变形速度和变形量。本章针对的是复工隧道质量评价,鉴于其特点主要采用定量和基于变形量定性的判定标准,指标的选取在 4.1.2 节中已经叙述,即为变形量与内限距之比(S)和相对位移量(d)。等级划分见表 4-12。

表 4-12　衬砌变形、移动、沉降等级划分

等级		判定			
		3A	2A	1A	B
定性		存在变形、移动、沉降,已经导致隧道功能明显下降	存在变形、移动、沉降,继续发展下去将会对隧道使用功能产生影响	存在变形、移动、沉降,但其变形量较小,且发展缓慢	不存在变形、移动、沉降;或存在少量变形、移动沉降,但不会继续发展,且不影响隧道正常功能
定量	变形量/内限距(S)	$S \geqslant 3/4$	$1/2 \leqslant S < 3/4$	$1/4 \leqslant S < 1/2$	$S < 1/4$
	相对位移量(d)	$d \geqslant 0.055\%$	$0.02\% \leqslant d < 0.05\%$	$0.02\% \leqslant d < 0.05\%$	$d < 0.01\%$

4. 衬砌裂缝等级划分

衬砌裂缝是隧道常见病害之一,文献[8]介绍了衬砌裂缝划分的定性评定标准,见表 4-13。

表 4-13　公路隧道衬砌裂缝定性判定标准

等级	判定			
	3A	2A	1A	B
定性描述	裂缝密集,出现剪切性裂缝,并且发展速度快	裂缝密集,出现剪切性裂缝,并且发展速度较快	存在裂缝,有一定发展趋势	不存在裂缝;或存在裂缝,但无发展趋势

4.1.2 节中介绍了本章对裂缝缺陷进行评价的指标包括部位及走向、尺度、发展趋势三个。

1) 部位及走向评价等级划分

将裂缝按发生部位分为顶部、侧壁处和侧壁脚处裂缝三种,按走向分为斜裂缝、纵向裂缝和环向裂缝三种,综合考虑部位和走向,量化评估值和等级划分标准见表 4-14 和表 4-15。

表 4-14　裂缝部位及走向的量化值

走向/部位	斜裂缝(3)	纵向裂缝(2)	环向裂缝(1)
顶部(3)	9	6	3
侧壁脚处(2)	6	4	2
侧壁处(1)	3	2	1

表 4-15　裂缝部位及走向的量化值等级划分标准

等级	3A	2A	A	B
部位及走向综合 评估值区间范围	7～9	5～7	2～5	0～2

2）裂缝尺度等级划分

长度、宽度、深度是衡量衬砌裂缝状态重要的参数，裂缝尺度是对这三个参数的综合表述。用裂缝度 C_d 来表达裂缝长度的影响，即隧道内衬砌表面任意 $100m^2$ 混凝土管片单位面积上各种裂缝的长度之和。对裂缝度进行划分等级并赋以量化值，见表 4-16。

表 4-16　裂缝度等级及其量化值

裂缝度 $C_d(m/m^2)$ 范围	0～5%	5%～20%	≥20%
等级	I	II	III
量化值 L	1	2	3

控制裂缝宽度是指同一条裂缝在一定范围内宽度的平均值，本章以任意 $100m^2$ 混凝土衬砌上裂缝宽度的最大值为指标，对裂缝宽度的影响进行划分，并对其进行量化赋值，见表 4-17。

表 4-17　裂缝宽度等级及其量化值

裂缝宽度范围	0～3mm	3～5mm	>5mm
等级	I	II	III
量化值 D	1	2	3

裂缝深度通过衬砌深厚比 H（裂缝深度/衬砌厚度）来表达，随着深厚比 H 的增大，隧道受裂缝的影响也越大，基于深厚比 H 的裂缝深度等级划分和量化值见表 4-18。

表 4-18　裂缝深度等级划分和量化值

深厚比（裂缝深度/ 衬砌厚度）	<1/3 表面裂缝	1/3～1/2 浅层裂缝	1/2～1 纵深裂缝	1 贯穿裂缝
等级	I	II	III	IV
量化值 H	1	2	3	4

对裂缝尺度的评价需综合长度、宽度、深度的量化值，称为裂缝尺度影响系数，用 M 表示：

$$M = LDH \tag{4-3}$$

式中，L 为裂缝长度的量化值，mm；D 为裂缝宽度的量化值，mm；H 为裂缝深度的量化值,mm。

基于裂缝尺度影响系数的裂缝尺度的等级划分见表 4-19。

表 4-19　裂缝尺度的等级划分

等级	判定			
	3A	2A	1A	B
裂缝尺度影响系数	20~36	10~20	4~10	0~4

3)裂缝发展趋势等级划分

根据对现场裂缝的经验判断,定性地对裂缝发展趋势进行分级判断,见表 4-20。

表 4-20　裂缝发展趋势的等级划分

等级	判定			
	3A	2A	1A	B
裂缝发展趋势	裂缝发展速度快、不稳定	发展速度较快、较不稳定	发展速度一般、相对稳定	裂缝已停止发展

5. 渗漏水状态等级划分

1)渗漏水部位等级划分

隧道渗漏水对隧道结构质量影响较大,渗漏水发生的部位不同,其影响大小也有一定区别,按照部位可划分为两组:顶部、侧壁处、侧壁脚处和裂缝处、接缝处、注浆孔及手孔处。裂缝部位的组合量化值及其等级划分见表 4-21 和表 4-22。

表 4-21　渗漏水部位的组合量化值以及其等级划分标准

走向/部位	裂缝处(3)	接缝处(2)	注浆孔及手孔处(1)
顶部(3)	9	6	3
侧壁脚处(2)	6	4	2
侧壁处(1)	3	2	1

表 4-22　渗漏水部位的组合量化值等级划分标准

渗漏水部位组合量化值区间范围	7~9	5~7	2~5	0~2
等级	3A	2A	A	B

2)渗漏水流量等级划分

日本、美国和我国对渗漏水流量的评估主要通过定性的描述,常把其分为微渗、慢渗、漏水、涌水四个级别,或者分为湿润、渗水、滴水、漏水、射水、涌水六个级别。水工协会曾按照漏水流量(最大允许渗漏流量)对渗漏水状态进行了定量的

划分,以 0、1、3、10、30、100、无限量为分界点分为 0、A、B、C、D、E、U 七个级别。本
章将通过综合借鉴定性和定量的分级研究成果,采用定性、定量的四级评价标准,
见表 4-23。

表 4-23　渗漏水流量等级划分

等级		判定			
		3A	2A	1A	B
定量	最大允许渗漏量/[$L/(m^2/d)$]	>100	30~100	3~30	0~3

3) 渗漏水范围等级划分

在隧道中渗漏水可能会以点、线、面的形式存在发展,对渗漏水范围进行总体
描述需要综合考虑各自特点。本章引入 3 个参数:点式渗漏中引入渗漏点比率
K_1,即以任意 $100m^2$ 衬砌面上渗漏点数占总点数的百分比;线式渗漏中引入渗漏
线比率 K_2,即以任意 $100m^2$ 衬砌面上渗漏裂缝长度占总接缝和裂缝总长比值;面
式渗漏中引入渗漏面比率 K_3,即以任意 $100m^2$ 衬砌面上渗漏湿迹面积所占比例。
以 K_1、K_2、K_3 之和 K_a 来表征渗漏水范围状态,并以 K_a 为指标对其进行等级划
分,见表 4-24。

$$K_a = K_1 + K_2 + K_3 \tag{4-4}$$

表 4-24　渗漏水范围等级划分

等级	判定			
	3A	2A	1A	B
K_a	>20%	10%~20%	5%~10%	0~5%

4) 渗漏水 pH 等级划分

隧道中渗漏水的酸碱性对结构的影响很大,参考文献[9]和[10],将渗漏水
pH 等级划分为 4 级,见表 4-25。

表 4-25　渗漏水 pH 等级划分

等级	判定			
	3A	2A	1A	B
pH	<4.0	4.1~5.0	5.1~6.0	6.1~7.9

6. 衬砌起层、剥落等级划分

文献[9]和[10]中,对衬砌起层剥落等级划分给出了定性的评级标准,本章借
鉴文献中内容,列出用于评价衬砌起层、剥落的定性的等级划分标准,见表 4-26,

并给出了可能发生起层剥落的可能性的判断标准,见表 4-27。

表 4-26　衬砌起层剥落定性的等级划分

等级		判定			
		3A	2A	1A	B
致因	外荷载作用	由于拱顶裂缝密集,衬砌开裂,导致起层剥落,混凝土块可能掉下	侧墙处裂缝密集,衬砌压裂,导致起层剥落,侧墙混凝土有可能掉下	—	—
	衬砌劣化	由于拱顶部位的材料劣化,导致混凝土起层剥落,混凝土块可能掉落或者已掉下	侧墙部位材料劣化,导致混凝土起层剥落,混凝土有可能掉下或已掉落	—	难以确定起层剥落

表 4-27　衬砌起、剥落可能性的等级划分

部位	起层、剥落的可能性	
	无	有
侧墙	B	2A
拱部	B	3A

4.1.2 节中介绍了用起层剥落的几何参数(深度 H_b、直径 D_b)来研究衬砌起层剥落的状态,通过对比国内外关于起层剥落的分级判断标准,最后借鉴美国《公路和铁路交通隧道检查手册》中的相关内容,建立了基于深度 H_b 和直径 D_b 的分级划分标准,见表 4-28 和表 4-29。

表 4-28　基于深度 H_b 衬砌起层、剥落的等级划分

等级	判定			
	3A	2A	1A	B
剥落深度 H_b/mm	>25	25~12	12~6	<6

表 4-29　基于直径 D_b 衬砌起层、剥落的等级划分

等级	判定			
	3A	2A	1A	B
剥落直径 D_b/mm	>150	150~75	75~50	<50

4.2.3　仅完成初衬部分指标等级划分

只完成初衬部分的结构质量评价所考虑的因素与已完成二衬部分的因素有部分内容是一致的,且其评价指标的选取和指标划分也是一致的,如衬砌裂缝、渗漏水、衬砌起层剥落等因素。本节将不再赘述,只对与 4.1.2 节所述内容不同的指标等级划分进行阐述。

1. 钢材劣化

仅完成初衬结构的钢材劣化主要由两方面构成,但其钢材的锈蚀判定标准是一致的,与 4.2.1 节中标准一致。

2. 衬砌施工缺陷

4.1.3 节中介绍了仅完成初衬阶段的施工缺陷指标包括衬砌强度不足、衬砌不密实、空洞、钢支撑间距偏差、钢支撑悬空、钢支撑连接几个指标。与已完成二衬阶段施工缺陷的评价指标略有差别,衬砌强度这一指标在已完成二衬段是隶属于衬砌材质劣化的,但在仅完成初衬段的指标划分中,将其划归衬砌施工缺陷是为充分考虑复工的影响,将钢材劣化这一突出现象的重要度提高,且衬砌强度不足也有部分原因是衬砌施工缺陷。其中衬砌不密实、空洞、钢支撑间距的等级划分标准与 4.2.2 节中的标准一致。下面将进一步介绍衬砌强度不足、钢支撑悬空和钢支撑连接的等级划分标准。

1) 衬砌强度不足

衬砌强度不足与二衬强度量化方式不尽相同,本章将采用推定强度匀质系数 K 作为仅完成初衬段衬砌强度的量化指标,具体等级标准见表 4-5。

2) 钢支撑悬空

本章将采用定性的方法对钢支撑悬空评价等级进行划分,见表 4-30。

表 4-30　钢支撑悬空定性评价等级划分

等级	判定			
	3A	2A	1A	B
定性描述	—	出现钢支撑悬空	—	几乎未出现钢支撑悬空

3) 钢支撑连接

本章将采用定性的方法对钢支撑连接质量评价等级进行划分,见表 4-31。

表 4-31　钢支撑连接质量定性评价等级划分

等级	判定			
	3A	2A	1A	B
定性描述	劣,连接出现严重偏差,需要拆除更换	差,连接出现较严重偏差,需要特殊加固处理	良,需要简单处理后才能保证钢支撑效果	优,基本不影响钢支撑承载效果

3. 衬砌变形、侵限

衬砌变形、侵限的评价将通过侵限量(S)进行评价,熊岚和谢涛[11]通过模拟结合工程实例,做出了侵限范围相对应处理方案。本章参考大量现场处理方案和相关文献,给出了等级划分标准,见表 4-32。

表 4-32　衬砌变形、侵限等级划分

等级	判定			
	3A	2A	1A	B
侵限量(S)/mm	＞100	50～100	＜50	无侵限

4. 锚杆锚固效果

锚杆锚固效果评价指标包括锚杆密度(数量)、抗拔力、锚杆长度等指标,具体分级见表 4-33～表 4-35。

表 4-33　锚杆数量等级划分

等级	判定			
	3A	2A	1A	B
锚杆数量/设计数量	＜1	—	—	＞1

表 4-34　锚杆抗拔力等级划分

等级	判定			
	3A	2A	1A	B
实测抗拔力/设计值	＜0.8	0.8～0.9	0.9～1	＞1

表 4-35　锚杆长度等级划分

等级	判定			
	3A	2A	1A	B
实测长度/设计值	＜0.9	0.9～0.95	0.95～1	＞1

5. 超前支护效果

超前锚杆支护效果评价指标包括超前锚杆长度、数量、注浆饱满度三个指标,其等级划分分别见表 4-36～表 4-38。

表 4-36　超前锚杆长度等级划分

等级	判定			
	3A	2A	1A	B
实测长度/设计值	<0.9	0.9~0.95	0.95~1	>1

表 4-37　超前锚杆数量等级划分

等级	判定			
	3A	2A	1A	B
锚杆数量/设计数量	<1	—	—	>1

表 4-38　钻孔注浆饱满度等级划分

等级	判定			
	3A	2A	1A	B
饱满度	<70%	70%~80%	80%~90%	>90%

4.3　停工复建高速公路项目隧道质量评价方法及应用

在对复工隧道复建前老旧支护质量进行评价时,传统的单因素评价只能反映隧道结构在某一方面的缺陷,用数学和云模型方法的综合评价方法,充分发挥其优势,建立高低维之间的空间映射,可以更全面、综合地了解隧道的整体质量状态。评价需要确定指标体系中各准则层和指标层元素的权重,层次分析法在确定指标权重上具有明显优势,可以综合众多专家的意见,提高权重的可信度。确定指标权重后,再结合模糊数学理论和云模型理论,建立基于模糊数学和云模型的综合评估方法,更好地处理各评价准则层和各指标之间的非线性问题,使评价结果更具直观性、综合性、科学性、合理性。

4.3.1　工程概况

某高速公路全路段主线总长 33.8km,设计荷载为公路Ⅰ级,全线共设隧道 4 座,其中分离式隧道 3 座,连拱隧道 1 座。工程于 2006 年 7 月完成设计工作,2006 年 10 月开工建设,于 2007 年下半年停工,至工程复工已停工近 7 年之久。

由于长时间受围岩的挤压和衬砌结构表面暴露在空气中,加上隧道渗水等综合因素的影响,隧道衬砌结构本身有一定程度的损坏,加之衬砌支护内钢结构材料锈蚀、衬砌裂缝以及停工前的施工缺陷等病害、缺陷的影响,衬砌本身存在安全隐患,会影响复工后后续施工的进行,长时间停工下的隧道衬砌病害情况如图 4-1 所示。

图 4-1　长时间停工下的隧道衬砌病害情况

4.3.2　工程病害及缺陷参数

在复工前,应对隧道的各病害情况和缺陷参数进行全面的调查统计,然后参照第 3 章介绍的指标参数的等级划分标准确定单因素指标所属的等级,按照比例插值法确定各定量单因素指标对应的标准化参数值,结果见表 4-39。

表 4-39　各定量指标因素原始参数值与标准化的参数值

指标因素		1 号隧道		2 号隧道		参数指标
		原始参数	标准化后参数	原始参数	标准化后参数	
C1	C11	7.9%	3.2	11.5%	2.4	截面损失率
	C12	20.5%	1.8	23.5%	1.6	截面损失率
C2	C21	0.84	2.9	0.85	3.0	推定匀质系数
	C22	7.2m(拱顶)	2.2	4.8m(拱顶)	1.8	不密实长度
	C23	360mm(侧壁处)	1.7	220mm(拱顶处)	1.2	空洞深度
	C24	85mm	1.8	50mm	2.5	与设计偏差
C3	C31	15mm	3.2	60mm	2.3	侵限量
C4	C41	2.9	3.2	7.4	1.8	量化评估值
	C42	8.2	2.8	18	1.6	裂缝尺度影响系数
C5	C51	6	2.0	8.6	1.2	裂缝部位的组合量化
	C52	21.9L/(m²·d)	2.8	24.6L/(m²·d)	2.7	渗漏量
	C53	9%	2.7	13%	2.2	K_α
	C54	6.6	3.8	6.6	3.8	pH

指标因素		1 号隧道		2 号隧道		参数指标
		原始参数	标准化后参数	原始参数	标准化后参数	
C7	C72	0.87	2.2	0.92	2.7	锚杆抗拔力/设计值
	C73	1	3.7	0.925	2.0	锚杆实测长度/设计值
C8	C82	75%	2.0	82%	2.7	钻孔注浆饱满度
	C83	1	3.6	0.905	1.6	锚杆实测长度/设计值

4.3.3　基于云模型的质量综合评价

为了对复建前高速公路隧道支护质量状态有更明确、直观的了解,本节在前面介绍的质量评价指标体系的基础上,运用云模型的理论知识,建立了基于云模型的综合评价模型,将定性和定量的指标更有效地结合起来,实现对复建前隧道质量状态的精确评价。

本章关于指标体系中指标等级的划分采用定量的和定性的方法,定量的数据根据现场的调查获取,定性的数据根据专家打分的方式获得。在前面已介绍过各指标的等级划分情况以及划分标准。本章中各单因素和隧道的综合评价等级均为四级:3A、2A、1A、B,对应的文字语言为:差、较差、一般、较好。

评语集 $M=\{3A,2A,1A,B\}=\{差,较差,一般,较好\}$,对应的评语标准值区间为$\{0\sim1.5,1.5\sim2.5,2.5\sim3.5,3.5\sim4\}$,各单因素指标的等级划分标准见4.2.2节和4.2.3节,其中包括定性的和定量的评价标准。在进行综合评价时,各单因素的参数必须是同类型的才可以进行综合处理;所以在采用定量的标准时,根据指标获取的数据采取插值取值的方式在各对应的标准值区间进行取值,在采用定性的评价标准时,将需要定量打分的按照表 4-39 统一的对应标准进行打分,然后转化为标准值区间对应的数值。在评语标准划分区间中,假设其四个区间对应的云参数分别是(Ex_1,En_1,He_1)、(Ex_2,En_2,He_2)、(Ex_3,En_3,He_3)、(Ex_4,En_4,He_4),考虑区间的边界划分条件不同分为几种情况,相应的边界模型参数的计算方法也有所不同,见表 4-40。

表 4-40　定性评价打分标准

等级	3A	2A	1A	B
分值范围	0~15	15~25	25~35	35~40

1. 评语云参数的确定

云参数的确定是基于云模型综合评价,在计算综合标准评语云参数时采用根据评语等级评价域的两个边界约束情况$[I_{\min}, I_{\max}]$来确定参数$(\mathrm{Ex}, \mathrm{En}, \mathrm{He})$的计算方法,如式(4-5),其中,$k$是根据评语情况自行设定的反映评语模糊程度的一个数值。在进行单因素评价时,由于各指标的等级评价域划分不同,会出现仅有单边约束或者可以看成单边约束的情况,在计算此类评语云参数时需要根据云模型的特点确定合适的边界值,然后再进行计算,由于各评语的评价域边界值应该具有一定的模糊性,本章中不同评语等级评价域的区间类型对应的相关参数的具体计算方法根据表4-41。

$$\begin{cases} \mathrm{Ex} = \dfrac{I_{\min} + I_{\max}}{2} \\[2mm] \mathrm{En} = \dfrac{I_{\max} - I_{\min}}{6} \\[2mm] \mathrm{He} = k \end{cases} \tag{4-5}$$

表 4-41   不同边界标准区间类型云模型参数计算方法

评价域区间类型	参数确定			
类型一	$(-\infty, a)$	(a, b)	(b, c)	(c, d)
云参数	$\mathrm{Ex}_1 = \dfrac{3a-b}{2}$ $\mathrm{En}_1 = \mathrm{En}_2$ $\mathrm{He}_1 = k$	$\mathrm{Ex}_2 = \dfrac{a+b}{2}$ $\mathrm{En}_2 = \dfrac{\mathrm{Ex}_2 - \mathrm{Ex}_1}{3}$ $\mathrm{He}_2 = k$	$\mathrm{Ex}_3 = \dfrac{b+c}{2}$ $\mathrm{En}_3 = \dfrac{\mathrm{Ex}_3 - \mathrm{Ex}_2}{3}$ $\mathrm{He}_3 = k$	$\mathrm{Ex}_4 = \dfrac{c+d}{2}$ $\mathrm{En}_4 = \dfrac{\mathrm{Ex}_4 - \mathrm{Ex}_3}{3}$ $\mathrm{He}_4 = k$
类型二	(a, b)	(b, c)	(c, d)	(d, e)
云参数	$\mathrm{Ex}_1 = \dfrac{a+b}{2}$ $\mathrm{En}_1 = \mathrm{En}_2$ $\mathrm{He}_1 = k$	$\mathrm{Ex}_2 = \dfrac{b+c}{2}$ $\mathrm{En}_2 = \dfrac{\mathrm{Ex}_2 - \mathrm{Ex}_1}{3}$ $\mathrm{He}_2 = k$	$\mathrm{Ex}_3 = \dfrac{c+d}{2}$ $\mathrm{En}_3 = \dfrac{\mathrm{Ex}_3 - \mathrm{Ex}_2}{3}$ $\mathrm{He}_3 = k$	$\mathrm{Ex}_4 = \dfrac{d+e}{2}$ $\mathrm{En}_4 = \dfrac{\mathrm{Ex}_4 - \mathrm{Ex}_3}{3}$ $\mathrm{He}_4 = k$
类型三	(a, b)	(b, c)	(c, d)	$(d, +\infty)$
云参数	$\mathrm{Ex}_1 = \dfrac{a+b}{2}$ $\mathrm{En}_1 = \mathrm{En}_2$ $\mathrm{He}_1 = k$	$\mathrm{Ex}_2 = \dfrac{b+c}{2}$ $\mathrm{En}_2 = \dfrac{\mathrm{Ex}_2 - \mathrm{Ex}_1}{3}$ $\mathrm{He}_2 = k$	$\mathrm{Ex}_3 = \dfrac{c+d}{2}$ $\mathrm{En}_3 = \dfrac{\mathrm{Ex}_3 - \mathrm{Ex}_2}{3}$ $\mathrm{He}_3 = k$	$\mathrm{Ex}_4 = d+c$ $\mathrm{En}_4 = \dfrac{\mathrm{Ex}_4 - \mathrm{Ex}_3}{3}$ $\mathrm{He}_4 = k$
类型四	$(-\infty, a)$	(a, b)	(b, c)	$(c, +\infty)$
云参数	$\mathrm{Ex}_1 = \dfrac{3a-b}{2}$ $\mathrm{En}_1 = \mathrm{En}_2$ $\mathrm{He}_1 = k$	$\mathrm{Ex}_2 = \dfrac{a+b}{2}$ $\mathrm{En}_2 = \dfrac{\mathrm{Ex}_2 - \mathrm{Ex}_1}{3}$ $\mathrm{He}_2 = k$	$\mathrm{Ex}_3 = \dfrac{b+c}{2}$ $\mathrm{En}_3 = \dfrac{\mathrm{Ex}_3 - \mathrm{Ex}_2}{3}$ $\mathrm{He}_3 = k$	$\mathrm{Ex}_4 = \dfrac{c+d}{2}$ $\mathrm{En}_4 = \dfrac{\mathrm{Ex}_4 - \mathrm{Ex}_3}{3}$ $\mathrm{He}_4 = k$

对复工前隧道质量的综合评语、评语值区间、评语云参数见表 4-42。

表 4-42　综合评语、评语值区间、评语云

等级	评语	评语值区间	评语云参数
B	较好	0～1.5	(0.75,0.417,0.02)
1A	一般	1.5～2.5	(2,0.417,0.02)
2A	较差	2.5～3.5	(3,0.333,0.02)
3A	差	3.5～4	(3.75,0.25,0.02)

左边界采用半降云,右边界采用半升云,综合评语云正太云图如图 4-2 所示。当综合评价值云期望值低于 0.75 时,认为该质量等级对 3A(差)的隶属度为 1,当综合评价值云期望值高于 3.75 时,认为该质量等级对 B(较好)的隶属度为 1。

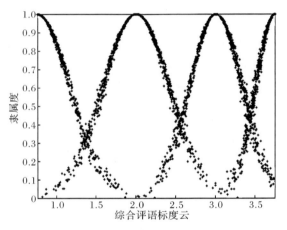

图 4-2　评语标度云图

根据表 4-41 计算各单因素指标标准云参数,见表 4-43。

表 4-43　指标单因素评语云模型参数

单因素指标	评语云参数			
	3A	2A	1A	B
C11	(0.35,0.0583,0.002)	(0.175,0.0367,0.002)	(0.065,0.0167,0.002)	(0.015,0.0167,0.002)
C12	(0.35,0.0583,0.002)	(0.175,0.0367,0.002)	(0.065,0.0167,0.002)	(0.015,0.0167,0.002)
C21	(0.65,0.0333,0.002)	(0.75,0.0333,0.002)	(0.85,0.0333,0.002)	(0.95,0.0333,0.002)
C22	(24,4,0.1)	(12,2,0.1)	(6,1.5,0.1)	(1.5,1.5,0.1)

续表

单因素指标	评语云参数			
	3A	2A	1A	B
C23	(7.5,4.17,0.1)	(20,4.17,0.1)	(30,3.33,0.1)	(37.5,2.5,0.1)
C24	(150,25,1)	(75,13.333,1)	(35,11.667,1)	(0,11.667,1)
C25	(7.5,4.17,0.1)	(20,4.17,0.1)	(30,3.33,0.1)	(37.5,2.5,0.1)
C26	(7.5,4.17,0.1)	(20,4.17,0.1)	(30,3.33,0.1)	(37.5,2.5,0.1)
C31	(150,25,1)	(75,16.667,1)	(25,16.667)	—
C41	(8,0.667,0.1)	(6,0.833,0.1)	(3.5,0.833,0.1)	(1,0.833,0.1)
C42	(28,4.333,0.1)	(15,2.667,0.1)	(7,1.667,0.1)	(2,1.667,0.1)
C43	(7.5,4.17,0.1)	(20,4.17,0.1)	(30,3.33,0.1)	(37.5,2.5,0.1)
C51	(8,0.667,0.1)	(6,0.833,0.1)	(3.5,0.833,0.1)	(1,0.833,0.1)
C52	(120,20,1)	(60,14.5,1)	(16.5,5,1)	(1.5,5,1)
C53	(0.3,0.05,0.002)	(0.15,0.025,0.002)	(0.075,0.0167,0.002)	(0.025,0.0167,0.002)
C54	(3.1,0.467,0.02)	(4.5,0.467,0.02)	(5.5,0.333,0.02)	(7.0,0.5,0.02)
C61	(7.5,4.17,0.1)	(20,4.17,0.1)	(30,3.33,0.1)	(37.5,2.5,0.1)
C62	(37,6.167,0.1)	(18.5,3.167,0.1)	(9,2,0.1)	(3,2,0.1)
C63	(225,37.5,1)	(112.5,16.667,1)	(62.5,12.5,1)	(25,12.5,1)
C71	(7.5,4.17,0.1)	—	—	(37.5,2.5,0.1)
C72	(0.75,0.0333,0.002)	(0.85,0.0333,0.002)	(0.95,0.0333,0.002)	(1.05,0.0333,0.002)
C73	(0.875,0.0167,0.002)	(0.925,0.0167,0.002)	(0.975,0,0167,0.002)	(1.025,0.0167,0.002)
C81	(7.5,4.17,0.1)	—	—	(37.5,2.5,0.1)
C82	(0.65,0.0333,0.002)	(0.75,0.0333,0.002)	(0.85,0.0333,0.002)	(0.95,0.0333,0.002)
C83	(0.875,0.0167,0.002)	(0.925,0.0167,0.002)	(0.975,0,0167,0.002)	(1.025,0.0167,0.002)

　　C24 单因素评语标度云如图 4-3 所示,同理,其他任意因素的评语标度云均可获得。

　　1 号和 2 号隧道 C24 单因素指标评价值云模型分别为(85,13.333,1)、(50,12.5,1),与 C24 指标的评语云对比如图 4-4 所示。

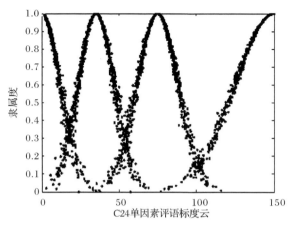

图 4-3　C24 单因素评语标度云

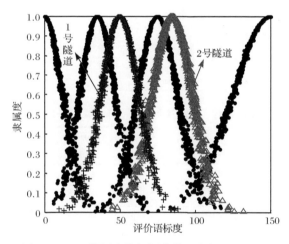

图 4-4　C24 单因素指标评价值云与评语云对比

2. 标准评价值云的确定

对某复建高速公路的两个复建隧道进行检测调查,获得数据,然后进行评价。在运用综合云模型评价时,由于各指标评语集区间选取量值各不相同,各云模型参数标准不统一,需要根据其标准评语区间对其进行标准化处理,本节中各单因素指标标准评语区间均为{0~1.5,1.5~2.5,2.5~3.5,3.5~4}。

各指标的单因素评语云标度不同,对应评价值云标度也不同,由于指标体系中包含定性和定量的指标,在进行综合评价前,需要对定性和定量指标的评价值云参数进行统一标准化[12],定量指标的单因素评价值云根据正向云原理产生,对应四个评语域标准化后的评价值云参数类型分别为(Ex,0.417,0.02)、(Ex,

0.417,0.02)、(Ex,0.333,0.02)、(Ex,0.25,0.02),1号隧道定量指标的单因素标准评价值云模型参数见表4-44;定性指标按照逆向云原理,根据专家打分生成标准化云参数类型,然后转化为标准评价值云,1号隧道定性指标专家打分分值见表4-45,对应生成的云模型参数见表4-46。

表 4-44　1号隧道定量指标评价值标准化云模型

指标	云模型	指标	云模型
C11	(3.2,0.333,0.02)	C52	(2.8,0.333,0.02)
C12	(1.8,0.417,0.02)	C53	(2.7,0.333,0.02)
C21	(2.9,0.333,0.02)	C54	(3.8,0.25,0.02)
C22	(2.2,0.417,0.02)	C62	—
C23	(1.7,0.417,0.02)	C63	—
C24	(1.8,0.417,0.02)	C72	(2.2,0.417,0.02)
C31	(3.2,0.333,0.02)	C73	(3.7,0.25,0.02)
C41	(3.2,0.333,0.02)	C82	(2.0,0.417,0.02)
C42	(2.8,0.333,0.02)	C83	(3.6,0.25,0.02)
C51	(2.0,0.417,0.02)		

表 4-45　1号隧道定性指标专家打分表

指标	等级/分值范围									
	(3A/0~15　2A/15~25　1A/25~35　B/35~40)									
	专家打分值									
	1	2	3	4	5	6	7	8	9	10
C25	15	17	16	16	18	17	23	19	20	17
C26	23	20	21	15	18	19	21	20	17	19
C43	25	27	28	27	29	30	31	29	28	30
C61	35	35	36	36	36	37	38	39	40	37
C71	15	14	15	14	14	13	13	14	13	11
C81	36	38	39	37	38	35	37	35	37	36

表 4-46　1号隧道定性指标评价值云模型

指标	云模型	指标	云模型
C25	(17.8,2.2058,0.8034)	C61	(36.9,1.6293,0.03327)
C26	(19.3,2.1306,0.7633)	C71	(13.7,1.0277,0.05369)
C43	(28.4,1.7546,0.2771)	C81	(36.8,1.3034,0.1854)

定量单因素指标 C24 标准评价值云与标准评语云对比图如图 4-5 所示。可以看出,单 C24 的云模型图与 2A 等级的隶属关系较大。

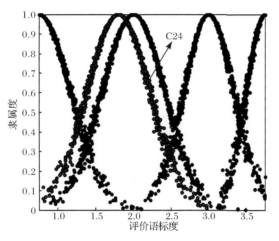

图 4-5　C24 标准评价值云与标准评语云对比

定性单因素指标 C43 标准评价值云与标准评语云对比图如图 4-6 所示。通过对比图形可以发现,C43 专家打分的单因素评价结果与 1A 等级的隶属关系较大。

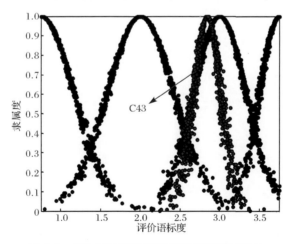

图 4-6　C43 标准评价值云与标准评语云对比

仅对各指标进行单因素评价的结果并不能完全发挥正太云模型的优势,也不能反映某一概念的综合情况,因此应该在单因素云模型的基础上,进行综合评价。

3. 云模型综合评价

根据云模型原理和综合评价指标体系,逐层综合,生成更高层次的综合云参数。首先要计算各指标分类归属的权重,权重采用层次分析法计算,通过对专家调查获取判断矩阵、计算权重,结果见表 4-47,并检验其一致性,结果见表 4-48。从表 4-48 中可以发现,判断矩阵均满足一致性要求。

表 4-47　仅完成初衬段层次指标权重

目标层	一级指标代码	权重	二级指标代码	权重
仅完成初衬部分隧道复建前质量状态评价	C1	0.0893	C11	0.5556
			C12	0.4444
	C2	0.2521	C21	0.2908
			C22	0.0838
			C23	0.1603
			C24	0.1310
			C25	0.0978
			C26	0.2364
	C3	0.2127	C31	1
	C4	0.0744	C41	0.1818
			C42	0.5455
			C43	0.2727
	C5	0.0558	C51	0.1117
			C52	0.4136
			C53	0.2925
			C54	0.1822
	C6	0.0638	C61	—
			C62	0.5294
			C63	0.4706
	C7	0.1435	C71	0.4387
			C72	0.2381
			C73	0.3232
	C8	0.1084	C81	0.4582
			C82	0.3291
			C83	0.2127

表 4-48　一致性检验指标 CR

指标	一致性检验指标 CR (CR<0.1 即符合一致性检验)
C1,C2,C3,C4,C5,C6,C7,C8	0.0020
C11,C12	0
C21,C22,C23,C24,C25,C26	0.0066
C41,C42,C43	0
C51,C52,C53,C54	0.0084
C62,C63	0
C71,C72,C73	0.0096
C81,C82,C83	0.0053

　　根据前面介绍的理论,在层次分析法获取权重的基础上,将若干同类型或相关的语言概念综合提升为一个更高层次的、更综合的语言概念,生成一级综合云,生成的一级评价值综合云模型见表 4-49,C2 指标子云与父云之间的关系如图 4-7 所示,C2 的一级综合云与标准云对比如图 4-8 所示。

表 4-49　一级评价值综合云模型

指标	云模型
C1	(2.4994,0.3727,0.02)
C2	(2.1688,0.3361,0.0327)
C3	(3.2,0.333,0.02)
C4	(2.8901,0.2984,0.0212)
C5	(2.7956,0.3303,0.02)
C6	(3.69,0.1629,0.0335)
C7	(2.5720,0.2574,0.0267)
C8	(2.7412,0.2798,0.0196)

　　在一级综合云模型的基础上进行综合,生成新的父云,即为基于 8 个一级综合云的二级综合云模型,运算得二级综合评价值云模型为(2.6887,0.3112,0.0248)。在本次评价中,二级综合评价值云模型即为整个隧道的综合评价值云模型,将其与标准评语云对比,如图 4-9 所示,与各评语云的隶属度见表 4-50 和图 4-10。

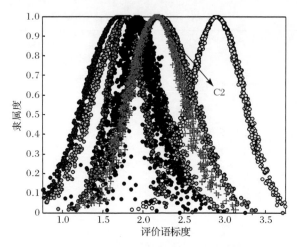

图 4-7　C2 指标父云与子云之间的关系

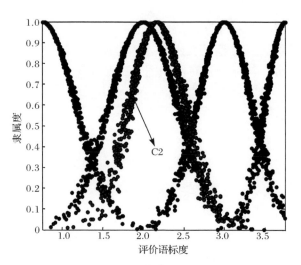

图 4-8　C2 的一级综合云与标准云对比

表 4-50　与各评语域的隶属关系

等级评语	差	较差	一般	较好
隶属度	0.03792	0.6113	0.9146	0.2211

　　综上所述,1 号隧道在复建前的老旧支护结构的质量等级为一般偏向较差,需要对某些重点部分缺陷采取特殊修护措施,以实现后续复建施工的安全并保证隧道建成后的耐久使用性。

　　采用同样的方法对 2 号隧道的施工情况进行评价。根据表 4-51 中专家打分

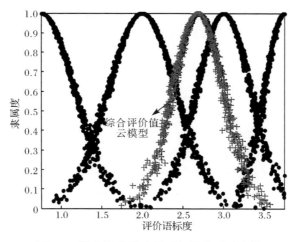

图 4-9　综合评价值云模型与标准云对比图

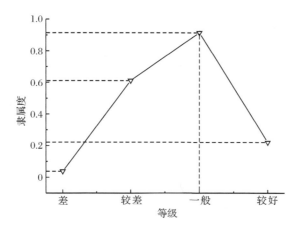

图 4-10　1 号隧道评价结果与各评语域的隶属关系

数值,按照逆向云原理求得 2 号隧道定性指标评价值云模型,见表 4-52;2 号隧道各指标评价值的标准化云模型见表 4-53。

表 4-51　2 号隧道定性指标专家打分表

指标	等级/分值范围									
	(3A/0~15　2A/15~25　1A/25~35　B/35~40)									
	专家打分值									
	1	2	3	4	5	6	7	8	9	10
C25	15	19	16	20	18	23	22	21	19	22
C26	10	8	7	13	9	14	11	10	8	9
C43	23	24	26	28	27	26	28	27	26	25

指标	等级/分值范围									
	(3A/0~15　2A/15~25　1A/25~35　B/35~40)									
	专家打分值									
	1	2	3	4	5	6	7	8	9	10
C61	31	26	28	33	30	33	32	26	30	29
C71	9	8	9	10	11	10	12	7	12	13
C81	15	14	13	13	12	10	13	12	10	11

表 4-52　2 号隧道定性指标评价值云模型

指标	云模型	指标	云模型
C25	(19.5,2.6320,0.1313)	C61	(29.8,2.5568,0.2919)
C26	(9.9,2.1306,0.6703)	C71	(10.1,1.9050,0.1624)
C43	(26,1.5040,0.6362)	C81	(12.3,1.6293,0.1521)

表 4-53　2 号隧道各指标评价值的标准化云模型

指标	云模型	指标	云模型
C11	(2.4,0.417,0.02)	C52	(2.7,0.333,0.02)
C12	(1.6,0.417,0.02)	C53	(2.2,0.417,0.02)
C21	(3.0,0.333,0.02)	C54	(3.8,0.250,0.02)
C22	(1.8,0.417,0.02)	C61	(2.98,0.2557,0.0292)
C23	(1.2,0.417,0.02)	C62	—
C24	(2.5,0.375,0.02)	C63	—
C25	(1.95,0.2632,0.0131)	C71	(1.01,0.1905,0.0162)
C26	(0.99,0.2131,0.0670)	C72	(2.7,0.333,0.02)
C31	(2.3,0.417,0.02)	C73	(2.0,0.417,0.02)
C41	(1.8,0.417,0.02)	C81	(1.23,0.1629,0.0152)
C42	(1.6,0.417,0.02)	C82	(2.7,0.333,0.02)
C43	(2.6,0.1504,0.0636)	C83	(1.6,0.417,0.02)
C51	(1.2,0.417,0.02)		

　　对 2 号隧道各指标因素进行一级综合处理,获得一级综合云模型,见表 4-54。各一级综合云模型进一步综合得到二级云模型参数,即为 2 号隧道综合评价值云 (2.1663,0.3497,0.036)。将综合评价值云与其子云进行对比,如图 4-11 所示;与标准评语云对比,如图 4-12 所示。

表 4-54　2 号隧道一级综合评价值云模型

指标	云模型
C1	(2.0445,0.417,0.02)
C2	(2.2043,0.3161,0.0199)
C3	(2.3,0.417,0.02)
C4	(1.7632,0.3642,0.0252)
C5	(2.4705,0.3571,0.02)
C6	(2.98,0.2557,0.0292)
C7	(1.9085,0.3139,0.0189)
C8	(1.9405,0.2926,0.187)

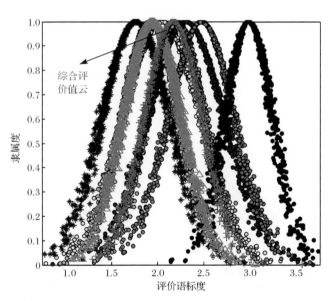

图 4-11　2 号隧道综合评价值云与一级综合评价值云对比图

由表 4-55 和图 4-13 可知,2 号隧道采用云模型综合评价结果等级是:较差偏向一般。

表 4-55　2 号隧道与各评语域的隶属关系

等级评语	差	较差	一般	较好
隶属度	0.2341	0.9836	0.5675	0

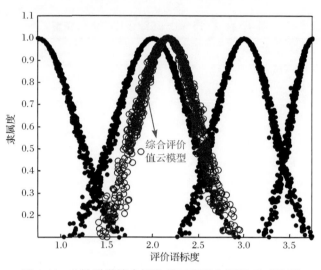

图 4-12　2 号隧道综合评价值云模型与标准云对比图

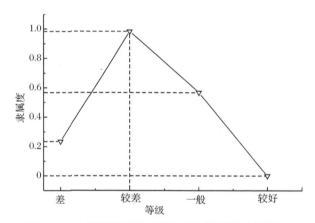

图 4-13　2 号隧道评价结果与各评语域的隶属关系

4.3.4　基于模糊数学的综合评价

1. 隶属函数的选取

本章在已建成的停工隧道复建前老旧支护评价体系和前面求得的指标权重分布的基础上,选取合适的隶属度函数来确定评判矩阵。本章将隧道评价等级分为 4 个等级,评判集 $V=\{3A,2A,1A,B\}=\{差,较差,一般,较好\}$,在采用模糊综合评判时,将评判集量化为 $V=[1,2,3,4]$;采用插值的方法对单因素指标进行量化,有助于更精确地反映整体状态。对这几个评语的隶属函数的选择及确定,受人们对整个概念的认识影响,在主观因素的作用下选择一个最能表现隶属关系的隶属度函数,隶属度函数的选取合适与否对评价结果的准确性起着关键性作用。

本章中,评判集中 3A 的隶属度函数采用二次下降抛物模糊分布,见式(4-6);2A 的隶属度函数采用尖形模糊分布,见式(4-7);A 的隶属度函数采用尖形模糊分布,见式(4-8);B 的隶属度函数采用二次上升抛物模糊分布,见式(4-9)。对应的曲线如图 4-14 所示。

$$f(x) = \begin{cases} 1, & x \leqslant 1 \\ \dfrac{1}{9}(4-x)^2, & 1 < x \leqslant 4 \\ 0, & x > 4 \end{cases} \tag{4-6}$$

$$f(x) = \begin{cases} \mathrm{e}^{x-2}, & x \leqslant 2 \\ \mathrm{e}^{-(x-2)}, & x > 2 \end{cases} \tag{4-7}$$

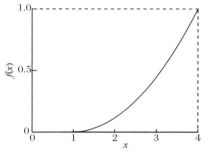

（a）二次上升抛物分布曲线

（b）尖形分布曲线 1

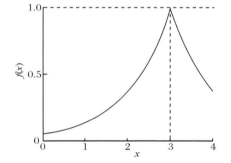

（c）尖形分布曲线 2

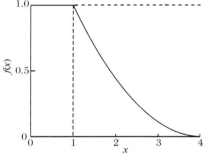

（d）二次下降抛物分布曲线

图 4-14　与隶属函数对应的函数图形

$$f(x) = \begin{cases} \mathrm{e}^{x-3}, & x \leqslant 3 \\ \mathrm{e}^{-(x-3)}, & x > 3 \end{cases} \tag{4-8}$$

$$f(x) = \begin{cases} 0, & x \leqslant 1 \\ \dfrac{1}{9}(x-1)^2, & 1 < x \leqslant 4 \\ 1, & x > 4 \end{cases} \tag{4-9}$$

2. 模糊综合评价

采用模糊数学方法对某高速公路的 1 号和 2 号隧道进行综合评价,先确定各指标的量化值,见表 4-51。各指标因素的权重已在 4.3.3 节中介绍,这里不再赘述。本节中,模糊的综合评价是二级综合评价。

第一步:首先进行一级模糊综合评价,为了方便表述,这里将指标体系的最高层称为目标层,第二层称为准则层,第三层称为因素层。

现对 1 号隧道复建前老旧支护的质量状态进行评价:对于准则层指标 C1 的因素集为 C1={C11,C12},将其量化值分别代入相应的评判集对应的隶属函数即可得到准则层 C1 的评判矩阵 R_{C1}:

$$R_{C1} = \begin{bmatrix} 0.0711 & 0.3012 & 0.8187 & 0.5378 \\ 0.5378 & 0.8187 & 0.3012 & 0.0711 \end{bmatrix}$$

同理,可求出准则层其他指标的单因素评判矩阵:

$$R_{C2} = \begin{bmatrix} 0.1344 & 0.4066 & 0.9048 & 0.4011 \\ 0.3600 & 0.8187 & 0.4493 & 0.1600 \\ 0.5878 & 0.7408 & 0.2725 & 0.0544 \\ 0.5378 & 0.8187 & 0.3012 & 0.0711 \\ 0.5476 & 0.8025 & 0.2952 & 0.0676 \\ 0.4761 & 0.9324 & 0.3430 & 0.0961 \end{bmatrix}$$

$$R_{C3} = \begin{bmatrix} 0.0711 & 0.3012 & 0.8187 & 0.7378 \end{bmatrix}$$

$$R_{C4} = \begin{bmatrix} 0.0711 & 0.3012 & 0.8187 & 0.5378 \\ 0.1600 & 0.4493 & 0.8187 & 0.3600 \\ 0.1495 & 0.4317 & 0.8521 & 0.3762 \end{bmatrix}$$

$$R_{C5} = \begin{bmatrix} 0.4444 & 1.000 & 0.3679 & 0.1111 \\ 0.1600 & 0.4493 & 0.8187 & 0.3600 \\ 0.1878 & 0.4966 & 0.7408 & 0.3211 \\ 0.0044 & 0.1653 & 0.4493 & 0.8711 \end{bmatrix}$$

$$R_{C6} = \begin{pmatrix} 0.0107 & 0.1845 & 0.5016 & 0.8040 \end{pmatrix}$$

$$R_{C7} = \begin{bmatrix} 0.7685 & 0.5326 & 0.1959 & 0.0152 \\ 0.3600 & 0.8187 & 0.4493 & 0.1600 \\ 0.0100 & 0.1827 & 0.4966 & 0.8100 \end{bmatrix}$$

$$R_{C8} = \begin{bmatrix} 0.0114 & 0.1864 & 0.5069 & 0.7980 \\ 0.4444 & 1.0000 & 0.3679 & 0.1111 \\ 0.0178 & 0.2109 & 0.5488 & 0.7511 \end{bmatrix}$$

由准则层指标 C1 的因素集元素 C11、C12 的权重构成的权重向量为 $A_{C1}=$

$(0.5556,0.4444)$，则 C1 一级模糊综合评估结果为 B_{C1}：

$$B_{C1} = A_{C1}R_{C1}$$

$$= (0.5556,0.4444)\begin{bmatrix} 0.0711 & 0.3012 & 0.8187 & 0.5378 \\ 0.5378 & 0.8187 & 0.3012 & 0.0711 \end{bmatrix}$$

$$= (0.2783,0.5308,0.5886,0.3304)$$

同理，可以计算获得准则层其他指标的单因素的一级模糊综合评估结果：

$$B_{C2} = (0.4000,0.7118,0.4939,0.1774)$$
$$B_{C3} = (0.0711,0.3012,0.8187,0.7378)$$
$$B_{C4} = (0.1410,0.4176,0.8278,0.3967)$$
$$B_{C5} = (0.1715,0.4729,0.6783,0.4139)$$
$$B_{C6} = (0.0107,0.1845,0.5016,0.8040)$$
$$B_{C7} = (0.4261,0.4876,0.3534,0.3066)$$
$$B_{C8} = (0.1553,0.4594,0.4701,0.5620)$$

第二步：在完成一级模糊综合评价的基础上，将其结果按照一定的方式构建成二级评判矩阵 R：

$$R = (B_{C1},B_{C2},B_{C3},B_{C4},B_{C5},B_{C6},B_{C7},B_{C8})^{\mathrm{T}}$$

$$R_1 = \begin{bmatrix} 0.2783 & 0.5308 & 0.5886 & 0.3304 \\ 0.4000 & 0.7118 & 0.4939 & 0.1774 \\ 0.0711 & 0.3012 & 0.8187 & 0.7378 \\ 0.1410 & 0.4176 & 0.8278 & 0.3967 \\ 0.1715 & 0.4729 & 0.6783 & 0.4139 \\ 0.0107 & 0.1845 & 0.5016 & 0.8040 \\ 0.4261 & 0.4876 & 0.3534 & 0.3066 \\ 0.1553 & 0.4594 & 0.4701 & 0.5620 \end{bmatrix}$$

目标层因素集由 C1，C2，…，C8 这 8 个因素元素组成，其权重向量 $A_1 = (0.0893,0.2521,0.2127,0.0744,0.0558,0.0638,0.1435,0.1084)$，则二级综合评估结果 L_1 为

$$L_1 = A_1R_1 = (0.2395,0.4799,0.5843,0.4400)$$

则 L_1 中四组数据即为待评的 1 号隧道分别对于四个等级的隶属度，如图 4-15 所示，其中隶属度最大的等级是一般。

对二级综合评估结果进一步处理会得到一个精确的量化值，能够清晰地反映隧道的等级趋势，有助于更清晰地了解现状。将 L_1 进行归一化得 L_1'：

$$L_1' = \frac{1}{0.2395+0.4799+0.5843+0.4400}(0.2395,0.4799,0.5843,0.4400)$$

$$= (0.1374,0.2752,0.3351,0.2523)$$

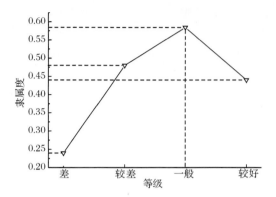

图 4-15　1 号隧道与各等级的隶属关系

$$L_{\mathrm{NUM1}} = L_1' V^{\mathrm{T}} = (0.1374, 0.2752, 0.3351, 0.2523) \cdot (1, 2, 3, 4)^{\mathrm{T}} = 2.7023$$

L_{NUM1} 即为 1 号隧道评估的综合量化值，所以根据上面的结论，1 号隧道的老旧支护结构质量状态应该为一般偏向较差。

同理，可以对 2 号隧道质量状态进行评价，对应的一级模糊综合评判结果为

$$B'_{\mathrm{C1}} = (0.4422, 0.6714, 0.4144, 0.1388)$$
$$B'_{\mathrm{C2}} = (0.5318, 0.5062, 0.4879, 0.1785)$$
$$B'_{\mathrm{C3}} = (0.3211, 0.7408, 0.4966, 0.1878)$$
$$B'_{\mathrm{C4}} = (0.5063, 0.6641, 0.3721, 0.1123)$$
$$B'_{\mathrm{C5}} = (0.2811, 0.5252, 0.5381, 0.3432)$$
$$B'_{\mathrm{C6}} = (0.1156, 0.3753, 0.9802, 0.4356)$$
$$B'_{\mathrm{C7}} = (0.6241, 0.6045, 0.3553, 0.1124)$$
$$B'_{\mathrm{C8}} = (0.5885, 0.5182, 0.3743, 0.1169)$$

二级评判矩阵为

$$R_2 = \begin{bmatrix} 0.4422 & 0.6714 & 0.4144 & 0.1388 \\ 0.5318 & 0.5062 & 0.4879 & 0.1785 \\ 0.3211 & 0.7408 & 0.4966 & 0.1878 \\ 0.5063 & 0.6641 & 0.3721 & 0.1123 \\ 0.2811 & 0.5252 & 0.5381 & 0.3432 \\ 0.1156 & 0.3753 & 0.9802 & 0.4356 \\ 0.6241 & 0.6045 & 0.3553 & 0.1124 \\ 0.5885 & 0.5182 & 0.3743 & 0.1169 \end{bmatrix}$$

二级模糊综合评判结果 L_2，如图 4-16 所示。

$$L_2 = (0.4559, 0.5907, 0.4774, 0.1814)$$

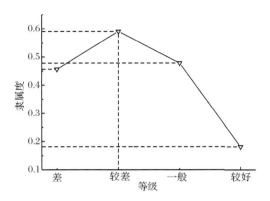

图 4-16　2 号隧道与各等级的隶属关系

归一化结果 L_2'：
$$L_2' = (0.2673, 0.3464, 0.2799, 0.1064)$$
2 号隧道模糊综合评价量化值 L_{NUM2} 为
$$L_{NUM2} = L_2' V^T = 2.2254$$
从以上结果可以看出，2 号隧道复建前质量状态处于较差偏向一般的状态。

通过采用两种方法对两个隧道的现状做出了综合评价，对评价结果进行分析，发现两个隧道的两种方法的评价结果误差范围分别为 0.34% 和 1.48%，因此两种算法互相验证了可靠性。

4.4　本 章 小 结

本章结合工程实际情况和停工复建隧道工程的特点，对隧道工程复建前质量病态和影响因素进行了分析总结；根据对各指标因素进行归纳分类，建立了长时停工复建隧道老旧支护质量评价体系，给出了各指标的单因素等级划分标准，包括定性的标准和定量的标准；采用了云模型理论和模糊数学理论，对其进行分析评价，将定性的指标和定量的指标有效地结合起来，最终实现了长时停工隧道复建前老旧支护质量评价技术的应用。获得的主要研究成果如下。

（1）针对长时停工隧道复建前可能存在的状态，对其评价分为两个部分：已完成二衬段质量评价和仅完成初衬段质量评价；按照指标因素选取原则，分别对两部分结构的病害缺陷和质量影响因素进行了分析总结，并分别建立了质量评价体系。

（2）通过参阅相关研究文献和技术规范标准等文件，并咨询有关专家，将各单因素指标标准和综合评价标准分别确定为四级：3A、2A、1A、B，与之对应的评语为：差、较差、一般、较好；确定了各指标因素的等级划分标准。

（3）通过将层次分析法和云模型理论相结合，形成一种适用于隧道工程质量评价的新方法,与传统的模糊层次综合评价方法形成对比、互相验证,并应用于某复建高速公路中的两个复建隧道(1号隧道、2号隧道):基于云模型的评价结果量化值分别为 2.6887、2.1663,基于模糊层次的评价结果量化值分别为 2.7023、2.2254,两个隧道的两种方法的评价结果误差范围分别为 0.34% 和 1.48%,表明基于云模型的综合评价方法是可行的;通过隶属度对比和图形对比,最终确定 1号隧道的评语为"一般偏向较差",2号隧道评语为"较差偏向一般"。

(4)通过分析评价结果,提出一些隧道工程的处理建议。1号隧道需要针对单因素评价结果较差的指标因素,在复建设计或施工时做出有针对性的特殊处理方案;2号隧道老旧支护总体质量堪忧,建议应采取综合处理方案。

参 考 文 献

[1] 罗鑫. 公路隧道健康状态诊断方法及系统的研究[D]. 上海:同济大学,2007.
[2] 张琳琳. 重大水工混凝土结构健康诊断综合分析理论和方法[D]. 南京:河海大学,2003.
[3] 何晓群. 多元统计分析[M]. 北京:中国人民大学出版社,2004.
[4] 张炳江. 层次分析法及其应用案例[M]. 北京:电子工业出版社,2014.
[5] 何川,佘健. 高速公路隧道维修与加固[M]. 北京:人民交通出版社,2006.
[6] 李明. 山岭隧道与地下工程健康评价理论研究及应用[D]. 成都:西南交通大学,2011.
[7] 陈蔺清. 公路隧道初期支护质量检测及评价系统研究[D]. 成都:西南交通大学,2012.
[8] 中华人民共和国交通运输部. 公路隧道养护技术规范(JTG H12—2015)[S]. 北京:人民交通出版社,2015.
[9] 日本道路协会. 公路隧道维持便览[M]. 东京:丸善株式会社出版事业部,2000.
[10] 中华人民共和国铁道部. 铁路桥隧建筑物劣化评定标准(TB/T 2820.2—1997)[S]. 北京:中国铁道出版社,1997.
[11] 熊岚,谢涛. 隧道初期支护侵限段的结构安全性分析[J]. 施工技术,2011,40(17):98-100.
[12] 交通运输部公路科学研究院. 公路桥梁承载能力检测评定标准(JTG/T J21—2011)[S]. 北京:人民交通出版社,2011.

第5章　停工复建高速公路项目质量管理信息系统

5.1　管理信息系统简介

管理信息系统(management information system,MIS)是计算机应用的重要领域,其特点主要表现在:面向管理决策、对一个组织管理业务进行全面管理的综合性人机系统,是现代管理方法与技术手段相结合的系统。

5.1.1　管理信息系统概念

管理信息系统首先由美国明尼苏达大学管理学教授 Gordon 于 1985 年提出,其定义为:"管理信息系统是利用计算机软硬件资源以及数据库的人-机系统,其由人和计算机等组成,能够进行管理信息的收集、传输、存储、加工、维护和使用,融合了计算机科学、统计学、运筹学、管理科学、系统科学"[1]。在上述学科的基础上,形成信息整理统筹和加工处理的方法,从而形成了纵横交织的系统,它能提供信息支持用户机构的统筹管理和决策控制功能。管理信息系统由信息源、信息处理器、信息用户和信息管理者四部分组成以达到其目标、功能、组成的功能结构,其组成结构如图 5-1 所示。

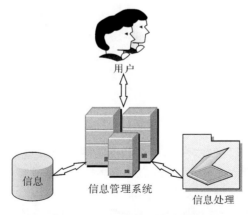

图 5-1　信息管理系统结构图

5.1.2　管理信息系统功能

管理信息系统的结构如图 5-2 所示,其功能简述如下。

(1)数据处理功能。对各种类型的数据进行收集、录入、整理、检索、查询、存储、运输等。

(2)计划功能。合理计划安排具体工作,如施工生产作业计划、施工组织计划等,指导各个管理层次高效率地开展工作。

(3)控制功能。指通过信息反馈对整个系统中的各个部门、各个环节的运行情况进行检测、协调、控制,保证系统的正常运行。

(4)评价功能。运用安全科学的评价方法、针对复建路基建立评价体系,利用复工前评价指标监控检测数据对停工后复工前的路基状态进行评价,为复建提供科学的指导,也是管理计划和决策的前提。

(5)辅助决策功能。运用运筹学和管理学的方法和技术,把重要指标的具体要求作为综合选择条件的关键因素,并据此做出合乎逻辑的分析、推理和判断,辅助管理者完成如制订施工生产计划、及时发现问题进行维修养护等管理。

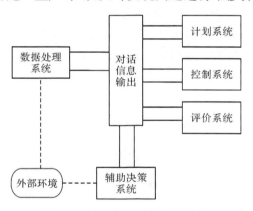

图 5-2　管理信息系统功能结构

5.1.3　管理信息系统组成

管理信息系统组成包括六个部分[1~3],构成如图 5-3 所示,具体如下。

(1)计算机硬件系统。是管理信息系统中信息处理和信息存储等工作的基础,包括主机、外存储器、输入输出设备等。

(2)通信网络系统。主要由计算机网络系统、通信设备和通信软件等构成。

(3)计算机软件系统。包括系统软件和应用软件。

(4)数据库系统。数据是系统的重要资源,存放在计算机的存储设备中,本章采用 Access 数据库。

（5）控制操作系统。管理系统中计算机和非计算机设备的操作控制,需要控制的有程序设计、数据库改变、系统分析等。

（6）信息显示系统。信息显示系统(information displayed system,IDS)将报表、图片、文字等信息,通过显示设备,按照设定的编辑制作方式准确、高效、无误地通过界面显示平台、终端显示屏显示出信息,以便查看审阅。

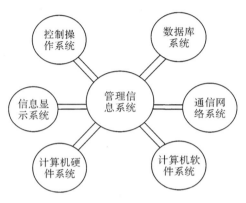

图 5-3　管理系信息系统的组成

5.2　停工复建高速公路项目质量管理信息系统开发环境

5.2.1　Visual Studio 2010

1. Visual Studio 2010 简介

Microsoft Visual Studio 2010 是供开发人员执行基本开发任务的工具,可简化在各种平台(包括 Windows、Web、云、Office 和 SharePoint 等)构建、调试、单元测试和部署高质量的应用程序。Visual Studio 2010 自带对测试驱动开发的集成支持以及调试工具,以针对用户的个性需求提供完善的解决方案[4,5],其界面如图 5-4所示。

自从 1992 年 Microsoft 公司发布 Visual C++ 1.0,即 Visual Studio 的最初原型,至今经历了经典的 Visual Studio 6.0 版、有实质性研发重大突破转折的面向对象语言的 Visual Studio 7.0 版,直到已经被广泛用于众多应用程序开发,并可实现可视化、简单易学成为软件开发工具中佼佼者的 Microsoft Visual Studio 2010,由于其日臻完善的功能、编程简单、程序集中化程度高等特点得到了业界的认可和普通学习者的首选。

Visual Studio 2010 可以用来创建 Windows 平台下的 Windows 应用程序和网络应用程序,也可用来创建网络服务、智能设备应用程序和 Office 插件,Visual Studio 2010 还提供了许多现成的对象库和控件,极大地促进了其推广应用能力。

2. Visual Studio 2010 应用特点[5~7]

1) 可视化编程

在用传统程序设计语言来设计程序时,都是通过编辑计算来设计用户界面,在设计过程中看不到界面的实际效果,必须编译运行程序后才能观察。而用 Visual Studio 2010 自动产生界面设计代码,程序设计人员只需要编写实现程序功能函数代码,简化了入门难度,提高了程序设计效率。

2) 面向对象的程序设计

在界面设计时,不需要编写和描述对象的程序代码,用户可以根据 Visual Studio 2010 提供的界面工具布局设置好所需界面再添加相应的处理函数,Visual Studio 2010 就会自动生成程序代码并封装,每个对象以图形方式显示在界面上,并且可以及时按用户需求调整,实现了可视化。

3) 事件驱动编程机制

事件驱动是适合于图形用户界面的编辑方式。图形用户界面开发程序中,用户的编写思路引导着程序的运作顺序和方向,需要每个事件都能驱动相应的片段程序以达到整体效果,开发人员只需要编写操作程序代码,使各个分片段程序运行即可,各个操作事件之间不一定有联系。程序代码编写容易,产生错误时纠正及时、容易,避免了按事件设计流程运行的面向过程应用程序的弊端。

4) 强大的数据库管理功能

Visual Studio 2010 具有操作复杂数据库的功能。开放式数据链接支持使得其可以直接以访问或连接数据库的方式管理后台数据库,可以操作 MySQL、Oracle等数据库,可以访问多种数据库系统,更可以访问 Excel 等电子表格。

5) Active 控件技术

在 OLE 技术上 Visual Studio 2010 发展了 Active 控件技术,Visual Studio 2010 能够使用声音、图像、动画、字处理、电子表格和 Web 等对象于一体的应用程序,使界面富有美感,功能齐全。

6) 动态链接库

利用动态链接库(dynamic link library,DLL)技术可以将 C/C++ 或汇编语言编写程序加入 Visual Studio。应用程序中可以像调用内部函数一样调用其他语言编写的函数,通过 DLL 还可以调用 Windows 应用程序接口(application programming interface,API)函数。

7）应用程序向导

Visual Studio 提供了 Visual Basic 所具有的向导，具有应用程序向导、安装向导、数据对象向导和数据窗体向导、IIS 应用程序和 Dynamic HTML 等。这些应用向导为创建不同类型、不同功能的应用程序带来了极大的方便。Visual Studio Professional 2010 界面如图 5-4 所示。

图 5-4　Visual Studio Professional 2010 界面

5.2.2　Visual Studio 数据库访问技术

数据库是依照某种数据模型组织起来并存放在二级存储器中的数据集合。这种数据集合具有尽可能不重复、以最优方式为某个特定组织的多种应用服务的特点，其数据结构独立于使用它的应用程序，对数据的增、删、改和检索由统一软件进行管理和控制。

在 Visual Studio 中，可以通过以下几种方式访问数据库[2]。

（1）ActiveX 数据对象（ADO PADO Active Data Objects）是通过（object linking and embedding database，OLEDB）来实现的，它连接了应用程序和 OLE Database 数据源。

（2）远程数据对象（remote data objects，RDO）。

（3）数据访问对象（data access objects，DAO）。

（4）连接数据库（open database connectivity，ODBC）。

综合比较上述几种数据库访问技术，并结合该研究中数据库的特点，选择 DAO 数据库访问技术作为复建路基数据库管理系统访问工具。

DAO 是建立在 Microsoft Jet Microsoft Access 数据库引擎基础之上，Jet 是第一个连接到 Access 的面向对象的接口，使用 Access 的应用程序可以用 DAO 直接访问数据库。DAO 是严格按照 Access 建模，使用 DAO 是连接 Access 数据库最快速、最有效的方法。DAO 也可以连接到其他数据库，如 SQL Server 和 Oracle。DAO 使用 ODBC，DAO 是专门设计用来与 Jet 引擎对话，Jet 解释 DAO

和 ODBC 之间的调用。但使用非 Access 数据库时,这种解释步骤就会降低数据库的连接速度。

5.2.3 Access 数据库

Access 是微软公司旗下的 Office 办公软件中的关系型数据库,具有易于学习操作、界面友好、功能齐全等特点。Access 是开发单机小型数据库应用系统的理想工具,可以单独开发数据库应用系统,也可以作为后台数据库与 Visual Basic 等高级语言结合使用。

Access 数据库的对象包括表、查询、窗体、报表、页、宏、模板。其中表是数据库中最常用的数据存储单元,包括所有用户可以访问的数据。Access 中的表是二维结构,由行和列组成;用于查询表中一个或多个指定条件的数据,Access 提供如下的查询方式:汇总查询、动作查询、选择查询和 SQL 查询;窗体是 Access 中的主要界面对象,即通常所说的窗口或对话框;报表是以打印格式表现用户数据的一种方式;页是特殊的网页,用于查看和操作来自 Intranet、Internet 的数据;宏是 Access 中功能非常强大的对象,是一个或多个操作的集合;模块是 Visual Basic Applications 的声明和过程作为一个单元进行保护的集合,在模块中可以使用 Visual Basic 编写过程和函数,从而实现更强大的功能,Access 数据库界面如图 5-5所示。

图 5-5　Access 数据库界面

Access 数据库的主要特点如下[8~12]。

(1) 完善地管理各种数据库对象,具有强大的数据组织、用户管理、安全检查等功能。

(2) 强大的数据处理功能,在一个工作组级别的网络环境中,使用 Access 开发的多用户数据库管理系统具有传统的 XBASE(DBASE、FoxBASE 的统称)数据库系统所无法实现的客户/服务器(Client/Server)结构和相应的数据库安全机制,Access 具备了许多先进的大型数据库管理系统所具备的特征,如事务处理、出错回滚能力等。

（3）可以方便地生成各种数据对象，利用存储的数据建立窗体和报表，可视性好。

（4）作为 Office 套件的一部分，可以与 Office 集成，实现无缝连接。

（5）能够利用 Web 检索和发布数据，实现与 Internet 的连接。Access 主要适用于中小型应用系统，或作为客户/服务器系统中的客户端数据库。

5.3 停工复建高速公路项目质量管理信息系统设计

5.3.1 系统建设目标和主要任务

1. 系统建设目标

（1）确定系统类型，设计系统结构布局，并进行功能需求分析。

（2）确定停工复建高速公路项目质量评价相关模块、体系基础及相关数据库设计。

（3）将停工复建高速公路项目质量评价标准、体系、评价方法、数据纳入，实施管理信息系统开发，并建立相应数据库，将数据库与应用系统连接。利用 C++ 语言编程设计开发系统的功能，使评价与信息管理系统融合，实现系统的自动化及可视化。

（4）依据评价结果建议编制停工复建计划和后期维护方案，根据实际情况实时修改、维护数据系统，更新数据库。

2. 系统建设任务

（1）系统信息源类型的研究。

（2）系统功能需求的研究。

（3）系统构架分析研究。

（4）系统数据结构、数据处理及存储研究。

（5）复工现场调研及所需数据的搜集整理。

（6）进行停工复建高速公路项目质量管理信息系统总体设计。

（7）利用试用版 Visual Studio 2010 及 Access 软件设计编写代码，实现上述要求。

5.3.2 系统需求分析

根据该高速公路复建工程的调研及前期复工资料的查阅审核，停工复建高速公路项目质量管理信息系统功能需求包含以下几方面。

1. 基础信息管理

基础信息管理主要包括项目信息管理、线路信息管理、里程信息管理、技术标准信息管理、土质状况信息管理及气象河流信息管理。主要功能是建立相应的数据库输入、汇总、统计、检索等功能，可以对复建工程的基础信息一目了然。

2. 状态信息管理

状态信息管理，例如，路基部分主要包括路基本体、路基排水设施、路基防护设施、路基挡墙等附属设备的状态数据管理，为功能状态信息模块。

3. 病害管理

通过现场调研统计分析停工后既有结构出现的病害种类信息，按类别添加、存储、分类建立病害数据库，以便查询、分析、统计路基及附属设施病害，复工时加以处理，完工后作为日常养护维修的重点对象，实现病害信息管理的自动化及可视化。

4. 停工复建高速公路项目质量评价管理

建立既有结构状态评价标准，利用安全科学的技术手段建立复建前既有结构状态评价模型，并采用检测信息对既有结构待评价对象状态进行评价；为复建、养护、维修决策提供辅助支持。

5. 线路维护管理

根据停工复建高速公路项目质量重大病害缺陷、评价结果、线路运营病害等统计病害类型、数量，该模块具有统计分类提示作用，管理者查询病害情况后，根据其做出相应的维修处理决策，包含了常见病害的维修处理方法。

5.3.3 系统总体设计

应用软件系统总体结构设计包括总体结构设计、数据库设计、计算机及网络系统配置方案设计；其任务是：根据系统分析的逻辑模型设计应用软件系统的物理结构。系统物理模型必须符合逻辑模型，能够完成逻辑模型所规定的信息处理功能。同时，系统总体处于动态变化的状态，随着需求的提高，用户会对系统提出更新、更高的要求，系统随之变动。本系统设计采用面向对象的技术、自上而下的方法，层层分解到每一个按钮功能模块，以更新数据库信息来满足变动。

本节系统总体设计包括系统结构设计、数据库设计、输入/输出设计、用户界面设计、配置设计。

1. 系统总体结构及运行流程设计

依据管理信息系统目标、任务、需求、功能的分解,将系统结构设计为停工复建高速公路项目质量评价、数据库、管理信息系统。以路基工程为例,系统总体结构运行流程如图 5-6 所示。

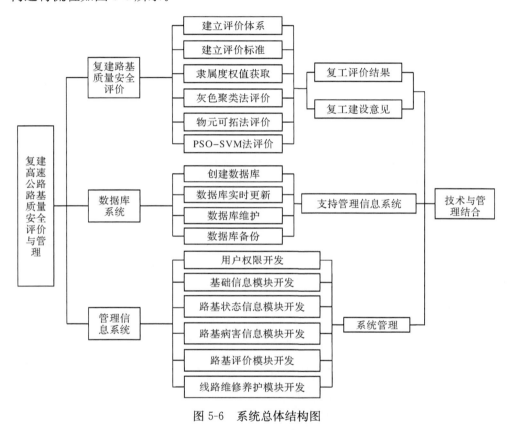

图 5-6　系统总体结构图

2. 系统配置设计

综合考虑系统结构功能要求及数据库规模,根据笔者开发经验,单机版管理信息系统已经能够满足研究任务,并且可以缩短开发周期及降低开发难度。

系统开发环境:采用 Microsoft Visual Studio 2010 试用版建立管理系统,Microsoft Access 创建数据库。

运行环境:操作系统 Windows7;处理器(CPU)第二代英特尔酷睿 i5-2450M 2.5GHz;内存(RAM) 4G DDR3;硬盘(HardDisk)750G。

3. 数据库设计

数据库按等级层次的原则设计，以路基工程为例，包括路基基础信息库（A1）、路基状态信息库（A2）、路基病害信息库（A3）、复建路基评价信息库（A4）、线路维修养护信息库（A5）5 个主要信息总表，每个总表下分设子表格，构成关系型数据表 27 张，27 张数据表均为二维表格，每张表存储数字型、文本型、时间/日期型、自动编号、附件、超链接等不同类型的数据。表与表之间通过字段连接建立逻辑关系，从而使数据库总表格与子表格之间建立联系，其结构系统图如图 5-7 所示，运作流程图如图 5-8 所示。

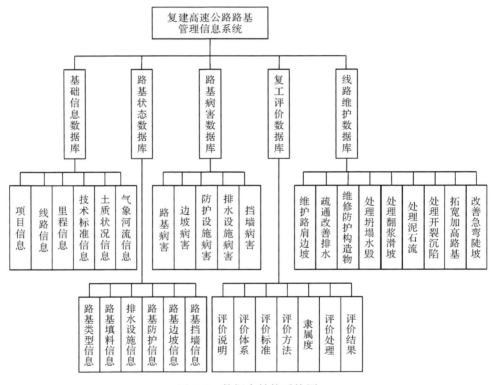

图 5-7　数据库结构系统图

4. 输入/输出结构设计

输入/输出设计是管理信息系统与用户的界面，其对系统开发人员并不重要，但对用户来说，却尤为重要。

输入界面是管理信息系统与用户之间的纽带，是根据系统要求，确定适当的输入形式，使管理信息系统获取管理工作中产生的正确的信息。输入设计的目的

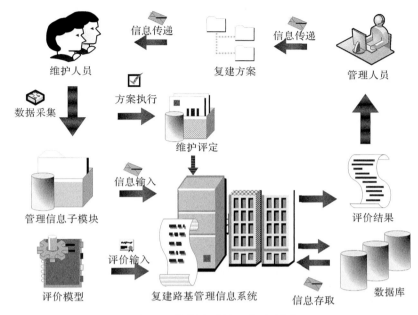

图 5-8　数据库系统运作流程图

是提高输入效率,减少输入错误。

根据该系统需求,输入设计包括输入界面设计、输入设备选择、输入数据正确性校验。

输出设计的目的是以便正确及时地反映和组织用于管理各部门需要的信息。输出设计包括的内容有输出信息使用情况、输出信息内容、输出设备和介质。

5. 代码设计

在数据库管理系统中,必须设计一套优化实用的代码系统,才能高效率完成应用系统的功能。

本系统代码设计过程中,凡是能选用国标、部标代码的全部采用国标、部标代码,没有国标、部标代码的,本系统采用自定义代码。自定义代码的设计做到唯一化、规范化和可识别化,在分类时设计代码要有足够的余量,防止在出现变化时,破坏分类的结构;分类结构清晰,容易辨识和记忆,以便进行有规律的查询[13~19]。文中管理系统的每一个功能实现均是由相应代码实现,在试用版 Visual Studio 2010 的微软基础类库(microsoft foundation classes,MFC)应用程序模块中开发本章的系统,其代码可分为:外部依赖文件,其尾部文件以. h 或者. inl 结束;头文件,其尾部文件以. h 结束;源文件,以. cpp 结束;资源文件,以. ico 或者. rc、. rc、. bmp、. txt 结束。本章开发中只涉及头文件、源文件、资源文件的开发,每一功能的开发均涉及系列程序开发,在此只列出头文件、源文件的开发界面,如图 5-9～图 5-11所示,其他众多程序系列笔者在后台进行了编写开发,在此不一一列出。

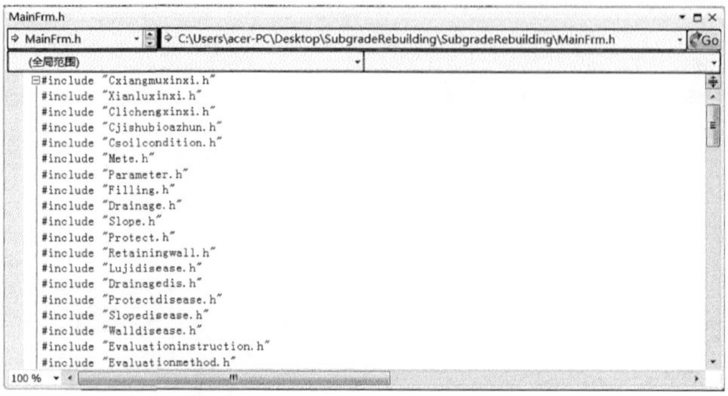

图 5-9　MainFrame.h 代码设计

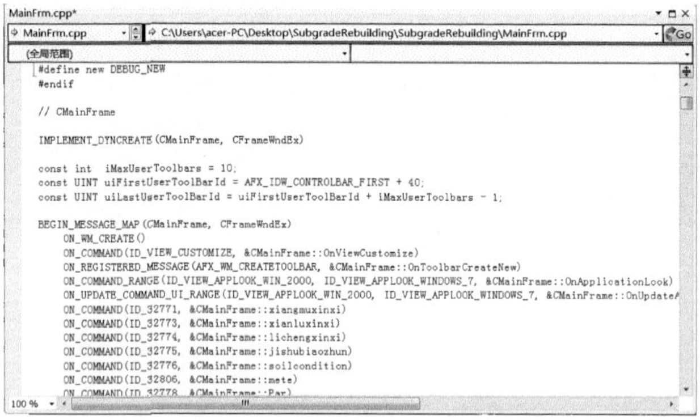

图 5-10　MainFrame.cpp 代码设计

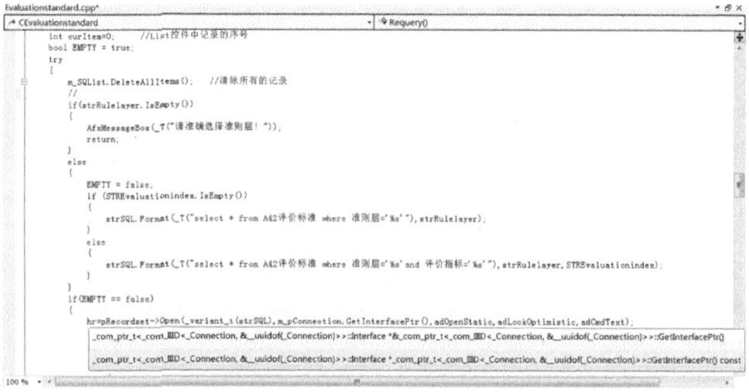

图 5-11　代码设计页面

6. 用户界面设计

本系统建立在 Windows7 操作系统平台上，采用 Visual Studio 2010 MFC 作为系统开发工具，利用 C++ 语言编写应用程序框架和引擎设计了较好的用户界面，图形化按钮，菜单驱动，使操作简单方便。

对于系统中的模块，按照不同的功能进行划分，每个模块的窗口在设计中风格统一，以消除窗口在使用中的障碍，减少了用户的学习、开发时间，提高了工作效率。

5.4　停工复建高速公路项目质量管理信息系统开发应用

由于停工复建高速公路项目由路基、边坡、桥涵和隧道等主要构筑物组成，本章主要以路基为例，介绍停工复建高速公路项目质量管理信息系统的开发模块。

5.4.1　用户界面开发

以路基质量安全管理信息系统开发为例的用户界面是该管理系统的门面，是重要的应用程序组成部分。整个系统的用户操作是由不可见的程序代码来支撑实现的，应用程序的用户界面对用户有极大的引导作用。根据研究需要和开发技术难度，本章中路基质量安全管理信息系统开发定位于单机版的中型应用程序，界面设计采用以下设计原则。

（1）按照简洁实用、易于开发、便于实现功能的原则来规划界面。

（2）界面分成标题区、图标区和菜单区三行，系统开发的任务主要集中在图标和菜单功能的实现，即按钮操作与内容显示。

在此过程中用到的工具名称及相关资源解释概列见表 5-1。

表 5-1　对话框工具及相关资源表

资源	ID	资源相应变量	注释说明
Dialog	IDD_DIALOG	CDlg m_	对话框标题字体、名称字体
Button	IDC_BUTTON	CButton m_	按钮，对话框中显示标题
Combo Box	IDC_COMBO	CComboBox m_	下拉列表框，Type
Edit Control	IDC_EDIT	CEdit m_	编辑控制器，显示 button 信息
Static Text	IDC_STATIC	CStaticText m_	静态文本，Type
Radio Button	IDC_RADIO	CRadioButton m_	单选按钮
List Box	IDC_LIST	CListBox m_	列表框
Date Timer Picker	IDC_DATETIMEPICKER	CDTPicker m_	日期时间选择器，格式：选上
Picture Control	IDC_STATIC	CPicControl m_	图片控件 Type、Color

1. 用户登录

该模块用于确认用户权限,防止非法用户登录。执行时校对用户名和登录密码,如果与数据库用户信息表中某一个用户相匹配,则登录成功,并根据该用户拥有的权限打开相应的功能,如管理员用户可以进行用户增加、删除、更改权限、系统信息维护等;普通用户可以进行部分信息浏览及日常数据添加与维护。登录模块流程如图 5-12 所示,用户登录窗口及登录提示出错窗口分别如图 5-13 和图 5-14所示,系统相关资源设置见表 5-2。

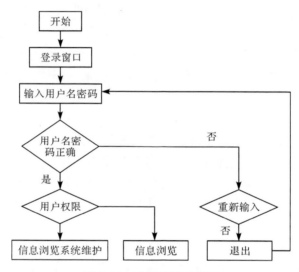

图 5-12　系统登录过程图

表 5-2　系统管理与维护模块相关类资源设置

资源	ID	资源相应变量	注释说明
Dialog	IDD_DIALOG	无	用户登录界面对话框
Edit Control	IDC_LOGIN	m_Login	用户登录,验证用户名密码
Button	IDC_BACKUP	m_Backup	备份数据库
Combo Box	IDC_RETURN	m_Return	还原数据库
Edit Control	IDC_REGISTER	m_Register	用户注册
Static Text	IDC_XTYHGUANLI	m_Xtyhguanli	系统用户管理,链接到用户添加、删除、修改界面
Radio Button	IDC_XTADDYH	m_Xtaddyh	添加系统用户
List Box	IDC_CHPASSWORD	m_Chpassword	修改登录密码
Date Timer Picker	IDC_CHPERMISSION	m_Chpermission	修改用户权限、名称、密码
Picture Control	IDC_DEL	m_Del	删除系统用户

图 5-13　用户登录窗口

图 5-14　用户登录提示出错窗口

2. 用户管理部分

此部分的作用是帮助用户对系统进行管理,以实现创建、打开、打印、保存系统文件操作以及对系统界面的状态栏、工具栏、应用程序外观结构、界面色彩等效果布局进行设置调整,另外,该部分设置帮助功能,以便用户在遇到问题时提供尽可能有效的引导与疑难解答。包括文件、编辑、视图、帮助 4 个母菜单按钮,单击按钮系统会根据用户指令弹出相关子菜单窗口,根据需要实现文件的基本操作功能,其界面如图 5-15～图 5-17 所示。

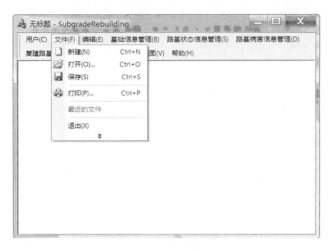

图 5-15　用户模块界面

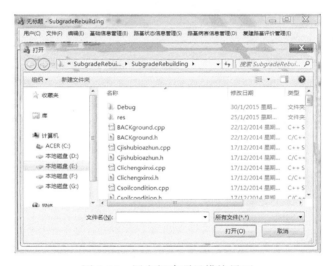

图 5-16　用户新建项目模块界面

5.4.2　路基基础信息模块开发

基础数据管理路基的基本信息,在路基质量评价体系结构图上深入到指标层,将基础数据分为线路管理部分、里程数据管理部分、土质数据管理部分、气候及河流数据管理部分。其涉及的资源见表 5-3,模块结构及界面如图 5-18 所示。

图 5-17 用户管理设置界面

表 5-3 路基基础信息管理模块相关资源设置

资源	ID	资源相应变量	注释说明
Dialog	IDD_SUBGRADEBASICINF	m_Subgradebasic	基础信息对话框
Button	IDC_PROJECTINF	m_Projectnf	项目信息
Button	IDC_LINEINF	m_Lineinf	线路数据信息
Button	IDC_MILEAGENF	m_Mileageinf	里程数据信息
Button	IDC_STANDARDINF	m_standardinf	技术标准信息
Button	IDC_SOILCONDITIONINF	m_Soilconditioninf	土质状况信息
List Box	IDC_METEOROLGICALRIVER	m_Meteorological river	气象及河流数据信息

图 5-18 路基基础信息管理模块界面

1. 项目管理

项目信息为整个项目的概要,也是用户进入该系统中浏览的基本窗口之一,可以简明扼要地描述一个工程的基本情况,本章中项目信息包括项目的所有参与单位、该项目原建设与复工的简略信息以及复工前的路基状态。

2. 线路管理

该部分包括路基线路的地理位置、长度、起讫位置里程号、地质状况、修筑方式、气候及河流、开竣工时间、建设单位、设计单位、施工单位、维修养护单位等。新线路完成时添加新线路时除了输入线路名称,还需要输入线路竣工日期及里程号,供需要时检索,添加及删除线路需要提供管理员权限。

3. 里程管理

对系统中线路的里程信息进行管理,包括里程数据的添加及删除。具体的数据类型有起点里程、终点里程、路段长度、线路交叉汇合信息等。

4. 技术标准

技术标准主要指路基设计技术标准信息,其包括路基宽度、设计时速、公路等级、设计洪水频率、行车道宽度、硬路肩宽度、土路肩宽度、人行道宽度。界面如图 5-19所示。

图 5-19　技术标准信息模块界面

5. 土质数据管理

在对数据按照线路及里程分类的基础上,还需要对线路经过地区的与地质相关的数据进行管理操作。具体的数据类型包括土成分、水库、水塘、煤矸石、地下水、土分层信息(层深上界、层深下界)、密度、比重、含水量、塑限含水量、液限含水量等。

6. 气候及河流数据管理部分

该部分对线路经过地区的气候及河流信息进行管理,包括年度主导气象、降雨量峰值、河流类型、河流连续性、河流通畅度、河流年最大流量、年平均气温等信息。

5.4.3　路基状态信息模块开发

该模块主要用于管理路基的状态资料,时间从工程停工时算起到复建开始前结束,在经历自然侵蚀、地质构造活动、人为作用等因素时间段内路基本体、排水设施、防护设施、路基边坡、挡土墙等结构所处的状态。数据信息为路基复工评价的基础数据,要求数据类型规范、准确、真实、有效,而在程序中设置的错误纠察功能恰好能达到要求,若用户输入错误的数据,系统会提示用户数据不在范围之内。该模块包含的相关类资源见表 5-4,模块结构如图 5-20 所示。

表 5-4　路基状态信息管理模块相关资源设置

资源	ID	资源相应变量	注释说明
Dialog	IDD_SUBGRADESTATE	m_Subgradestate	路基状态信息对话框
Button	IDC_SUBGRADEINF	m_Subgradeinf	路基本体信息管理
Button	IDC_SLOPEINF	m_Slopeinf	路基边坡信息管理
Button	IDC_DRAINAGEFACINF	m_Drainage facilitiesinf	排水设备信息管理
Button	IDC_RETAININGWALLINF	m_etainingwallinf	挡墙信息管理
Button	IDC_PROTEFACILITIESINF	m_Protection facilitiesinf	防护设施信息管理
List Box	IDC_DBFUNC	m_Dbfunc	数据库链接、断开、修改函数
ComboBox	IDC_GENERALFUNC	m_GeneralFunc	与数据库操作无关的其他通用函数

1. 路基本体

该部分对与路基本体相关的数据进行管理。路基本体包含路基参数和路基填料两方面,具体指标有路基填高、路基挖深、路面宽度、道床厚度、路肩形式、填料类型、基床表层厚度、基层底层厚度。

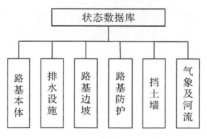

图 5-20　动态数据管理模块

2. 排水设施

该部分对与排水设施相关的动态信息进行管理。包括对排水设备(集水井、泄水井、排水沟、排水管、平台沟、渗沟、截水沟、急流槽、拦水带等)、排水形式、设施、尺寸、修筑方式等项目进行检查,检查内容包括:排水设施是否齐全、满足功能要求,排水设施是否损坏、损坏程度,排水是否通畅,是否影响路基整体功能质量安全等。检查内容、结果作为排水模块的信息管理对象,其窗口界面如图 5-21 所示。

图 5-21　路基排水设施状态信息管理模块

3. 防护设施

该部分针对该高速复工工程项目路基具有的防护设施进行数据信息管理。包括锚杆框架梁、浆砌片石、土工格栅、人字骨架、门式拱、三维网、喷播植草等防护设施是否齐全、满足功能需求、有无损坏等状态。

4. 路基边坡

路基边坡状态涉及 4 个因素,分别为边坡防护形式、边坡防护材料、边坡坡率、边坡稳定系数。检查这 4 个反映边坡质量安全的因素,并备注其状态,在管理系统上查询显示输出,其窗口界面如图 5-22 所示。

图 5-22 路基参数信息管理模块界面

5. 路基挡墙

涉及挡墙的形式、尺寸、修筑样式、泄水孔通畅度、表面平整度等方面的状态信息,依据规范检查并备注其状态,作为管理信息系统的挡墙状态模块。

5.4.4 路基病害信息模块开发

病害模块对线路复工前的路基病害资料进行统一管理,包括增加、修改、删除、检索路基病害状况等。用户可以根据线路、里程及病害类型定位出病害相关信息,如病害方式、病害等级等;可以检索类似的病害以及病害的程度,为线路维修处理模块制定处理方案提供建议。该模块包含的相关类资源见表 5-5。

表 5-5 路基病害库模块相关资源设置

资源	ID	资源相应变量	注释说明
Dialog	IDD_SUBGRADEDEIS_DIALOG	m_Subgradedis	路基病害库主界面连接到其他功能
List Control	IDC_RETRIEVE_LIST	m_Retrieve	病害库数据检索
List Control	IDC_EXPORT_LIST	m_Export	病害库数据导出
Combo Box	IDC_ROADBEDDIS	m_Roadbeddis	路基本体病害信息
Combo Box	IDC_DRAINAGEDIS	m_Drainagedis	排水设施病害信息
Combo Box	IDC_PROTECTIVEDIS	m_Protectivedis	路基防护病害信息
Combo Box	IDC_SLOPEDIS	m_Slopedis	路基边坡病害信息
Combo Box	IDC_RETAININGWALLDIS	m_Retainingwalldis	路基挡墙病害信息

　　本系统路基病害分类主要依据《公路养护质量检查评定标准》、《高速公路养护质量检评方法》和《高速公路养护管理手册》,病害信息分类如系统中表单所列,每个子目录的病害信息由子窗口查询,可详细得知病害种类、病害等级及每个等级的统计数,其窗口界面如图 5-23 所示。

图 5-23　路基病害管理模块信息界面

5.4.5　路基评价信息模块开发

　　根据基础数据管理模块及路基状态信息模块中存储的数据,对典型路基路段评价进行管理,包括评价体系、评价指标权重和评价处理结果。由评价结果及建议指导高速公路复建时应采取的技术、施工工艺等措施,做到尽量减少成本、保证工程质量,使路基符合复建质量工艺标准达到工程目的。复建路基评价体系的建立、评价指标权重获得、评价处理见前面章节阐述。评价模块包含的相关类资源及设置见表 5-6,图 5-24～图 5-32 分别显示出了评价体系结构、评价指标权重、评价等级准则、评价方法及结果查询管理界面。

表 5-6　评价模块相关资源设置

资源	ID	资源相应变量	注释说明
Dialog	IDD_EVALUATION_DIALOG	m_Evaluation	评价界面主窗口
Button	IDC_EVALUATIONINSTRUCTION	m_Evaluationinstruction	评价说明信息
Picture Control	IDC_EVALUATESYSTEM	m_Evaluatesystem	评价体系信息
List Control	IDC_EVALUATIONSTANDARD	m_Evaluationstandard	复建路基评价标准
Combo Box	IDC_EVALUATEMETHOD	m_Evaluatemethod	评价方法
List Control	IDC_WEGHTEDVALUE	m_Weightedvalue	隶属度函数值
Button	IDC_EVALUATIONRESULTS	m_Evaluationresults	评价计算结果

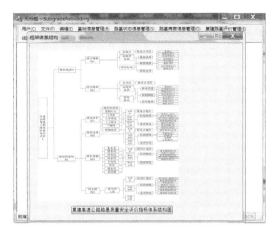

图 5-24　评价体系结构

图 5-25　指标权重查询

图 5-26　指标权重查询输入提示

图 5-27　指标权重查询错误提示

图 5-28　指标权重查询结果

图 5-29　评价标准等级查询步骤一

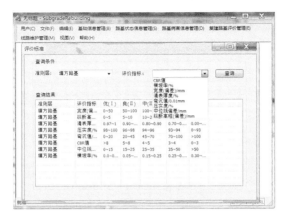

图 5-30 评价标准等级查询步骤二

图 5-31 评价等级准则查询结果

图 5-32 复建路基评价方法信息界面

5.4.6　线路维修养护模块开发

养护维修模块主要是对复建前、复建过程中、复建完成后路基及附属设施检测出现的问题进行统计报表,及时反馈给管理者,以便管理者作出决策,一旦出现需要养护维修的情况,则与养护维修工作者联系,做到及时响应,保证路基系统处于正常良好的使用状态。维修养护模块包含了路肩、边坡、排水、挡墙、路基加宽、改善弯道等项目的维修养护,维修养护作业由病害状况和评价结论建议结合养护技术施做,其具体的资源设置见表5-7,模块界面如图5-33所示。

表 5-7　线路维修管理相关资源设置

资源	ID	资源相应变量	注释说明
Dialog	IDD_LINEMAINTENANCE	m_Line maintenance	维修养护界面主窗口
Edit Control	IDC_MSHOULDERSLOPE	m_Mshoulderslope	维护路肩边坡
Edit Control	IDC_MDRAINAGE	m_Mdrainage	疏通改善排水
Edit Control	IDC_MPROTECTION	m_Mprotection	维修防护构造物
Edit Control	IDC_MCOLLAPSE	m_Mcollapse	处理坍塌水毁
Edit Control	IDC_MLANDSLIDE	m_Mlandslide	处理翻浆滑坡
Edit Control	IDC_MDEBRISFLOW	m_MDebrisflow	处理泥石流
Edit Control	IDC_MCRACKINGSUBSIDENCE	m_Crackingsubsidence	处理开裂沉陷
Edit Control	IDC_MBROADENHEIGHTENING	m_Broadenheightening	路基拓宽加高
Edit Control	IDC_MSHARPSTEEP	m_Improvesharp steep	改善急弯陡坡
Group Box	IDC_STATIC	无	组合框,修饰界面
Horizontal Scroll Bar	IDC_SCROLLBAR	无	水平滚动条,修饰界面
Spin Control	IDC_SPIN	无	上下调节按钮,修饰界面

图 5-33　线路维修养护模块信息界面

5.5 本 章 小 结

本章利用 Visual Studio 2010 编译软件和 Access 数据库,建立了复建高速公路项目质量管理信息系统,并将前章研究内容结果纳入数据库管理系统,为停工复建高速公路项目管理提供了技术工具,弥补了目前高速公路质量评价的研究中只有评价、缺乏信息管理的不足,本章取得的主要成果如下。

(1) 根据该停工复建高速公路项目的建设规模,选取了合适的开发软件和数据库技术进行停工复建高速公路项目质量管理信息系统开发。

(2) 通过对系统进行需求分析,将该管理信息系统的管理模块划分为基础信息管理模块、状态信息管理模块、病害管理模块、质量评价管理模块、线路维护模块。

(3) 完成了该系统的总体设计,包括系统总体结构及运行流程设计、系统配置设计、数据库设计、输入/输出结构设计、代码设计、用户界面设计。

(4) 以路基质量评价信息管理系统为例,开发了管理信息系统各个模块对话显示输出查询等用户界面,并与数据库连接,实现上述功能,包括用户界面开发、路基基础信息模块开发、路基状态信息模块开发、路基病害信息模块开发、路基评价信息模块开发、线路维修养护模块开发。

参 考 文 献

[1] 王道远. 路基路面病害信息管理系统研究[D]. 长春:吉林大学,2005.

[2] 陈孟乔. 多年冻土地区铁路路基养护管理信息系统研究与开发[D]. 北京:北京交通大学,2009.

[3] 张田博. 成都铁路局基建计划管理信息系统设计与实现[D]. 成都:西南交通大学,2009.

[4] 郑阿奇,彭作民,崔海源. Visual Basic. NET 程序设计教程[M]. 北京:机械工业出版社,2011.

[5] 明日科技. Visual C++ 管理信息系统完整项目实例剖析[M]. 北京:人民邮电出版社,2005.

[6] 高春艳,李贺. Visual Basic 项目开发全程实录[M]. 北京:清华大学出版社,2008.

[7] 任哲. MFC Windows 应用程序设计[M]. 2 版. 北京:清华大学出版社,2007.

[8] 求是科技. Access 信息管理系统开发实例导航[M]. 北京:人民邮电出版社,2005.

[9] Suykens J A K, Vandewalle J. Least square support vector machine classifiers[J]. Neural Processing Letters,1999,9(3):293-300.

[10] Suykens J A K, Vandewalle J. Recurrent least square support vector machines[J]. IEEE Transaction on Circuits and System-I,2000,47(7):1109-1114.

[11] Tome J. Software brings field data to planning room [J]. Railway Track and

Structure,1999.

[12] Amani M,Beghini G,Manna M L. Use of project-management information system far planning information-system development projects[J]. International Journal of Project Management,1993,11(11):107-115.

[13] 孟令红. 铁路路基大修计算机辅助设计系统理论与方法研究[D]. 长沙:中南大学,2006.

[14] 徐兰钰. 路基路面质量评定系统的开发与应用研究[D]. 哈尔滨:东北林业大学,2010.

[15] 肖尊群. 重载铁路路基状态评估系统研究[D]. 长沙:中南大学,2011.

[16] AbdelRazig Y A,Chang L M. Intelligent model for constructed facifties surface assessment [J]. Construction Engineering and Management,ASCE,2000,126(6):422-432.

[17] 王源,刘松玉,高磊. 高速公路路基工程施工与养护决策支持系统[J]. 合肥工业大学学报:自然科学版,2009,32(10):1612-1615.

[18] Zhou Y,Li S,Jin R. A new fuzzy neural network with fast learning algorithm and guaranteed stability for manufacturing process control [J]. Fuzzy Sets and Systems,2002,132(8):201-216.

[19] 李小和,杨永平,魏庆朝. 青藏铁路路基病害决策支持系统数据库分析[J]. 中国安全科学学报,2004,14(9):84-89.